谨以此书纪念

——

孔子诞辰2572周年

孔子逝世2500周年

——

振玉声金谐世理，经天纬地顺人情

孔子比谁都清楚：我的才艺是贫贱的境况逼出来的。……贫贱逼出了他苦学的精神，也逼出了他自强的性格，埋下了他后来学说中种种有关的基因。

孔子一生对大量的人情事理发表了中肯而积极的意见，他的这些见解都是学来的。他像一只勤劳的蜜蜂，到处采集原料，最终集腋成裘，编织着自己的思想体系，再现『文武之道』的辉煌面目。他的大脑像工厂，将采集到的原料加工成了思想的精华。他的学说来源于社会，人们对他讲的东西会有亲切感和精辟感。

作为一个中国人，有些书，认真读过和压根没有读过，情形是大不相同的。例如《老子》《论语》《孟子》等，这些书叫作源头典籍，就像电脑中要安装各种软件一样，人们也应该将它们安装进自己的头脑中。

北京宣传文化引导基金
BEIJING CULTURE GUIDING FUND
北京宣传文化引导基金资助项目

名典名选丛书

大家读《论语》

白平——译注

北京出版集团
文 津 出 版 社

图书在版编目（CIP）数据

大家读《论语》/ 白平译注 . — 北京 : 文津出版社，2021. 11
（名典名选丛书）
ISBN 978-7-80554-774-9

Ⅰ. ①大… Ⅱ. ①白… Ⅲ. ①《论语》—译文 ②《论语》—注释 Ⅳ. ① B222. 2

中国版本图书馆CIP数据核字（2021）第 205991 号

总 策 划：安　东　高立志
责任编辑：侯天保
责任印制：陈冬梅　燕雨萌
封面设计：田　晗

名典名选丛书
大家读《论语》
DAJIA DU《LUNYU》
白平　译注

出　　版　北京出版集团
　　　　　文 津 出 版 社
地　　址　北京北三环中路 6 号
邮　　编　100120
网　　址　www.bph.com.cn
总 发 行　北京出版集团
印　　刷　北京华联印刷有限公司
开　　本　880 毫米 ×1230 毫米　1/32
插　　图　15
印　　张　15.25
字　　数　305 千字
版　　次　2021 年 11 月第 1 版
印　　次　2021 年 11 月第 1 次印刷
书　　号　ISBN 978-7-80554-774-9
定　　价　69.00 元

南熏殿藏《至圣先贤像册》载孔子像

〔元〕赵孟頫《孔子燕居图》

〔明〕吕维祺《圣贤像赞》载孔子坐像

〔明〕《孔子杏坛讲学图》，画中孔子背靠一扇素屏，坐于一张圆形矮榻之上，四弟子分成两组端坐受教的情景

〔明〕《三圣像图》，孔子（居中）、颜回（居左）、曾参（居右），三人的衣服上用工笔蝇头小楷书写着整部《论语》

〔明〕彩绘绢本《孔子圣迹图》之夹谷会齐，这是孔子政治生涯中最为精彩的一幕

〔明〕彩绘绢本《孔子圣迹图》之子路问津

〔明〕彩绘绢本《孔子圣迹图》之删述六经

《孔氏祖庭广记》卷一版画

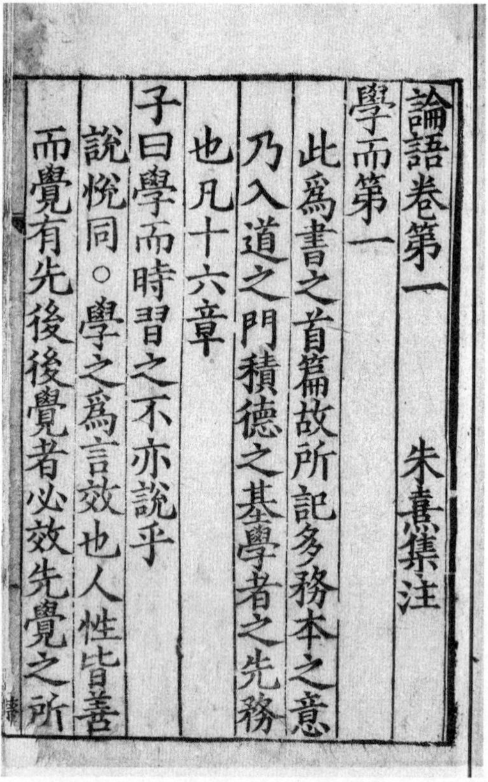
論語卷第一　朱熹集注
學而第一
此爲書之首篇故所記多務本之意
乃入道之門積德之基學者之先務
也凡十六章
子曰學而時習之不亦說乎
說悅同○學之爲言效也人性皆善
而覺有先後後覺者必效先覺之所

〔宋〕朱熹《四书章句集注》二十八卷，嘉定十年（1217）当涂郡斋刻嘉熙淳祐递修本

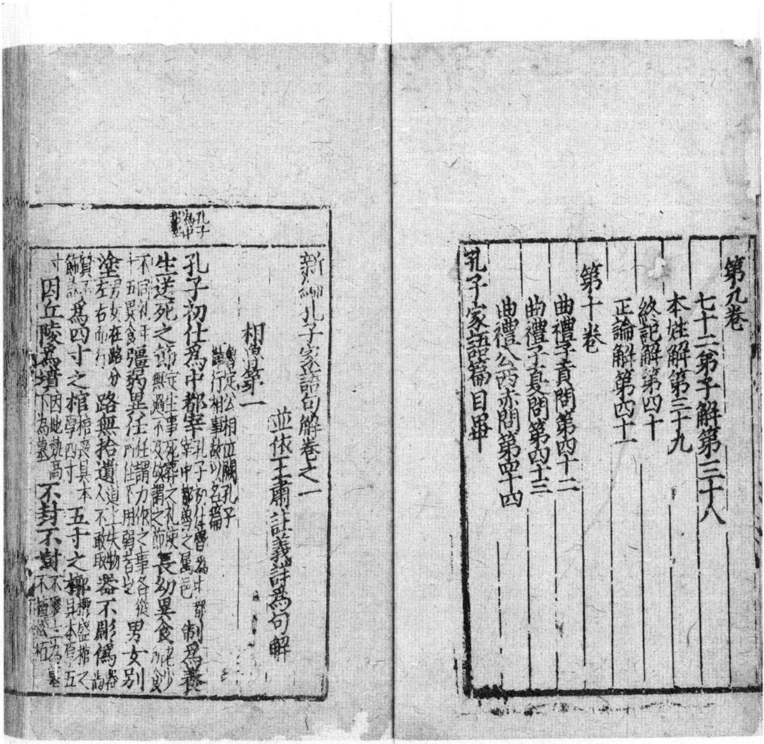
第九卷
七十二弟子解第三十八
本姓解第三十九
終記解第四十
正論解第四十一
第十卷
曲禮子貢問第四十二
曲禮子夏問第四十三
曲禮公西赤問第四十四
孔子家語篇目畢

新編孔子家語句解卷之一
並依王肅註義詳爲句解
相魯第一
孔子初仕爲中都宰 制爲養生送死之節 長幼異食 彊弱異任 男女別塗 路無拾遺 器不彫僞 爲四寸之棺 五寸之槨 因丘陵爲墳 不封不樹

《新编孔子家语句解》卷一卷端

〔清〕孔子立像

〔清〕孔子半身石刻像

〔清〕《先师孔子行教像》

（〔唐〕吴道子画）石刻像

孔子这个人和他的思想

一、孔子其人

孔子（前552—前479），名丘，字仲尼，春秋时鲁国人，他的祖先是宋国贵族。后来，在宋国担任大司马的孔父嘉因故被人杀死，其子木金父逃到了鲁国，因而有了孔氏在鲁国的支脉。

孔子的父亲叫叔梁纥，是鲁国的一位大夫。孔子出生才两年，父亲便去世了，母亲带着他离开了孔家，徙居阙里（今山东省济宁市曲阜市）。

孔子幼时孤儿寡母，经历过艰难，他曾经说过："吾少也贱，故多能鄙事。"（《论语·子罕》）

长大后，孔子任过鲁国执政大夫季氏的家臣。36岁时，因鲁国发生内乱，他避到了齐国，直到43岁时，才返回鲁国。到他52岁时鲁定公任用他为中都宰，后来升为大司寇，代理季氏管理国政。

孔子57岁时，因为看到鲁国的政治没有希望，毅然抛弃"摄相"的高官厚禄，率领自己的主要弟子离开了鲁国，希望到其他诸侯国执政，实践自己的政治理想。

离开鲁国后，孔子开始了在列国间的周游，先后辗转于卫、曹、宋、郑、陈、楚之间，所到之处，国君们对他都待以宾礼，甚至给予"闻其政"的资格，但却并没有人愿意将执政权柄交给他。

鲁哀公十一年，孔子69岁，从卫国回到了鲁国，被尊为国老，他的几个学生也被任用。哀公十四年，孔子去世。

纵观孔子的一生，他从57岁离开鲁国后，一直没有职业，也就没有相关的事务缠绕，是一个纯粹自由的学者了，因而取得了巨大的成就。观察其成就，有两点是最值得称道的：第一，他从小“志于学”，是学习者的榜样，因而成为当时最为渊博的学者。学习，是他成功的根本原因。第二，他的后半生指导学生，整理和倡导传统政学，使后来的儒家学派有著作（继承的和创作的），有理论体系，有队伍，成为不可取代的显学。

通过孔子及其弟子们的倡导，提出了自己的价值观系统，获得了空前的张扬。这一价值观体系表现出积极的特色：第一，它是主流价值观的典范，达到“圣”的高度。第二，融会贯通，容忍异端，达到“权”的高度。第三，追求最大功利，以“政”为工具，“仁”为旗帜，“勇”以承担，“智”以应对，具有合理的实用价值。

孔子被后世尊为圣人，也是中华文明史上名副其实的“至圣”。这位圣人存在的价值是：第一，任何一个自然人都应该追求成就完善的人格，孔子可以被称作“人类灵魂的工程师”，论述了理想人格的组成要素。第二，古往今来的社会，面对的弊病是相同的，孔子可以被称作“社会通病的主治医师”，他为这些通病开出了治疗的配方。用中医的术语表示，这个药方中的君药是“仁”，臣药是“礼、义”，佐药是“孝、信、忠、勤、学、友、能、志、温、良、恭、俭、让、敬”等，使药是“利”。

所谓圣人，就是综合评价达到了最高层级的人。正因为如此，我们大家都应该将孔子作为观察、分析、效法的榜样。

孔子对后世产生了深远的影响，他所倡导的儒家理念奠定了社会政治思想的基础，是中国传统文化的轴心，塑造了中国人的灵魂，干预了每个人的思想和生活。另外，儒学是世界文化的劲旅，它纯洁、务实、副作用小，在世界各文化体系中，具有潜在的竞争优势。

今天我们多角度地研究孔子，具有十分重要的意义。我们要探索其思想和思维，从而提升自己做人的层级；还可以为社会找回主流价值观，构建民族的价值思想体系。

关于孔子的生平等有关问题，笔者著有《孔子传》（求真出版社2012年版），可以提供更多的信息，欢迎大家参考并批评。

二、《论语》其书

孔子带过不少学生，《史记·孔子世家》："孔子以《诗》、《书》、礼、乐教，弟子盖三千焉，身通六艺者七十有二人。"孔子教过三千学生，这当然是十分夸大的说法，但说他有十数位或数十位出色弟子，还是可以相信的。

孔子有强大的人格魅力，学生们大都对他佩服得五体投地，将他说的话视为金科玉律。

《论语·卫灵公》："子张问行，子曰：'言忠信，行笃敬，虽蛮貊之邦，行矣。言不忠信，行不笃敬，虽州里，行乎哉？立则见其参于前也，在舆则见其倚于衡也，夫然后行。'子张书诸绅。"将"言忠信，行笃敬"写在绅上，这是要作为座右铭，随时用来警醒自己。

《论语·阳货》："子曰：'予欲无言。'子贡曰：'子如不言，则小子何述焉？'子曰：'天何言哉？四时行焉，百物生焉，天何言哉？'"这则文字说明，学生们将孔子的话视为金口玉言，是真理之源泉。孔子负责生产，他们专事贩卖。"子如不言，则小子何述焉"，揭示了孔门师徒间存在的这一事实。孔子则将自己和天类比，说明他作为圣人的底气也是很足的。

学生们常向孔子请教问题，实际上是来掏他的口袋，使他这台真理的机器处在输出状态。他的回答很精辟，学生们自然很珍视，往往事后会将问答的情况记录下来，"子张书诸绅"就更为典型。另外，孔子平时的言行经历，学生们认为有价值，自然也会记录下来。学生们还往往会将自己问到的内容互相交流，或者是向自己的学生（孔子的再传弟子）们讲述。

孔子去世后，学生们发起了一个行动，就是将每人手里积攒的孔子言行记录和自己的请教记录汇集为一编。再后来，孔子的再传弟子们继续充实此编，增入了他们本师的言行记录，等等。经过孔门弟子及再传弟子们的记录，《论语》一书就诞生了。《汉书·艺文志》："《论语》者，孔子应答弟子、时人及弟子相与言而接闻于夫子之语也。当时弟子各有所记，夫子既卒，门人相与辑而论纂，故谓之论语。汉兴，有齐、鲁之说。"

《论语》的内容来自孔门两代弟子，不同于《周易》《尚书》《诗经》等官书，它是中国历史上第一部名副其实的私家著作。

按照班固的叙述，"论语"的含义是"编撰起来的（孔门）言语"。"论"的词义是"编撰"。《史记·太史公自序》："为太史，无忘吾所欲论著矣……孔子修旧起废，论

《诗》《书》，作《春秋》，则学者至今则之……余为太史而弗论载，废天下之史文……”这段文字中用到三个“论”，词义都是“编撰”。

“论”字的本义是“议论”，《说文解字》：“论，议也。从言，仑声。”但“论语”的“论”在这里不读去声，读为平声“lún”，则是假借，其本字当是“仑”。《说文解字》：“仑，思也。从亼、从册。”段玉裁注：“聚集简册，必依其次第，求其文理。”所谓“聚集简册”，就是“编撰”的意思。

《论语》一书，包括以下三部分内容：一是孔子平时的一些言语，弟子平时的一些言语；二是孔子与弟子及他人的一些对话，弟子之间或弟子与他人的一些对话；三是孔子及弟子们的一些行为表现，先圣先贤的一些嘉言懿行。

孔子教学生，其科目为礼、乐、射、御、书、数。有人说《论语》是学生的课堂笔记，这当然不符合事实。《论语》体现的，大都是课外的师生交流、学生侧面的观察记录，可以算作一种课外的与教学有关的活动。

《论语》翔实地体现了孔门“修己”和“治人”的价值观，地位十分重要。它是中国社会的第一部私家著作，它与后来发展成熟的书籍比较，自然存在一些不如意的地方。例如其内容编排，往往只是凌杂地抄撮在一起，逻辑上的以类相从就做得不好。读者要了解儒家在某一问题上的基本观点时，需要将书中散置的材料全都利用起来，充分利用事理规则，进行一番类似“拼图”的作业，才能获其全貌。

由于《论语》提供的往往是片段的言语记录，读者在读取时，往往还得有全语境复原的意识和能力，有通过局部而推知整体的能力，有透过只言片语而推知完整意旨的能力，否则就不能做到准确地理解。

儒家崇尚修己，通过修己而迈向“君子”的目标。“君子”就是事事都很优秀的完人，是人们进步的极限，它是一种相对的存在，人们只能无限地向它接近，不可能最终达到。《论语》一书所展现的，就是君子言行的种种案例。通过这些案例，读者可以推导出君子的宏观与微观的标准，作为自己努力的方向。

《论语》在中国文化史上的地位十分重要，历来受到人们的重视。由于是科举考试的出题范围，古代文人们无不背诵如流，深钻细研。宋代罗大经《鹤林玉露》卷七：“赵普再相，人言普山东人，所读者止《论语》，盖亦少陵之说也。太宗尝以此论问普，普略不应，对曰：‘臣平生所知，诚不出此。昔以其半辅太祖定天下，今欲以其半辅陛下致太平。’普之相业固未能无愧于《论语》，而其言则天下之至言也。”这就是“半部《论语》治天下”一说的来源。其实，《论语》对人的根本性影响何需半部？往往只需摘取其中的只言片语，奉为圭臬，也足以获益匪浅。例如开篇一句：“学而时习之，不亦说乎？”诚能终身勤学，乐在其中，其做人的层次还会低吗？可谓“一句《论语》善其身”。读过《论语》，认可《论语》，愿意遵循《论语》的理念为人处世的，和未读《论语》者相比，其差异是显而易见的。笔者常以“六十而耳顺”自勉，感觉上了个大台阶，对人对事的态度与先前迥异，认为是个关键性的进步，每逢善待一人，善处一事，心里经常窃喜。

我一辈子搞语文，是个有“语文癖”的人。这些年搞儒学，又有作诗之癖，于是围绕儒的话题作过一些诗，例如这首：

咏 儒

坤辟乾开万类萌，太和元气自充盈。
尧风舜雨仁途广，殷武周文礼道平。
振玉声金谐世理，经天纬地顺人情。
放之四海而皆准，融统诸家息讼争。

搞完了《论语》的详解，实际上又有“《论语》癖”了，一时兴起，将《论语》的每则文字都“诗化”了一下，共得诗六百多首。古有《齐论》《鲁论》，这组诗作，可以称为白氏《诗论》吧？在《论语》史上，也可以算是 件事吧？

例如《论语·为政》：“子曰：‘吾十有五而志于学，三十而立，四十而不惑，五十而知天命，六十而耳顺，七十而从心所欲，不逾矩。’”诗曰：

志学攀登自少年，多才博艺迈群贤。
融通不惑纤毫辨，勇承天命正坤乾。
花甲闻言能耳顺，古稀从欲自心铨。
历经六境臻于圣，榜样辉煌日月悬。

再例如《论语·公冶长》：“子谓南容：‘邦有道不废，邦无道免于刑戮。’以其兄之子妻之。”诗曰：

南容诚俊杰，处世自多谟。
有道能伸志，昏天免陷辜。
既知经国略，亦识退身途。
孔子诚褒赏，使为侄女夫。

再例如《论语·公冶长》：“子谓子贱：‘君子哉若人！鲁无君子者，斯焉取斯？’”诗曰：

宓子实醇儒，高师出俊徒。
琴鸣单父化，德布庶民愉。
不忍欺其上，循良万载无。
仲尼诚赏识，慨叹鲁中殊。

《论语》的每一章，都有对应的一首或数首诗作诠释，相得益彰：呵！原来《论语》还可以这样读！

晋代的杜预治《左传》，人称有“《左传》癖”，故杜氏注至今行天下。我觉得，人无论做什么事情，都应当沉潜其中，养成“癖”好，才能对事情有所推进，有所创新，这就是所谓“工匠精神”吧？

欢迎大家对本书提出批评！

目　录

学而第一

学而时习意陶然，弟子遥投足自怜。
蕴玉胸襟人不识，处心高远在峰巅。

人行百善孝为根，养志流芳大族门。
生道成仁须本立，亲亲睦友渐推恩。

谄谀恒令色，迎合总甘言。
利己伤仁义，风操不可论。

为人谋事尽其忠，交友真诚诺不空。
传授门生须己习，利他三省树高风。

辛勤尽职信于民，节约钱财爱吏臣。
役使以时矜百姓，循规蹈矩治安臻。

孝父从兄弟子规，谨严诚实百行宜。
亲仁爱众持身正，余力读书远大期。

待妻好德轻其色，君父致身竭力从。
朋友尽诚言必信，等于学道至高峰。

持重能威学能固，崇忠重信立其诚。
交朋选择能胜己，有过则更树直声。

持丧守礼辨纤毫，略有缺遗罪叵逃。
耀祖光宗期裕后，世风民德格超高。

温良恭俭质尤稀，以让为争术数奇。
夫子至邦闻国政，得之堪使世人思。

父在观其志，亲丧睹子行。
三年循往道，可获孝之评。

礼用和为贵，诸行度适宜。
千秋迤万载，此道自须持。

信实趋乎义，诺言必践行。
谦恭近向礼，耻辱可不生。
任用先亲戚，施为亦足旌。
未能醇合道，努力尽其诚。

无求居食能安饱，处世辛勤言语诚。
尊奉贤良听教导，平庸勉学向精英。

贫能无谄富无骄，乐道标高好礼超。
如琢如磨无止境，人生进步路迢遥。

告往知来悟性良，圣门高足入宫墙。
言诗境界谈何易？夫子欣然奖赐商。

不患人之不己知，知人则智最宜思。
龟行渐进程途积，离却凡庸自可期。

1.1　子①曰："学而时习②之，不亦说③乎？有朋④自远方来，不亦乐乎？人不知而不愠⑤，不亦君子⑥乎？"

【注释】

①子：当时对老师的敬称，这里指孔子。　②时：按时。习：对所得的知识、技能等进行巩固和熟练，这里表示复习、练习、演习等义。　③亦：很。说（yuè）：高兴，后来写作"悦"。　④朋：同学，学生。　⑤知：理解。愠：埋怨，不高兴。　⑥君子：品行高尚的人。这里用为形容词，意为有君子风范的。

【译文】

孔子说："学习知识和技能，并且按时巩固和熟练它，不很高兴吗？有学生从远方来求学，不很快乐吗？别人不理解自己，自己却没有不高兴，不很有君子的气度吗？"

【解读】

人通过学习而进步，进步的结果会呈现出不同的层次。人大体上分为愚人、常人、贤人、圣人四个级差。

人的天性好逸恶劳，学习本身是令人厌烦的事情。对于学习的厌烦心理，可以通过学习的过程而不断改变，改变的契机就是认识到学习的价值，从而激发学习的兴趣。学习可以获得知识和技能，而知识和技能可以改变人的生活内容，满足人的物质和精神欲求。当人们看到学习的前景并得到学习的回报之后，其学习的厌烦情绪就会逐步被克服，变得主动起来。

物质欲求是人类最为普遍和初级的欲求，而精神欲求则是人类较为高级的欲求。愚人、常人、贤人、圣人的分野是其价值观的不同，做人所达到的层次越高，其精神层面的追求也越强烈，其学习的积极性也会越高。

学习是块试金石，层次越低的人，其学习越是表现出被动。孔子是通过学习而进步到圣人层级的人，所以才能有“学而时习之，不亦说乎”的体会。不过，圣、愚都是相对而言的，学习给人带来的愉悦感并不专属于圣贤，普通人有时也可以获得这样的感受，只是相对较少而已。

一般来讲，任何人都终身担当着教师和学生的双重角色。孔子终身都在学习，也终身都在教人。教师当得好不好，可以用学生作为检验的尺度。拥有的学生越多，其质量越好，就说明这个教师达到的层级越高。孔子办的是私学，学生对他有选择的权利，都是自动投奔而来的。他的学生有本地的，也有来自远方各诸侯国的，甚至有父子两代人都以他为师的。孔子学生的数量和质量都十分可观，证明他是一位成功的教师。

当一名快乐的学生不容易，当一名快乐的教师就更不容易了。有些滥竽充数的教师，往往对知识、课堂、学生怀有潜在的恐惧感，从教学活动中获得愉悦的情况是很少的。

“有朋自远方来”，就是有学生从遥远的四面八方慕名而来求学，这当然是对一个教师最高的肯定和奖赏，也是一种做人成功的验证。教师的幸运就是得天下英才而教之，经常有孺子可教的欣慰。教师的不幸就是经常对学生有朽木不可雕的感慨。孔子看到了自己“学为人师，行为世范”的社会反应，他当然是“不亦乐乎”了。

凡是有才学的人，往往都会有程度不同的怀才不遇之感，孔子也不能免俗。社会状况复杂，不可能人尽其才，物尽其用。人们有牢骚和发牢骚都是正常的，无可厚非。但是如果一个人总是沉溺在这样的情绪之中，往往会见解偏执，心理压抑，甚至发展成一种精神疾病。

面对“人不知”的现象，孔子的应对方案有三条：一是大度而不在意，一是想办法让人理解自己，一是增加自己的才能，从而最终获得承认。

“人不知而不愠”，并不是常人所能做到的。这种素养是长期磨炼的结果，是知识积累的结果，是见解升华的结果。所谓“容天下难容之事”的君子气度，必须有相应的知识和见解的支撑才能实现。当一个人进步到高层级的时候，对于别人的不理解自然会表现出包容、谅解和同情。所谓“大人不计小人过，宰相肚里能撑船”，就是这个道理。

《论语》首章的这三句话，看似平淡，均为常理，但却是孔子站在圣人的高度讲出来的人生体验，不是普通人能做到的。如果有人能做到终身以学为乐，以不学为忧，那他将会进步到什么状况？实际上大部分人往往是一出校门就停止了真正意义上的学习了。如果有人修德讲学，别人都从四面八方跑来拜他为师，那么这个人达到的层级也就可想而知了。如果有人达到了责人宽、责己严的修养境界，真正从内心里视众人为赤子，这还不是个值得尊敬的君子吗？如此高尚的人，人们眼里能看到几个？

1.4　曾子①曰：“吾日三省②吾身：为人谋而不忠③乎？与朋友交而不信④乎？传不习⑤乎？”

【注释】

①曾子：名参（shēn），孔子的学生，孔门的再传弟子们尊称他为“曾子”。王引之《经义述闻·春秋名字解诂》认为“参”的本字是“骖”，所以读音当为“cān”。②日：每天。三：通“参”，检验，察看。省（xǐng）：检点，反省。③谋：谋划，出主意。忠：忠诚，负责任。④信：诚实，守信用。⑤传（chuán）：传授，这里指要传授给学生的知识等。习：精通，熟练。

【译文】

曾子说：“我每天都检点自己：给别人出主意时是不是不负责任呢？和朋友交往是不是不诚实守信呢？要传授给学生的东西是不是自己还不精通熟练呢？”

【解读】

能够自觉检点，力求使自己的行为达到最高的德范标准的人并不多，而像曾子这样将检点程式化、常态化的人就更少了，所以其精神是十分可贵的。

曾子讲了检点自己的三个方面的内容和标准，这显然是举例性的列举，当然还会有其他内容。为他人谋事要忠诚负责，和朋友交往要诚实守信，这都是对他人负责的表现。对他人负责，就意味着会牺牲自己的一些利益，说到底还是一个利人和利己的问题。

需要提及的是忠和信在特殊情况下的体现：出于正义，有时需要对他人的错误提出批评或抗争，当诤臣，当诤友。是不是一个真正对他人负责的人，这是一种考验。如果因为怕得罪人而听之任之，随波逐流，那也是对他人严重的不忠不信。

当教师的要给学生传授知识，备课应认真而充分，传授的知识要准确无误。凡是向学生讲授的东西，自己必须精通熟练，如果以其昏昏使人昭昭，那就是误人子弟，同样是一种对他人不负责任的行为。当教师的在课堂上“以次充好”“以假充真”，是因为缺乏敬业精神，其根源也还是自私。

1.6 子曰：“弟子①入则孝，出则弟②，谨而信③，泛爱众而亲仁④。行有余力，则以学文⑤。”

【注释】

①弟子：指年幼的人。 ②弟（tì）：本指善待兄长，引申指对尊长顺从。 ③谨：慎重。信：诚实。 ④泛：广泛。仁：指有仁德的人。

⑤文：指文献知识。

【译文】

孔子说："少年人在家孝顺父母，出外敬奉尊长，处世慎重而诚实，敬爱所有的人，亲近有仁德的人。有剩余的精力，就用来读书。"

【解读】

孔子认为理想的青少年应该是家庭的好子弟、社会的好成员、上进的好苗子。

家庭的好子弟，懂得孝顺父母，敬奉尊长，这种孩子守规矩，易于接受教育，能够正常成长，不会成为"问题少年"。这种孩子有责任心，他们会主动承担起家庭中力所能及的事务，将来可以顺利地实现两代人之间的责任更替。这种孩子"不用扬鞭自奋蹄"，因而会降低培养的成本。

社会的好成员，处世慎重，就可以在行为上减少过失。为人诚实，就奠定了人际交往方面的良好基础。有博爱的胸怀，主动向善，就保证了行为方向的正确，其目标自然是一个有益于社会的君子。

上进的好苗子，将剩余精力都用来学习，就会不断进步，在提高自己做人层级的同时，也提高了自己承担社会任务的能力。"行有余力，则以学文"，即使成不了大器，至少也不会在浑浑噩噩中虚耗生命。

1.10　子禽问于子贡①曰：“夫子至于是邦②也，必闻其政③，求之与④？抑与之与⑤？”子贡曰：“夫子温⑥、良⑦、恭⑧、俭⑨、让⑩以得之。夫子之求之也，其诸⑪异乎人之求之与？”

【注释】

①子禽：陈亢（gāng），字子禽。子贡：姓端木，名赐，字子贡，孔子的学生。　②夫子：对男子的敬称，这里指孔子。是：这些。邦：国家。　③闻：听到，被告知。政：指重大的政治事务。所谓“闻其政”，是当时的一种参政议政的方式，就是国君将重大的政治事务告知一些圈外的人士，咨询他们的意见。　④求：请求，要求。与（yú）：助词，表示疑问的语气。　⑤抑：还是……，连词，表示选择。与：给予。　⑥温：温和。　⑦良：善良。　⑧恭：恭顺。　⑨俭：约束自己，不放纵，不随便。　⑩让：将利益等推让给他人。　⑪其诸：也许，或者，表示推测语气。

【译文】

陈亢问子贡说：“先生到了这些国家，总是能参与讨论重大政事，这种资格是他向国君请求来的吗？还是国君主动给他的呢？”子贡说：“先生是通过一种待人温和、善良、恭顺，并且严于律己、把好处让给他人的君子行为而获得这一资格的。先生求得这种资格的方式，就其性质而言，也许和别人求得的方式不一样吧？”

【解读】

孔子在鲁国当过司寇，代理相事，由于不满国君和主政者的表现，愤然出走。他周游列国的直接目的是求仕，求仕的主要目的是推行自己的政治主张。他到过许多诸侯国，虽然始终未能得仕，却也不是一无所获。所到之处都能得到一个“闻其政”的资格，就是充当顾问或参议的角色。有了这个资格，他的政见可以得到表达，也算是部分地实现目的了。

当一个国家的政治高参，孔子是不满足的，但在一般人眼里，这个位置也是许多人拼命想得到的，会被视为摇钱树。任何官位，都会有人不择手段地去“求得”它。

名位利益，如果是人家“与”的，就比较体面，如果是自己“求”的，就会让人怀疑有不体面的因素在里面。“求之与？抑与之与？”如果理解成“这个名位是活动来的？还是正常任命的？”也不是不可以，这是对孔子“闻其政”的途径的正当性提出了质疑。子贡当然能感受到这个问题的冰冷无情，但他似乎也举不出孔子“闻其政”是人家主动“与”之的事实，只好承认孔子确实是“求”来的，但不可以理解为他人的那种下作的“求”法。

从道理上讲，获得名位的资本是品行和才能。但如果说具备了相应的品行和才能，就干等着人家来送委任状，这恐怕是在等着天上掉馅儿饼。现实的情况往往是“馅儿饼”在那里悬着，人们都在打破头地争抢，竞争会很残酷而龌龊。孔子对这点俗理当然懂得，所以他到各诸侯国谋差事，自然也得去“求”。他在卫国时不得已去见卫灵公夫人南子，想到楚国去，就“先之以子夏，又申之以冉有”（《礼记·檀弓上》），这都是屈尊“求”人的显证。

同样是在“求”，其手段却有文野之分。孔子是用“德”来开路，主动展示温、良、恭、俭、让的君子风度，这是他屡试不爽的法宝。

美德是人生斗争的一种武器，在攻心战中颇具突破功能，对竞争对手也颇具杀伤力。说君子永远斗不过小人，那是愤激之言辞。如果其他条件势均力敌，缺德者往往都会被有德者打败。

以孔子的实力和影响而言，统治者能把他留住，对自己是很光彩的。但大家都知道他是把双刃剑，用他会有麻烦，所以就给他个“闻其政”的闲差，既能把他留住，也能防止他闹出乱子，反正他也没有更好的地方跳槽。孔子当然知道自己的处境，所以他在统治者面前表现出温、良、恭、俭、让的谦逊态度，尽量隐藏起锋芒，这是一种以守为攻的策略。这样可以打消统治者对他的疑虑，从而得到一个还算不错的安身之所，这是个双赢的处理。凭着自己的巨大影响和驯顺不争的君子姿态，孔子才能屡“求”屡应。他的这种“求”法，比起其他人的许多下作表现，当然是既体面又高明的。

1.11　子曰：“父在观其志，父没观其行①，三年无改于父之道②，可谓孝矣。”

【注释】

①没（mò）：死。行（xìng）：行为。 ②三年：指子女为父母守孝的三年期间。道：这里指对一些具体事情的做法。

【译文】

孔子说："父亲活着的时候，观察他的志向；父亲去世以后，观察他的行为；在守孝三年期间不改变父亲原来的做法，这可以算是孝了。"

【解读】

古代的家庭，父亲是家长，儿子没有办事的自主权。要看这个儿子好坏，可以观察他表现出来的志向，他的行为并不能说明问题，因为他是在照着父亲的意愿做事，做得对不是他的功劳，做得不对也不是他的过错。父亲去世以后，儿子有了自主权。要看这个儿子好坏，就可以观察他的实际行为了。

按照礼制，父母死后，子女要守孝三年。所谓守孝，就是穿规定的孝服，不吃好的，不追求享受，不嫁娶生育，不娱乐，不做官，经常处于对父母的思慕和哀恸之中。这样做的根据是说，父母死了，子女处于哀恸之中，哪里还有心思做高兴的事情呢？

父母有过错，儿子可以谏，但必须讲究方式方法，要照顾父母的心情和尊严，态度要和悦，言语要委婉。虽然允许反复劝谏，允许坚持自己的意见，但是如果意见最终不被采纳，就还得照父母的意见去做。

执行父母的正确决定是孝，劝阻父母的错误决定是孝，违心地执行父母的错误决定，也还是出于孝的考虑。事父母之道不同于其他的处世之道，不能简单地拿着是非的尺度衡量。对于父母的一般过失，在劝阻无效的情况下，应该采取理解、包容、迁就的态度。就算父母的决定是错的，那也是退一步海阔天空，不可以争一时的是非而违反了孝的原则。

父母去世了，子女是不是就可以按自己的意愿行事了呢？孔子的回答是有条件的，他要求“三年无改于父之道”，三年之后才可以自主行事。这样要求的道理是：子女守孝期间天天想着父母，他们在子女心目中虽死犹生，自然应该延续其做法。如果立即改变，就说明父母被子女淡忘得很快，说明子女在父母生前就对他们感情不深，这当然是不孝。子女不能永远屈从于父母的错误做法，也不能永远沉浸在对父母的哀恸之中，守孝期满之后就可以自主行事了。

1.12　有子曰：“礼之用①，和为贵②，先王之道③，斯为美④，小大由⑤之。有所不行，知和而和，不以礼节⑥之，亦不可行也。”

【注释】

①礼：多义词，分别指礼制、礼仪、礼义几个方面。礼制指国家的种种制度、规定等，礼仪指人际交往和典礼之间的各种行为程式，礼义指规范人际关系的种种理论、原则等。用：功用。　②和：适度，合理。贵：

重要，可贵。 ③先王：本指已经去世的天子，这里指历代圣明的君主，如尧、舜、禹、汤、文、武等。道：指其各种理论和做法。 ④斯：此，这。美：好，价值高。 ⑤由：按照……做。 ⑥节：节制。

【译文】

有子说：“礼的功用，最可贵的是将事情调节到合理的程度。先代圣明君主的理论和做法，在这一方面是最有价值的，无论大事小事都应该按照这个要求来办。但是也要有所限制，自己觉得合适就付诸实施，不按照礼的规定节制自己的行为，也是不能做的。”

【解读】

“礼”是国家政治、社会秩序、人际关系等方面的理论纲领和执行细则，所以受到儒家的高度重视。春秋时期“礼崩乐坏”，君不君，臣不臣，战争频仍，社会处在灾难之中，重建秩序，恢复礼的维系功能，就成了儒家强烈的呼吁。

从理论上讲，礼的制定和执行是以社会公理为标准的，所以在一定的社会背景下，礼的原则不存在合理不合理的问题，但是礼的条文却有合理不合理、适当不适当、完善不完善的讲究。制定礼和执行礼，就是为了把事情办得符合社会公理。

礼有相应的“制”和“度”的内容，“度”是“制”的量化体现。例如周代对乐舞人数的规模有从尊到卑的等差规定：天子八佾，诸侯六佾，大夫四佾。对于“度”的把握，是保证“制”的合理性的关键。

礼是用来维系社会秩序和规范人际关系的，利用其“度”来把具体的事情调节到合理的状况，就叫“和”。这里的“和”是正确、合理、适当的意思。就像饭食的味道，太咸了是不和，太淡了也是不和，符合大家认可的味道，才叫作和。

只有最高统治者才有资格制礼颁礼。新朝代的开创者往往都要根据情况对社会沿用的旧“礼”进行修订，为本朝的礼制打下基础。这样一来，礼就成了历代先王们共同打造的一套治理社会的工具。

追求适当、合理是礼的精髓，大事小事都要按照这个精神运作。但是不是人们主观上认为合理，就可以照自己的想法去干呢？这也是不行的，还得按照礼的规定来调整自己的行为。例如人们知道惩罚坏人是一种合理的行为，但作为公民个人却没有行使惩罚的权利。所谓“以礼节之”，就是在礼的节制下去做合理的事。

1.14　子曰：“君子食无求饱①，居无求安②，敏于事而慎③于言，就有道而正④焉，可谓好学也已⑤。”

【注释】

①无：不。饱：满足。　②居：居住。安：安逸。　③敏：勤奋，努力。慎：诚实。　④就：主动到……。有道：指道德学问高深的人。正：听从。　⑤也已：助词，表示肯定语气。

【译文】

孔子说："作为君子，吃饭不追求甘美，居住不追求安逸，做事勤勉，说话诚实，主动去向道德学问高深的人求教，听他们的话，这样就可以算是好学了。"

【解读】

这里的"食无求饱，居无求安"是举例而言，意思是不追求物质享受。郑玄注云"学者之志有所不暇"，意思是学习的目标远大，任务繁重，时间宝贵，所以顾不上追求物质享受。

物质享受属于低层次欲求，过分追求会使人的精神道德水准降低。学习是为了知"道"，属于高层次欲求，能够提高人的精神道德水准。从这一点来看，人们也应该抑制其物质欲求而努力学习。

富人能够轻易地实现其物质享受的目标，但为了学习，应该主动放弃这些目标。穷人为了同样的目标，必须付出更多的时间和精力，会更加影响学习，所以更应该主动放弃这些目标。不论是谁，都应该全力以赴地学习，不把时间和精力用在物质享受方面。《论语·里仁》："士志于道，而耻恶衣恶食者，未足与议也。"（4.9）在对待物质享受和学习的关系的态度上，孔子的褒贬是十分清楚的。

勤奋是保证学习效果的关键，强调勤奋，就是让人克服怠惰，加快学习的步伐。诚实是做人的最为关键的品德。只有为人诚实，才能获得别人的信任，得到别人的帮助，包括在学习方面的帮助。无论是"修己"还是"治人"，诚实都是至关重要的。

学习就得找到好的老师，可以收到“与君一席话，胜读十年书”的效果。“有道者”就是好的老师，主动去听从他们的指点，才能达到学习的目的。

1.15 子贡曰：“贫而无谄①，富而无骄②，何如？”子曰：“可也。未若贫而乐③，富而好礼④者也。”子贡曰：“《诗》⑤云：‘如切如磋⑥，如琢如磨⑦’，其斯之谓与⑧？”子曰：“赐⑨也，始可与言《诗》已矣⑩，告诸往而知来⑪者。”

【注释】

①谄：奉承，逢迎拍马。 ②骄：骄纵，对人傲慢。 ③贫而乐：原文当作“贫而乐道”，传抄中脱去了“道”字。道：指正确的理论和做法。 ④礼：指符合公理的行为规范。 ⑤《诗》：指《诗经》。下文引用的诗句出自《诗经·卫风·淇奥》。 ⑥切：切割骨料。磋：打磨象牙材料。 ⑦琢：雕刻玉料。磨：磨制石料。以上两句比喻品德的培养像加工骨、象牙、玉、石等材料，要精益求精。 ⑧其：应当，表示推测。斯之谓：指这种情况。斯：此，这种情况。之：结构助词，连接提前的宾语和动词。谓：指。与（yú）：助词，表示猜测的语气。 ⑨赐：子贡名赐。 ⑩已矣：助词，表示肯定的语气。 ⑪诸：之。往：过去的。来：未来的。

【译文】

子贡说："贫穷却不对人逢迎拍马，富有却不对人傲慢无礼，这样的人怎么样？"孔子说："能做到这样是好的。但还是比不上贫穷却追求真理，富有却喜欢礼义的人。"子贡说："《诗经》上说：'学习好的品德就像加工骨、象牙、玉、石等材料一样需要切割、雕琢、磨制，追求越来越好。'应当指的就是这种情况吧？"孔子说："赐呀，现在可以和你谈论《诗经》了，告诉你过去的东西，你就能懂得将来的东西。"

【解读】

子贡经商，非常富有，看来他觉得自己在贫的时候做到了无谄，富的时候做到了无骄，所以想听听孔子的评价。

巴结逢迎富贵者，目的是希望得到人家的照顾。谄佞的人往往不顾是非原则，使正义和公理受到损害。对贫贱者傲慢骄横，纵己凌人，其性质是见识层次的低下。"恃才傲物"犹不可取，"恃财傲物"就尤其没有品位。俗语说"溜舔财主有饭吃，欺负穷人没乱子"，讽刺的就是"贫而谄，富而骄"的现象。能做到"贫而无谄，富而无骄"，说明其人在讲究做人的尊严和修养方面已经达到了一个超出常人的高度。

所谓"衣食足而知荣辱"，对大多数人的情形具有解释能力，并不意味着排除有一部分人在衣食不足的情况下也能知荣辱的情形，像孔门的颜渊、原宪等人，就属于"贫而乐道"的典型代表。由于"贫而乐道"比"富而乐道"更难做到，所以才显得弥足珍贵，所以孔子说"贫而无谄"比不上"贫而乐道”。

所谓“礼不下庶人”，说的是对衣食不足的庶人不能用礼的规范去苛刻地要求。但这并不意味着庶人就不能好礼守礼，颜渊就是一个愿意做到“非礼勿视，非礼勿听，非礼勿言，非礼勿动”的人。“好礼”与“无骄”不可同日而语，所以孔子说“富而无骄”比不上“富而好礼”。

这段话中的“礼”其实就是“道”的同义语，孔子主张人无论贫富，都应该乐道，也都应该好礼。

孔子对人品行的要求比子贡的见解更高，子贡马上想到了《诗经》中的“如切如磋，如琢如磨”，理解到这些话用在人的品德培养方面的深刻含义，实现了将学过的知识融会贯通、举一反三的效果，因而深得孔子赞许：“始可与言《诗》已矣，告诸往而知来者。”这是对子贡的重奖，其分量是不言而喻的，人们可以体会到当时子贡喜出望外的感受。

为政第二

北辰居定处，拱极众星从。
以德施其政，由来治所宗。

三百诗篇旨，一言可蔽之。
心思须合道，不可少偏离。

治国崇刑政，民逃不解羞。
为邦凭德礼，知耻且来投。

志学攀登自少年，多才博艺迈群贤。
融通不惑纤毫辨，勇承天命正坤乾。
花甲闻言能耳顺，古稀从欲自心铨。
历经六境臻于圣，榜样辉煌日月悬。

事亲奢侈原非孝，礼度依遵不可违。
生养逝丧皆守道，勿因豪富乱些微。

子辈诚优秀，千般尽适宜。
双亲唯虑疾，乃在孝途驰。

事亲如犬马，给养奉其生。
惰慢心无敬，玷污孝之名。

酒食先生馔，年轻服事劳。
此诚难谓孝，色养乐陶陶。

终日与回言，不违貌似愚。
虚心尊长者，守礼作醇儒。

视观所以由，审察彼情投。
真伪将俱现，纤毫不可廋。

知古不知今，王充谓陆沉。
晓今不晓古，盲瞽事难斟。
博古通今者，教坛乃可临。
汇知如大海，挹水恃其深。

君子多能艺颇精，不操技术为生营。
只求御世挥长策，梁木高山万载名。

君子行其意，从而布己言。
以身为事则，榜样胜腾喧。

君子求循理，不因己损仁。
小人多苟合，唯以利相亲。

勉学不思遭蛊惑，力思不学总愚痴。
学思并举能前进，弃故迎新渐有知。

异端须探讨，防止过痴迷。
习染遭同化，离经陷淖泥。

智者恒诚实，师传永记铭。
知之言晓解，未达乞聆听。

多见复多闻，慎行且慎云。
惑疑须搁置，尤悔寡纭纷。

干禄持民社，凭忠可建勋。
言行无过谬，俸乃赐于君。

正直能提举，僻邪被制裁。
庶民诚信赖，否则痛吁唉。

身正民心尽，孝慈百姓忠。
若求人勉力，举善教愚蒙。

孝奉尊亲励百行，友于兄弟获嘉评。
世风率导人趋善，是亦经邦以德鸣。

无信人皆弃，行为惹度猜。
车辕缺輗軏，何以用之哉?

殷因夏礼施增损，周续殷型有益裁。
其或继周虽百世，必将斟酌护仁坯。

淫祭原违礼，贪婪致谄谀。
鬼神唯辅德，贿赂岂持扶?

见义当施力，男儿勇作为。
迟疑终缩脖，人笑是乌龟。

2.1　子曰："为政以①德，譬如北辰②，居其所而众星共③之。"

【注释】

①为：施行，执掌。政：政事，国家的重大事务。以：凭借，依靠。　②北辰：北极星。古人认为北极星是天上最尊贵的星，它在天上的位置固定不变，其他的星都环绕着它转动，是护卫它的。　③共（gǒng）：后来写作"拱"，环绕。

【译文】

孔子说："执政者依靠品德来治理国家，就像北极星，安坐在自己的位置上，所有的星星都围绕着它运行。"

【解读】

要求执政者品德良好，这是古往今来普遍的标准，不可能容许执政者的品德恶劣。最高执政者以美德自律，然后逐级要求下属仿效，形成一个以德共勉的政治氛围，这是很理想的政治局面。在这样的局面下，人人都不用扬鞭自奋蹄，执政者便可以像北极星一样安闲而安全。"为政以德"是治理国家的一种简便、高效、温馨的模式。

政治的目的就是追求社会运行状况的合理化，追求每个社会成员的道德化，从而实现社会的正常发展。社会成员的道德化是实现社会运行状况合理化的重要基础，这就必然要强调德的重要作用。

美德是把双刃剑，它不仅限制他人的不当得利行为，也要限制自己的不当得利行为，并且首先是自己受到了限制。要求统治者为政以德，就是要求他们勤政爱民，廉洁自律，这正好和他们“千里为官只为钱”的初衷大相径庭。因此，道德的约束往往是被统治者率先突破的。统治者品德败坏，对社会造成的负面影响比常人要严重得多。

统治者如果品德端正，对下属就会有一种表率和威慑作用。《论语·颜渊》：“季康子问政于孔子，孔子对曰：‘政者，正也。子帅以正，孰敢不正？’”（12.17）其中的“敢”字可谓用得十分传神，在一个“正”的领导面前，他的下属还敢不“正”吗？

孔子主张以德治国，但他并不是道德万能论者，不过是主张道德优先而已。历代统治者虽然做不到完全的以德治国，但道德标准还是在不同程度上有形或无形地干预着他们的行为的。道德是规范人类行为的基本准则，是维系人际关系的社会纲领，它的这些功能从来没有彻底失效过。中国古代的政治是德治、礼治、法治并用而相辅相成的。

2.3　子曰："道之以政[①]，齐之以刑[②]，民免而无耻[③]；道之以德，齐之以礼[④]，有耻且格[⑤]。"

【注释】

①道（dǎo）：引导，指导，后来写作"导"字。政：政策法令。②齐：使……一致，整齐划一。刑：刑罚。　③免：逃跑。耻：羞耻感。　④礼：指符合公理的行为规范。　⑤格：到来。

【译文】

孔子说："靠政策法令指导，靠刑罚规范人们的行为，百姓会逃亡，没有羞耻之心；用道德品行引导，用礼义规范人们的行为，百姓会有羞耻之心，并且能主动地来归附。"

【解读】

执政者要实现其管理意图，一是颁布政策法令，告诉人们应该怎样做；一是执行刑罚，迫使人们必须怎样做。在严刑峻法的威胁下，百姓会选择逃亡国外，能够为统治者服务的民众越来越少。由于利益的驱动，他们有时会没有对不良行为的愧疚羞耻之心。例如许多地方卖淫和盗窃等现象泛滥，发展到了法不责众的地步，即使个别人受到了法律的追究，当事人和其他人都不以为耻。

儒家认为光是以政治民和以法治民，属于治标不治本，不能根除百姓为非作歹的欲念。要想从根本上解决问题，应该是统治者靠美德为人们做出表率，培养起人们的是非观念，同时用礼义标准规范人们的行为，让人们知道什么是高尚的，什么是卑劣的。这样一来，人们就会对不良行为有了羞耻之心。统治者能推行德政，就能吸引其他国家的百姓前来投奔。

孔子强调以德教民和以礼教民的效果比以政治民和以法治民的效果要好，并不意味着他主张干脆废除“道之以政，齐之以刑”的管理措施，而是主张德、礼优先，不得已而用政、刑，这在儒家以往的论述和实践中都是很清楚的。

2.4　子曰：“吾十有五而志①于学，三十而立②，四十而不惑③，五十而知天命④，六十而耳顺⑤，七十而从⑥心所欲，不逾矩⑦。”

【注释】

①有：又，在相邻的两位数字之间用“有”，表示“另加”的意思。志：致志，下决心做好。　②立：树起来，指见识、学问等趋于成熟。　③惑：对事情的判断不清楚或不正确。　④天命：天的安排。⑤耳顺：在高度地了解和理解别人的情况下，对别人的任何话都能听得进去。　⑥从：听凭，顺着。　⑦逾：越过。矩：规矩，正确的标准。

【译文】

孔子说：“我十五岁时立志要学有所成，三十岁时能够出人头地，四十岁时对事情都能做出正确的判断，五十岁时懂得了天赋予我的责任，六十岁时能够尊重和听取他人的一切意见，七十岁时心里怎么想就怎么做，不会把事情做错。”

【解读】

孔子回顾总结了自己一生中发展进步的情况，评价了自己在一些年龄段上所达到的做人的标志性层级。

面对学习，人们会处于种种不同的状态：一种是厌学，一种是好学，一种是对学问本体有了强烈的追求欲，立志要攀登学问的高峰，这就是“志于学”的境界。“志于学”的人会成为学问的承担者和创造者，是在为人类的历史、现实、未来负责。孔子后来能成为圣人，就是能够较早地“志于学”的缘故。

孔子在别人还懵懵懂懂的时候就进入了“志于学”的境界，他自己谈过一个最早的原因。《论语·子罕》：“吾少也贱，故多能鄙事。君子多乎哉？不多也。”（9.6）看来是由于贫贱所迫，为了改变自己的被动现状而努力学习的结果。

所谓“立”，是学习有成的标志，就是在社会上能树起个人架子来了。这里的“立”，不是指钱财方面的富和权势方面的贵，而指的是学问方面的“富”和见识方面的“贵”。在这些方面，成为天下首富首贵的是圣人，实现了大富大贵的是贤人，达到了温饱或小康状态的可以算是能“立”起来的常人。

所谓“立”，就是超出一般，不仅学问和见识是成熟的，品德修养方面也是高尚的。能“立”起来就是一种成功。

“立”起来的还往往只是个架子，有待于充实和丰满。孔子自认为在四十岁时达到了“不惑”的境界。所谓不惑，就是对人对事都能看得清楚，理解得透彻，既可以从宏观上把握，又可以从微观上解析，好像没有什么自己所不能理解和判断的问题了。

人的见识不可能无限发展，会有一个相对的极点。“不惑”说的是见识层次已经到位，这是一个“终点站”，是个人智力发展的最后一座里程碑。

“天命”一词在古代有多种词义，孔子所知的“天命”指“天的意旨和安排”，这种安排指天对世间一切事情的安排，当然也包括对孔子个人的意旨和安排。

古人认为天是世间万物的主宰，儒家主张积极地探讨天意的内容和规律，主动承担起天所赋予的任务，自觉地为天当一个冲锋陷阵的马前卒。

古人心目中的天的形象很神秘，但天的意志却很清楚，就是惩恶扬善，让人们规规矩矩地做一个好人。所谓天意其实就是人意，就是社会公理。人的弃恶从善的主张贴上了天的标签，可以使人们掂量自己的行为，对天的权威有所顾忌。

在天所操控的棋盘上，人们有其层级的区别，有的是车，有的是马，有的只是卒。自己在人间善与恶的对弈中能承担什么样的任务，该做出什么样的成绩，能换来什么样的奖赏（最好的奖赏就是当上天的儿子），对于这些问题，参与对弈的人们未必都会有自觉而准确的判断分析。

孔子是怎么知道“天命”的？如果他说是天托梦告诉他的，或者是他夜观天象而看出来的，人们就可以一笑置之了。从《论语》此处语境的逻辑来看，孔子叙述的是自己逐渐进步的过程，从“志于学”到“从心所欲，不逾矩”，每走一步都需要付出努力，都是自身境界的一次升华，显然“知天命”也是人生奋斗成果的一个标志，从道理上讲也是人人都可能达到的一个成长高度。孔子在“不惑”之后继续努力着，十年之间又大有长进，他的人生目标在水涨船高，他的理想蓝图在不停地弃旧图新。其结果不言而喻：圣人的桂冠已经向他飘来。圣人的社会责任是经邦济世，孔子给自己设定的社会责任也是经邦济世。按照当时的观念，圣人就是天的使者，就是天意的化身，他所担负的就是天的使命，这也许就是孔子说“五十而知天命”的事实基础。所谓知天命，也就是认清了自己最终的社会责任和奋斗目标。孔子是有神论者，是不可能不将这种社会责任和奋斗目标理解为“天命”的。

面对一些不合理的逆耳的话，有的人会很气愤，对发言人极其反感；有的人会觉得可以理解和包容，并且对发言人感到遗憾和同情。这两种态度，反映出来的是人的气度修养的差异。《论语·子张》：“君子尊贤而容众，嘉善而矜不能。我之大贤与，于人何所不容？我之不贤与，人将拒我，如之何其拒人也？”（19.3）子张要求对人来者不拒，其原则是“尊贤而容众，嘉善而矜不能”。有了这样的君子气度，就可以做到“耳顺”。凡是常人所认为不合理的话，君子都能够理解对方说这些话的事实基础，能够谅解和包容这些话对自己的冲击，能够同情和遗憾对方持这些见解的不幸，甚至想到这些不合理意见对自己的种种有益的启示，想到自己对人家所负有的责任。君子对于他人的任何意见都是欢迎的，不会因为自己的好恶而感觉逆耳。孔子在六十岁才进入了这一境界，可见磨炼出这样的气度是何等不易！

人学习是为了知道是非标准，就普遍的是非标准而言，知道它们并不难，要想都做到它们可就不容易了。将是非标准完全运用于规范自己的行为，不再有自觉或不自觉的学与行不一致的情况发生，这是孔子到七十岁时才达到的境界。

《论语·先进》：“子路问：‘闻斯行诸？’子曰：‘有父兄在，如之何其闻斯行之？’”（11.22）强调遇事要咨询老师和父兄的意见，不主张自己怎么想就怎么做，也就是不主张不成熟的人们“从心所欲”，怕的是把事情办错，不符合规矩。怎么想的就怎么做了，不必再对自己的想法进行斟酌推敲，不必再咨询有经验的人的看法，做出来的结果肯定都能符合是非标准，这就是“从心所欲，不逾矩”了。这是一种学与行完全一致的表现，是做人境界的最后的升华。

孔子的一生是不断学习而进步的一生，他是在做人方面达到了最高境界的典范，这一境界是在其生命的尽头才最终实现的。

2.6　孟武伯①问孝，子曰：“父母唯其疾之忧②。”

【注释】

①孟武伯：名彘（zhì），字泄，是孟懿子的儿子，死后谥为“武”，伯是他的排行。　②唯：只是。其疾之忧：忧其疾，担心他的疾病。

【译文】

孟武伯问怎样做就算是孝了，孔子说：“让父母亲只担心子女的疾病。”

【解读】

孝的精神是尽量使父母满意，要做到这一点，子女的各种表现就要出色。能力、品行差的子女，会使父母担忧，甚至生活在提心吊胆之中。就算他们能使父母得到好的供养，也很听话，却不能让父母省心，甚至会招来灭门之祸，连累父母和家族。

出色的子女能使父母满意，父母不会担心他们因为做错事而招来不幸，唯一会担心的就是怕他们生病，因为疾病是无法预知的，也和他们的品行无关。

孟武伯是世袭的大夫，供养父母并不难，但如果用“父母唯忧其疾”的标准衡量，他是无论如何也不合格的。当时季孙、孟孙、叔孙三家把持着鲁国的政治，和国君处于对立的地位，不断侵夺公室的利益，经常引发政治灾难，是使鲁国礼崩乐坏的罪魁。处在斗争旋涡中的孟氏，不能算是“父母唯忧其疾”的安全人物，孔子把这条孝的标准摆在他面前，恐怕会使他颇为尴尬的。

2.11 子曰：“温故而知新①，可以为师矣。”

【注释】

①温：积累，本字当作“薀”。故：指古代的知识。而：并且。新：指当代的知识。

【译文】

孔子说："既懂得过去的知识，又懂得今天的知识，就可以给人当老师了。"

【解读】

一个人的知识结构，分为历史知识和当今知识两个板块，不可偏废，所以人们将知识结构健全的人褒称为博古通今。只有在知识和见识方面能博通古今的人，才能在现实中处于主动地位；只有具备了这样的知识结构，才能给人当老师。

现在人们大都不再注意孔子"温故而知新"的本来含义，将这句话解释成了一种学习的方法，说成是从已知的知识中推导出未知的知识。对此也应该有具体的分析。

作为一种学习方法而言，巩固而熟练旧的知识确实对于发现和学习新的知识有积极的作用，但这种作用其实是非常有限的。新的知识和见解大都不是在复习旧知识中被发现和领悟出来的，过分地强调对旧知识的巩固和熟练，反而会挤占了学习新知识的时间和精力，对于学习新知识是不利的。恰恰相反，学习新知识反而能够起到巩固和熟练旧知识的作用。每天记背三加二等于五，恐怕很难进步到解数学方程的境界，相反，学习代数却能巩固初级算术的知识，这个道理本来非常简单，人们却将它们的关系搞颠倒了。今人心目中的"温故而知新"，其实是一种违反学习规律的不正确观念。

2.12 子曰："君子不器①。"

【注释】

①器：器具。

【译文】

孔子说："君子不能只做用途具体的某种器具。"

【解读】

每种器具都有其具体而单一的用途，其作用的实现往往很重要，但其本身却没有什么积极而主动的因素。孔子说"君子不器"，意思是君子不能使自己成为被动的器具，而要成为器具的使用者。

人才有其类别，其中有一部分是技艺型人才，就是孔子所说的"器"型人才，他们其实是像各种工具一样被别人使用着。人们学习技艺往往是将它作为一种谋生的手段，但也容易深入进去，一生都在为某种技艺的学习和创新而努力，成为所在行业的专家。

孔子本人是多才多艺的，但在他眼里，这些技艺既不是谋生的手段，也不是最终的目的。他学礼不是要给国君当礼官，学乐不是要在宫廷当乐师，学射也不是要上战场立军功，而是要具备一个政治家的基本条件。如果他甘心于靠这些精湛的技艺而成为职业的礼官、乐师、军官，那就真的成了他所说的"器"了。所谓"君子不器"，就是不主张以技艺为专业，而是要成为一个有才艺的圣贤。

《论语·子罕》："达巷党人曰：'大哉孔子！博学而无所成名。'子闻之，谓门弟子曰：'吾何执？执御乎？执射乎？吾执御矣。'"（9.2）孔子博学，但却没有以艺成名，这正是他"君子不器"主张的注脚。他选择"执御"也很有意思，会让人想到"振长策而御宇内"，政治家就是国家这辆车的御者。

综观孔子一生的成就，他在许多具体的行为上其实仍然发挥的是"器"的作用。他精通音乐，这是发挥了音乐家的作用；他教了许多学生，这是发挥了教师的作用。就以从事政治活动而言，别人说"天将以夫子为木铎"，所谓"木铎"也是一种"器"。据理推测，孔子心目中的君子是这样一种人：就其具体的行为而言，干什么都能干出专家的效果，事事都发挥良器的作用；就其总体的目标而言，却是以天下为己任，学道行道布道，成为一个圣贤。

2.14　子曰："君子周而不比①，小人②比而不周。"

【注释】

①周：追求合理，后来写作"调"。比：偏私苟合。　②小人：指道德层次不高的人。

【译文】

孔子说："君子追求将事情办得合理，不会偏私苟合；小人会偏私苟合，办事不讲原则。”

【解读】

君子为人处世的标准是道德、公理和正义，所以要追求合理性，不会附和不正确的意见和行为。小人行为的出发点是私情私利，他们会为此而结成利益团伙，办事不顾其合理性。出以公心或营私牟利是君子与小人的根本分野。

2.15 子曰：“学而不思则罔①，思而不学则殆②。”

【注释】

①罔：被蒙蔽。 ②殆：愚昧，本字当作“佁”。

【译文】

孔子说：“只学习而不思考就容易被书上说的或别人教的错误知识蒙蔽，只冥思苦想而不学习就会很愚昧。”

【解读】

学习的方式往往是读书或请教别人。但书上的内容不一定都对，别人的意见也未必都合理，读来的或听来的东西还应该经过自己的思考或实践的验证，确认无误才可以接受。如果轻易地相信书上的或别人的说法，往往就会被错误的东西蒙蔽。举个例子，苏轼《喜雨亭记》：“曰：五日不雨可乎？曰：五日不雨则无麦。曰：十日不雨可乎？曰：十日不雨则无禾。无麦无禾，岁且荐饥。”这里的“五日不雨则无麦”“十日不雨则无禾”，字面上的意思就是“五天不下雨，小麦就没有收成”“十天不下雨，秋庄稼就没有收成”。可是读者动脑筋一想，五天不下雨怎么就会旱死小麦呢？十天不下雨怎么就会旱死秋庄稼呢？可见这些说法都明显不合乎事理。再仔细一想，就能推断出原文的四个“日”字都应该是“月”，因为字形相近而传抄错了。“五月不雨”就是连续五个月不下雨，当然会旱死小麦；“十月不雨”就是连续十个月不下雨，当然会旱死秋庄稼的。这篇文章被许多教材选用，却一直没有人指出其中这四个“日”字的错误，这就是读书不动脑筋思考的结果。

无论是读书还是向别人请教，都应该经过自己的思考辨识。辨识的依据很多，可以归结为一个“理”字，就是分析一下得来的知识是不是合理的。“理”的范畴很广，针对不同的知识内容，都会有相关的“理”的标准存在。学习既是一个学习这些“理”的过程，也是一个运用这些“理”来检验所学内容的合理性的过程。如果对“理”进行分类的话，可以分为“事理、语理、文理”等方面的内容。

“事理”是关于各种事情的道理，这些道理具有普遍性，是衡量是非的公认的尺度；“语理”是关于语言的公共习惯，是运用语言时共同遵守的规则；“文理”是写作行文的各种模式以及种种特有的讲究。在这些“理”的综合监控下，就可以对所学的东西做出有价值的分析判断，从而决定取舍。例如本书在写作中会参考人们对《论语》的各种解释，这既是学习他人知识的过程，同时也是检测他人知识的过程，笔者就是利用各种各样的“理”来思考辨别他人的意见，从而决定自己的取舍的。

有的人没有读书的习惯，也不肯问人，遇事只爱自己冥思苦想，其结果往往是事倍功半，失去了很多师友之助，这就是“思而不学”，其做法当然是很不聪明的。

2.16 子曰：“攻乎异端①，斯害也已②。”

【注释】

①攻：专心研习。乎：于。异端：非正统的学说。 ②斯：则，就。害：有害。也已：助词，表示肯定语气。

【译文】

孔子说：“下大功夫学习非正统的各种学说，是有害的。”

【解读】

中国自古以来就在政治、思想、道德、伦理等范畴上形成了一种传统的学说体系，这一体系被称为“先王之道”，受到了社会的普遍认可，儒家就是这一学说体系的代表。但是由于种种原因，人们也对正统的思想理论提出反对意见，形成了一些较有影响的学说，这就是所谓“异端”。异端学说的兴盛在战国时期，形成了百家争鸣的局面。任何思想意识都不是无源之水，异端思想都有其历史渊源和社会基础，在任何时代都是客观存在的。春秋时期礼崩乐坏，“先王之道”对社会的维系作用被削弱，这正好给异端思想的活跃提供了方便，因而才有了战国时期的百花齐放。

异端思想有下列特点：第一，对正统思想予以局部或全部的否定。第二，本身具有一定的合理性和适用性，这是其存在和发展的基础。第三，利用人们对正统思想的审美疲劳和对现实状况的不满，将现实状况的不合理归罪于统治思想的不合理，为自己争得受众。

正统思想方面不能无视异端思想的存在，也会对这些思想进行研究了解，但这只是为了批判而进行的准备。如果这些“涉外”研究者被其研究对象所吸引，从情感上和理念上对其研究对象产生了认同，投入了更多的研究热情，就是被异化了，所以孔子说“攻乎异端，斯害也已”。

2.17　子曰：“由①，诲女②，知③之乎！知之为④知之，不知为不知，是知⑤也。”

【注释】

①由：姓仲，名由，字子路，孔子的学生。　②诲：教导。女（rǔ）：你。　③知：记住。　④知：知道，懂得。为：谓，说。　⑤是：这。知（zhì）：聪明，后来写作“智”。

【译文】

孔子说："仲由，告诉你，要记住我的话！知道就说知道，不知道就说不知道，这样做是聪明的。"

【解读】

子路豪爽直率，勇敢好斗，未入门时粗犷顽劣，竟然找上门来凌辱孔子。也不知道孔子用了什么办法，最终将他制服了，他脱去了奇装异服，穿起了儒生服饰，请求当了孔子的学生。此后一直追随孔子，是最为忠实的弟子。

孔子的这番话显然是在子路刚刚被驯服的时候说的，也说明当时的子路好吹牛装大，也许孔子正是利用了他的这一缺陷而将他放倒的。老老实实地夹着尾巴做人，不要总是强不知以为知，确实是为人处世的聪明做法。什么牛皮也敢吹，嘴上总要占上风，这样的人确实是很可悲的。即使修炼不成大智若愚的君子，至少也应该做一个"知之为知之，不知为不知"的实在人。

2.22 子曰："人而无信①，不知其可②也。大车无輗③，小车无軏④，其何以行之⑤哉？"

【注释】

①信：信用，诚信。 ②其：当，该。可：何，怎样。 ③大车：用牛拉的车。輗（ní）：大车辕端与横木连接处的插销。 ④小车：用马拉

的车。轨（yuè）：小车辕端与横木连接处的插销。 ⑤其：尚且，还。行之：让它行走。

【译文】

孔子说："人如果没有诚信，人们就不知道该怎么对待他了。大车没有了輗，小车没有了軏，还怎么让它行走呢？"

【解读】

不讲信用的人会失去人们的信任，在社会上寸步难行，他的意愿就很难实现了。所以说诚信和车上的輗軏一样，看似微小而简单，却关系重大，不可忽视。一次失信，可能会切断自己和他人之间的联络纽带，造成很严重的后果。

2.23 子张问："十世可知也①？"子曰："殷因于夏礼②，所损益③可知也。周④因于殷礼，所损益可知也。其或继⑤周者，虽⑥百世可知也。"

【注释】

①世：朝代。也：助词，表示疑问语气。 ②殷：商朝。因：沿用。夏：夏朝。礼：指国家的制度法规等。 ③损益：增减，局部修订。④周：周朝。 ⑤其：如果。或：有。继：承接，指取代。 ⑥虽：即使。

【译文】

子张问："今后十代的礼制能够预知吗？"孔子说："商朝沿袭了夏朝的礼制，在其基础上有所新增或废除的情况能够知道；周朝沿袭了商朝的礼制，在其基础上有所新增或废除的情况能够知道。如果有取代周朝的，即使经历百代，也可以预知他们的礼制沿革情况。"

【解读】

夏、商、周三代的社会政治模式没有根本性的变革，是礼制的草创、发展和完善时期。禹、汤、文、武、成王、周公，都是礼的创建者或修订者。由于三代的社会政治模式是类同的，所以前朝的礼制对于后来的朝代在主体上都是适用的，新朝的统治者只要根据社会发展的情况做一些局部的修订就可以了。经过历次修订，西周时期的礼制已经臻于完善。《论语·八佾》："周监于二代，郁郁乎文哉！吾从周。"孔子对于西周的礼制建设是颇为赞赏的。

社会是发展变化着的，所以礼制也必须随着社会的变化而调整。一个新朝代往往要先沿用前朝礼制，然后再做出局部的增损。朝代可以翻天覆地，礼制却不可能脱胎换骨，所以孔子才很自信地说"虽百世可知也"。

八佾第三

八佾舞于庭，陪臣显僭形。
其心能忍此，越礼自难停。

三家彻祭唱雍诗，内有公侯天子辞。
堪笑陪臣顽至此，虚荣僭越甚无知。

儒家崇礼乐，纲目统于仁。
背道唯贪利，一切自难论。

养生宁俭勿奢张，送死勿怡宁戚伤。
难以持中从礼本，弃其较短取其长。

夷狄有君诸夏无，彼安此乱较精粗。
中华毕竟文明地，犹胜周边鄙野徒。

季氏张狂祭泰山，冉求进退颇为艰。
神祇岂有不遵道？林放犹知过礼关。

君子无争质澈澄，坦然行事自贤明。
温文尔雅形于射，揖让谦恭器度平。

众色铺排就，绚因素衬明。
世情纷扰乱，礼度后生成。
貌似无关涉，卜商具慧睛。
师徒相启发，教学互增盈。

夏商曾用礼，孔圣尽知情。
杞宋非其旧，如今不足徵。

禘礼当时状，知情已颇难。
行仪从裸始，孔子厌观看。

禘理诚关键，知之即圣贤。
纤毫皆在掌，孔子避真诠。

祭祖祖如在，奉神神似临。
虔诚无敢忽，行为岂可淫？

祭祀尊神鬼，操持事自亲。
行仪吾未与，礼敬便不真。

奥灶何须媚？忠贞莫忘天。
妄行将获罪，无所祷安全。

夏商连订礼，周公借鉴之。
文明臻郁郁，孔子爱其宜。

太庙行仪地，仲尼识礼人。
接连诸事问，执掌复申论。

射仪崇五善，古道不唯皮。
气力分阶等，衡人戒独持。

告朔仪徒设，鲁君久不行。
饩羊仍旧具，臣礼待其鸣。

事君宜尽礼，循道以为臣。
浅者讥其谄，是非不易畛。

朝廷依道处，君礼并臣忠。
上下皆循分，中和出至公。

欢悦不淫浮，怨哀未恸悲。
关雎音乐美，夫子爱其宜。

夏后松为社，宽容不病伤。
殷人斟用柏，压迫乃昭彰。
周室新材栗，民成觳觫羊。
经邦前有鉴，重法后多方。

哀公询宰我，回避问其师。
倘若征尼父，呈言怎措辞？

仲尼逢宰我，尴尬作师徒。
舌剑唇枪后，心当叹启吾。

成事不能回，导君慎取材。
宰予如实述，或使弊门开。

夷吾为器小，霸事佐齐侯。
本可成王业，庸哉缺远猷。

室有三归妇，家无摄事人。
儒门清矩矱，不可束权臣。

塞门施宅外，反坫设堂中。
管仲无规矩，邦君僭拟同。

大师从子受，乐准始通知。
博学羞为器，多能众叵追。

人间无道久，大任降于丘。
木铎宣天意，诸生何必忧？

舜韶臻善美，周武未完全。
取代崇文竞，贤能揖让传。

居上无宽贷，临丧未恸哀。
慢于为礼际，何以赞之哉？

3.4　林放问礼之本[1]，子曰："大哉问！礼，与其奢[2]也，宁俭[3]；丧[4]，与其易[5]也，宁戚[6]。"

【注释】

①林放：鲁国的一个人。礼：指礼仪。本：实质，宗旨。　②与其：连词，比较两件事而决定取舍时，"与其"用在被放弃的一面。奢：铺张过度。　③宁（nìng）：宁肯。俭：简陋，少。　④丧（sāng）：丧事。　⑤易：平和，喜悦。　⑥戚：悲哀，这里指悲哀过度。

【译文】

林放问礼仪的宗旨，孔子说："你问的问题很重要啊！在礼仪方面，与其出现过度铺张的情况，宁肯简陋不足；办丧事时，与其不悲哀，宁肯悲哀过度。"

【解读】

礼的宗旨是要求人们办事适度。就以办丧事而言，如果为了尽孝而大肆铺张，那就是"奢"。如果有钱不花，将丧事办得十分简陋，那就是"俭"。如果办丧事时不哀伤，那就是"易"，就是明显的不孝。如果在丧事期间哀伤过度，甚至病倒或死亡了，那就是"戚"，叫作哀毁灭性。《礼记·丧服四制》：“毁不灭性，不以死伤生也。”说的就是这种情况。孝的宗旨是使父母满意，出现大肆铺张和哀毁灭性的情况，都不符合父母的意愿，因而不应该算孝。在礼的标准面前，奢、俭、易、戚都是不能过关的。

虽然“奢”与“俭”都不可取，但“奢”会劳民伤财，危害性比“俭”更大，所以主张宁俭不奢。虽然“易”与“戚”都不可取，但“易”是公开的不孝，“戚”的出发点却是孝，所以主张宁戚不易。虽然都不合于礼，但失礼的程度是有轻有重的。

礼仪主要是给有经济执行能力的人制定的，其目标指向往往更强调其上限，目的是限制有钱人荒淫僭越，或者挥霍铺张，沽名钓誉，这就是礼的宗旨所在。

在春秋时期，人们已将礼的精神破坏殆尽，却利用礼的条文投机取巧。林放关注到礼的宗旨，这当然是难能可贵的，所以受到了孔子的高度肯定。

3.7　子曰：“君子无所争①。必也射②乎！揖让而升③下而饮④，其争也君子。”

【注释】

①争：争执，争夺。　②必：一定。也：助词，起舒缓语势的作用。射：指射箭比赛。　③揖让：作揖谦让。揖：拱手行礼。升：登上，指从台阶上到堂上。　④下：指从堂上下来。饮：饮酒。

【译文】

孔子说：“君子没有要和人争夺的事情。如果有，那就是射箭比赛吧！双方作揖谦让着登上堂去，走下堂来，最后饮酒，这样的争夺是有君子风度的。”

【解读】

在古代，射箭不仅是一种武艺，还是一种娱乐竞赛项目。比赛在庭院中进行，两人一组。轮到上场时，两人要经台阶走上堂去，上台阶时要作揖行礼，互相谦让。各自射箭完毕，两人下堂时也要作揖行礼，互相谦让。比赛结束后要罚负方饮酒，还要登上堂去，也要作揖行礼，互相谦让。整个比赛都在很有礼貌的过程中进行，显得温文尔雅，和谐有序。这种活动不仅是技能竞赛，而且还是个人气质修养的训练，体现着一种高雅的竞赛气度。参赛者表现出胜不骄，败不馁的平和心理，表现出对对手的礼貌和友好，一副磊落大方的君子风范。虽然比赛有胜负，但在精神风貌方面却都是赢家。

君子无私而大度：所以不争利益和名誉，不争是非和意气。这里的不争并不是对错误意见的认可和附和，而是认为对小是小非的争执没有意义，反而会有副作用。不争的原因是对持错误意见者的理解和谅解，是豁达大度的体现。君子虽然不在具体的事情上与人争夺，但他却是最终的胜利者。这种胜利是以品德、见识、知识、能力的到位为前提的，是人格的胜利。

3.8 子夏问曰："'巧笑倩兮①，美目盼兮②，素以为绚兮③。'何谓④也？"子曰："绘事后⑤素。"曰："礼后⑥乎？"子曰："起予者商⑦也！始可与言《诗》已矣。"

【注释】

①巧：美好。倩：面容漂亮。兮：啊，表示感叹。 ②盼：眼睛黑白分明的样子。"巧笑倩兮，美目盼兮"出自《诗经·卫风·硕人》。③素以为绚：以素为绚，利用白色造成色彩绚丽的效果。素：白色。以：利用。为：成为。绚：色彩鲜艳夺目的样子。"素以为绚兮"不见于今本《诗经》。 ④谓：说的是…… ⑤绘：绘画。后：最后。 ⑥后：在……之后。 ⑦起：启发，帮助。予：我。商：称呼子夏，子夏姓卜，名商。

【译文】

子夏问："《诗经》上说：'美好的笑容真漂亮啊！美丽的眼睛黑白多分明啊！用白色使色彩更绚丽啊！'说的是什么意思呢？"孔子说："绘画时最后使用白色进行调节处理。"子夏说："这就说明礼是后来才产生的吗？"孔子说："启发了我的思考的人是你啊，现在能和你谈论《诗经》啦。"

【解读】

按事理推测，"巧笑倩兮，美目盼兮，素以为绚兮"都是《诗经·卫风·硕人》中的句子，"素以为绚兮"一句被遗落了。子夏显然只是不懂最后一句的讲法，他把“巧笑倩兮，美目盼兮”也说出来，只是在引用时顺便提及。孔子知道他懂前两句，所以只是就最后一句进行了回答。“巧笑倩兮，美目盼兮”是描写卫庄公的夫人庄姜的美貌，“素以为绚兮”的意思可能是说庄姜服饰上的彩色图案在洁白色彩的勾勒映衬下，显得特别绚丽。

古人绘画时，先用其他色彩画出图案，最后才用白色勾勒定形。由于有白色的映衬和修整，可以将其他色彩突显得更加鲜艳夺目。白色是素色，但是在绘画中所起的定形和修整作用却很关键，没有了它，其他的色彩就会黯然失色。

进入私有制社会后，私利驱动下的竞争使社会风气开始恶化，迫使人们关注起对道德的建设和维护。礼是道德的化身，它将人们的道德诉求规定为礼义、礼制、礼仪等表现形式，要求人们遵照执行。德是内容，礼是形式；内容产生在先，形式产生在后。有好的内容而没有好的体现形式，内容就会黯然失色。

子夏从孔子“绘事后素”的回答中悟出了这样的道理：礼产生在德之后，礼与德的关系犹如白色与众色的关系，礼能够使德更好地发挥作用。将礼与德的关系比喻为绘画中的白色与众色的关系，并且与《诗经》的文句挂起钩来，这一奇思妙想很有创意，使孔子大受启发，所以他给了子夏以高度的褒奖。

3.13　王孙贾[①]问曰：“与其媚于奥[②]，宁媚于灶[③]，何谓也？”子曰：“不然④。获罪于天⑤，无所祷⑥也。”

【注释】

①王孙贾：卫国的一位大夫，主管军队。他可能是周天子的后代，姓姬，名贾，氏为王孙。 ②媚：取悦。奥：室内的西南角，古人认为那里有神。 ③灶：灶火，古人认为那里有神。 ④然：这样。 ⑤获：得到，受到。罪：惩罚。天：地位最高的神。 ⑥所：地方。祷：祈祷，向鬼神请求赐福免祸。

【译文】

王孙贾问：“‘与其讨好奥神，不如讨好灶神’，说的是什么意思呢？”孔子说：“不是这样。受到天的惩罚，是没地方祈祷的。”

【解读】

孔子五十六岁时，离开鲁国而到卫国谋求发展，在那里遇见了王孙贾。当时卫国的国君是卫灵公，有宠臣弥子瑕，卫灵公夫人南子也干预国政。有人说王孙贾拿不定主意该巴结谁，所以向孔子请教。

政界有各种处世潜规则，“与其媚于奥，宁媚于灶”就是规则之一。在卫国这样的政治环境中，就必须注意“跟对人”的问题。王孙贾尚且如此，初来乍到的孔子也面临着应对卫国复杂的人事关系的问题。

孔子的回答有点令人意外：谁也不要跟，跟着天走最保险。所谓跟着天，就是办事要符合天意。做不道德的事，会受到天的惩罚。那时候不管是“奥”还是“灶”，什么神也救不了。孔子提倡为政以德，主张立身以德，也主张遇合以德（遇合，上下之间彼此认可而投缘）。无论在理论上还是在实践中，这都不失为远见，和利禄之徒们想着的该“媚于奥”还是“媚于灶”是不可同日而语的。

3.15　子入太庙①，每事问。或②曰：“孰谓鄹人③之子知礼乎？入太庙每事问。”子闻之，曰：“是④礼也。”

【注释】

①太庙：诸侯国为其认定的祖先建立的庙宇。鲁国以周公为祖，其太庙就是周公庙。　②或：有人。　③孰：谁。谓：说。鄹（zōu）人：指孔子的父亲叔梁纥（hé），他当过鄹邑的大夫，所以被称为鄹人。④是：这。

【译文】

孔子进入太庙，该他自己做的每件事都要询问主管的人。有人说：“谁说叔梁纥的儿子懂得礼学呢？进了太庙什么事都问人。”孔子听到这话以后说：“这才是礼所要求的做法。”

【解读】

孔子从小就喜欢礼仪方面的事情，礼学知识很深厚。

太庙是礼仪讲究最为繁多的地方，可以视为一座礼学博物馆。孔子进入太庙，可能是去承担祭祀典礼中的一些事务，不会是闲逛，那种地方是不对人开放观览的。从“鄹人之子”的称呼来看，他当时的年龄还不很大。所谓“每事问”，不可能是见什么问什么，如果是那样的话，不但三天三夜问不完，而且被问的人也不会老伺候着他。他是就自己在这次典礼中所承担的事情而发问，是向主管人核实自己任务的细节，所以问不了太多的问题。

孔子对于自己所问的事情其实都是知道的，如果不知道，他也不会被委派去工作。在明明知道的情况下还要逐一地问一遍，这是出于高度负责的工作态度。就像一些老演员，有的剧目演了几百遍了，还守着上场前对台词的规矩。看来当时的“礼”就是这样规定的，所以孔子才说“是礼也”。

《史记·万石张叔列传》：“万石君少子庆为太仆，御出，上问车中几马，庆以策数马毕，举手曰：‘六马。’”这件事非常具有典型性，石庆给皇帝赶车，皇帝问他拉车的有几匹马，他竟然用马鞭子指着数了一遍，然后才回答说有六匹马。这就是规定的办事程序，这样才能保证事情没有纰漏。明白了石庆这样做的含义，就能明白孔子为什么要“每事问”了。

3.19　定公①问：“君使臣，臣事君，如之何②？”孔子对曰：“君使臣以礼，臣事君以忠。”

【注释】

①定公：鲁国国君，姓姬，名宋，死后谥为“定”。 ②如之何：怎样做。

【译文】

鲁定公问：“君主役使臣民，臣民侍奉君主，各应该怎样做呢？”孔子回答说：“君主按照礼的规定役使臣民，臣民用忠诚的态度侍奉君主。”

【解读】

礼制对任何人都有制约，人们想为所欲为，往往会违背它，地位越高的人越有违背礼制的方便条件。在礼治社会中，君权并不是至高无上的，他的上面还有神权，但神权毕竟是虚设的，没有实际效力，这样一来，君权就失去根本的制约了。君主胡作非为，会导致礼制崩溃，使社会陷入混乱之中。对于礼制的维护，首先是最高统治者的责任，所以国君要以礼自律，以礼治国。

对于礼制的维护，臣民也有责任。用忠诚的态度侍奉君主，完成好君主交给的使命，就是他们负起这种责任的表现。君主对臣民是否忠诚的判定必须以礼为标准，而不是出于自己的好恶。臣民对于君主的违礼的决定不可以盲目执行，竭力挽回君主的过失也是对君主的忠诚。《孝经·事君》：“君子之事上也，进思尽忠，退思补过。将顺其美，匡救其恶。”忠诚往往体现在“匡救其恶”方面，否则就是不忠。

3.21 哀公问社于宰我[①]，宰我对曰："夏后氏以松[②]，殷人以柏[③]，周人以栗[④]，曰使民战栗[⑤]。"子闻之，曰："成事不说[⑥]，遂事不谏[⑦]，既往不咎[⑧]。"

【注释】

①社：土地神，这里指木制的土地神牌位。宰我：名予，字子我，孔子的学生。 ②夏后氏：夏朝。后：君主。以：使用。松：松木，其谐音为"鬆"，取"宽松"的意思。 ③殷：商朝。柏：柏木，其谐音为"迫"，取"压迫"的意思。 ④周：周朝。栗：栗木。 ⑤曰：为了。战栗：发抖。 ⑥成事：既成事实。说：阐述，解说。 ⑦遂事：既成事实，过去了的事。谏：批评。 ⑧既：已经。往：成为过去。咎：责备。

【译文】

鲁哀公问宰我制作社神牌位该用什么木材，宰我回答说："夏朝时用松木，商朝改用柏木，周朝又改用栗木，为了使百姓战栗。"孔子听说了这件事，对宰我说："生米做成熟饭的事就别向不知道的人宣传了，八辈子以前的事就别再批评了，已经过去了的事就不要再责备了。"

【解读】

社神的牌位用木材制作，所选用的木材还要看它的名称能和哪个字谐音。用松木取"宽松"的意思，用柏木取"压迫"的意思，用栗木取"战栗"的意思。这种现象有点像旧时人们在新娘子的被子里放上枣和栗子，取"早早立子"的意思；放上花生，取“花着生”的意思。

鲁国是诸侯，其社神牌位的材料应该是一直随周朝而采用栗木的，鲁哀公提出这个问题，说明他想制作新牌位。面对日益难堪的政局，他想借助社神的力量来有所作为，采用什么样的木料是问题的关键。

宰我的回答颇具深意：夏代用松木，表示对百姓的管理要宽松；商代改用柏木，表示对百姓要压迫；西周改用栗木，表示要使百姓吓得战栗。至于鲁国现在该用什么材料，国君自己看着办就行了。他的话展示了一个事实：随着历史的发展，百姓为非作歹的情况越来越严重，统治者不得不调整治民政策，总的趋向是变得越来越严厉。宰我的态度很明确：目前应该采取比“使民战栗”更加严酷的管理措施。在这种情况下，新社神的牌位该选用什么木材，可能宰我和哀公会不约而同地想到一种材料：樧（shā）。宰我不直接说出自己的建议，而是绕了个大弯子，显然是怕担上“导君为恶”的责任；情况就是这么个情况，我可什么也没说，最后的主意是你自己拿的。

孔子是宰我的老师，像社神牌位的问题，请教孔子更为合适，哀公为什么偏偏选中了宰我呢？可能原因有二。

第一，这个问题有点不适宜问孔子。哀公想乱世用重典，加重对百姓的镇压力度，换社神是实现这一目的的手段。孔子反对暴政，如果哀公问这样的问题，其回答是可以想见的。《论语·颜渊》：“季康子问政于孔子，孔子对曰：‘政者正也，子帅以正，孰敢不正？’”（12.17）又云：“季康子患盗，问于孔子，孔子对曰：‘苟子之不欲，虽赏之不窃。’”

（12.18）真可谓道不同不相为谋，这样一来二去，谁还会老去摸这个刺猬呢？

第二，宰我是回答这个问题的最佳人选。如果哀公去问孔门的其他弟子，其答案无非和孔子的意见在伯仲之间，不可能有什么新鲜的东西。宰我很特殊，他是孔子的“反对党”，其言行总和孔子的意向相左，其见解还老是让孔子无可奈何。和孔子相比，他似乎更主张因事制宜，怎么有利怎么来。哀公只有选择他，才能有共同语言。

不先问老师而问了学生，再将和学生谈话的情况主动告诉老师，这样做是不得体的，所以孔子从哀公那里得知情况的可能性不大，唯一的可能就是宰我主动告诉给了孔子。

孔子在社神牌位用料问题上的立场，宰我是心中有数的。他将谈话内容告诉给孔子，这是拿着自己的这份“杰作”打上门来，瞧孔子的笑话来了。不是说“周监于二代，郁郁乎文哉！吾从周”吗？这里有“周人以栗，曰使民战栗”的暴政，你从不从周？我说的历史掌故是胡编的吗？我劝国君采用暴政了吗？如果换了你，会怎样回答呢？无论从什么角度看，宰我的挑战都是稳赢不输的。作为学生，宰我总是受到孔子的咒骂，什么“朽木不可雕也”“予之不仁也”，所以他也经常找些“得意之作”来发难，欣赏完孔子的窘态就走人，这对师徒可真是千古难得的绝配。

孔子对于宰我在哀公面前的表现很窝火，但他又能说什么呢？说宰我导君为恶吗？他一个建议都没有提。说宰我胡说八道吗？他说的都是历史事实。孔子只好说“就是事实也不该提”。

在“成事”面前有两种态度：一是尊重事实，将它完整地端出来给人看，理由是要以史为鉴；二是有选择地使用历史材料，对当前事情有益的就大讲特讲，对当前事情有害的就一字也不讲，因为一讲就会有副作用。宰我据实而讲三代社神牌位用料变化的事会引导哀公做出错误的决定，这就是例证。看来孔子坚持后一种态度。这种态度会被定性为历史实用主义。人们总是从历史上找一些对自己的现实行为有证明作用的材料来讲给人听的，凡是历史材料对自己的现实行为有妨碍的，都会被视而不见，甚至被篡改或曲解。所谓古为今用，怎么个用法，其中的情况是很复杂的。

孔子当然不会主张曲解或篡改历史，但他说“成事不说”，是主张有选择地使用历史材料，对于有负面影响的材料和事实要回避，人们不好机械地说这种主张没有道理。有些事情能不说就不说，说多了往往会起到负面的效应。例如现在媒体的一些法制类节目，实际上成了坏人学着做坏事的课堂，他们从节目中不仅学会了犯罪的技巧和反侦查的手段，还学会了逃避法律制裁的种种方法。历史上许多有负面效应的“成事”，不说自有不说的道理。

3.24　仪封人请见①，曰：“君子之至于斯②也，吾未尝不得见也。”从者见③之。出曰：“二三子何患于丧④乎？天下之无道⑤也久矣，天将以夫子为木铎⑥。”

【注释】

①仪：地名，据说在卫国。封人：官名，执掌边境管理。见（xiàn）：被接见。 ②斯：这里。 ③从（zòng）者：随从的人，指跟随孔子的学生们。见（xiàn）：使……见到。 ④二三子：对数量不多的人们的敬称，等于说“诸位”。何：何必。患：担心，忧虑。丧（sàng）：指失去官职。 ⑤道：正义。 ⑥夫子：对人的敬称，指孔子。木铎：一种大铃铛，铜质，木舌，使者宣布政教法令时摇着它巡行，以引起人们的注意。

【译文】

仪的封人请求孔子接见他，他说：“凡是君子来到这里，我没有见不到的。”孔子的学生们让孔子接见了他。他出来后对学生们说：“你们何必担心失去了官职呢？这个世界黑暗混乱得太久了，天将要让老先生当传达天意的使者。”

【解读】

孔子在鲁国担任司寇，学生们也有在朝廷任职或当大夫的家臣的。孔子不满于鲁国的政治状况，带着学生们跑了出来，大家的官职就都失去了。当时把失去官职叫作“丧”。

孔子对仪封人可能谈到了自己干预社会的种种设想，使他大为震撼。孔子在他心目中俨然就是救世主，是天派来拨乱反正的使者。他认为孔子不久就会得势，他的学生们也将攀龙附凤，成为政治舞台上的名角。

仪封人的评价反映了社会上一部分人对孔子价值的认识，

让学生们看到了孔子身上巨大的无形资产，坚定了他们追随孔子的信心，也勾起了孔子对“圣人”这顶桂冠的希冀，还促使子贡等人萌发了将孔子推上圣人宝座的热情。

里仁第四

置身仁义境，其美在熏陶。
择地求宜处，方称见解超。

长居贫贱行为滥，久享荣华鄙劣多。
违道妄行恒丑陋，下愚处世总偏颇。

仁人施德举，秉性自天然。
智者生佳事，如商易货泉。

仁者持心正，权衡自不颇。
推贤因有善，贬恶以多过。

富贵得来皆以道，脱离贫贱总依仁。
修身君子行拘礼，虽与常人欲恶均。

君子求为百世名，去仁违道岂能成?
每时每刻皆维护，颠沛匆忙必奉行。

居心恒志道，取向自依仁。
举动难无误，不与恶为邻。

孔子叹难见，好仁恶不仁。
好仁无以尚，其次洁其身。
一日为仁事，凡人力不贫。
行仁虽颇易，罕若遇麒麟。

错谬自为伦，是非各有邻。
吾侪求学道，观过则知仁。

复礼救夷陵，孔丘尽所能。
朝闻邦有道，夕死亦甘膺。

士人承大任，情趣自超然。
若耻衣餐恶，凡庸不足贤。

君子于天下，全无近与疏。
权衡皆以义，仁里是其居。

贵族崇仁道，平民恋故乡。
官家唯重罚，百姓赴仁邦。

行事唯图利，生财赖损人。
必将招怨恨，众叛不相亲。

礼让营邦事，官民不尚争。
和谐崇厚道，坦荡对令名。

不忧无职位，当固立身基。
休惧珠埋土，多方使世知。

儒道总归仁，恕忠以律身。
恕能知互度，忠可促相亲。

君子明于道，常人重在财。
归仁邦国治，生利室家恢。

遇贤追彼影，见过省吾身。
君子恒循道，成人永践仁。

双亲如过错，委婉谏其行。
执拗难从议，忧而怨不生。

双亲犹健在，儿子慎遥行。
出必明其处，急时备可征。

儿子恒思孝，宜知父母秋。
既因长在喜，亦以寿终忧。

古者戒轻言，因羞物议喧。
己身难践诺，遂使信无存。

持身遵约束，鲜有失当时。
谨小慎微者，言行可适宜。

君子讷于言，行之则欲勤。
己身能实践，从者自成群。

从来德不孤，贤者自多徒。
尧舜公天下，推仁获众扶。

数落人君过，将遭重罚欺。
讥评朋友失，情分或疏离。

4.1 子曰："里仁①为美。择不处②仁，焉得知③？"

【注释】

①里：本指人聚居的街巷等，引申为"居住"义，在这里可理解为"主动亲近"的意思。仁：指有仁德的人。 ②择：选择，指选择亲近交往的对象。处（chǔ）：在……环境中。 ③知（zhì）：智，聪明。

【译文】

孔子说："主动亲近仁人是最好的。选择朋友时不和仁人在一起，怎么能算聪明呢？"

【解读】

儒家特别重视人际环境对人品行的影响。《论语·颜渊》："君子以文会友，以友辅仁。"（12.24）《论语·卫灵公》："居是邦也，事其大夫之贤者，友其士之仁者。"（15.10）这些材料都体现了孔子"里仁"的思想。

观察一个人，看他的朋友群的情况，也就能推知大概了。不主动结交贤人，反而喜欢和品格差的人交友，确实是很愚蠢的。

4.2　子曰："不仁者不可以久处约①，不可以长处乐②。仁者安③仁，知者利④仁。"

【注释】

①处：存在于……情况下。约：困窘，指贫贱。　②乐：安乐，指富贵。　③安：爱好，维护。　④知（zhì）：智，聪明。利：利用，觉得……有利。

【译文】

孔子说："不仁的人不能长期在贫困中安分生活，也不能长期在安乐中安分生活。有仁德的人会主动地爱好和维护仁道，有智慧的人会以仁道为工具而争取利益。"

【解读】

"仁"是一种高层次的价值观，获得这种价值观需要有丰厚的知识、丰富的阅历、坚韧的性格、远大的见识、高远的目标，因而才能有坚定的立场。仁者不会因贫贱而放弃原则，会安贫而乐道；也不会因富贵而背离原则，不会为富不仁；所以能够"久处约，长处乐"。

不仁者追求个人低层次欲望的实现，遇事则损人利己。《春秋繁露·度制》："大富则骄，大贫则忧，忧则为盗，骄则为暴，此众人之情也。"就是说不仁者忍受不了贫困，为了摆脱贫困而为非作歹。不仁者也禁不得富贵，由于富贵而骄纵，不是欺凌贫弱，就是为了更大的富贵而越礼犯法。

当仁成为一个人恒定的价值观的时候，他会从内心喜欢仁，在任何时候都自觉地维护仁，这就叫“仁者安仁”。

一般人会认为克己利人很吃亏，所以对仁敬而远之，这种理解是幼稚的。仁德其实是一种无形资产，能为人带来许多有形的利益。仁德也是竞争的一种工具，在正常情况下，小人是竞争不过仁人的。在为人处世时主动吃亏，往往能占到大的便宜。有的人在利益面前斤斤计较，获取手段不体面，往往为争有形的小便宜而吃了无形的大亏，其原因就在于不仁。智者知道仁能争得和维护利益，经常会以仁的面孔出现在人们的视线中，用仁来钓鱼，这就叫“智者利仁”。

如果智者同时也是位仁者，以仁为工具而维护仁，那就是圣贤了。如果只是个聪明的常人，利用仁来谋利，那么他的经营活动会很成功和安全。官有儒官，商有儒商，挂上个儒字总是有利而无害的。如果是个不仁的“智者”，用假仁假义来谋求不当得利，对于别人就会有更为严重的伤害。

4.5　子曰：“富与贵，是人之所欲①也；不以其道②得之，不处③也。贫与贱，是人之所恶④也；不以其道得之⑤，不去⑥也。君子去⑦仁，恶乎⑧成名？君子无终食之间违⑨仁，造次必于是⑩，颠沛⑪必于是。”

【注释】

①是：这些。欲：希望得到。　②以：用，凭着。道：合乎正义和

公理的做法。 ③处：承受，接受。 ④恶（wù）：厌恶，不愿意。⑤得之：从情理上讲，“贫与贱”不能说“以其道得之”，应该是“以其道去之”的意思，这里说“得之”，友人吴岫原指出：“两个‘不以其道得之’，均意为不通过正当的手段达到目的。‘得之’指致富或脱贫，而非富贵或贫贱本身。”这是认为第一个“得之”是探下文“处”字而言，第二个“得之”是探下文“去”字而言。 ⑥去：离开，摆脱。 ⑦去：离开，违背。 ⑧恶（wù）：什么。乎：于，从。 ⑨终食：一顿饭的工夫。违：违背，离开。 ⑩造次：仓促，匆忙。于：在。是：此，这里指仁。 ⑪颠沛：挫折。

【译文】

孔子说：“发财和做官，这是人人所盼望的，如果不靠正当手段获得，君子是不要的。贫穷和卑贱，这是人人所不愿意的，如果不靠正当的手段摆脱，君子宁愿这样过着。君子如果离开了仁，靠什么成名？君子没有一时一刻离开仁，事务再匆忙也要坚持仁，处境再恶劣也要坚持仁。”

【解读】

希望有钱有势，不愿意贫穷卑贱，这是人的正常欲求。在正常情况下，金钱和权势还往往体现着一个人能力的强弱。

通过下作的手段脱离贫贱而获得富贵，这是君子所不齿的，宁肯贫困一辈子，也不能做这样不体面的事情。

《论语·卫灵公》：“君子疾没世而名不称焉。”（15.20）希望成名，在人类历史上树起一座丰碑，这是孔子一生终极的追求。“富与贵”的追求带有更多的物质层面的色彩，“成名”则纯粹是精神层面的追求。成名的途径有立德、立功、立言，都要符合正义和公理，其共同的基础就是仁，不以仁为基础，是不能成名的，即使成了名，那也只能是恶名。

为了成就美名，君子必须作为仁的化身，尤其在贫贱困苦和颠沛挫折的时候，更要能矢志不渝。《论语·卫灵公》：“君子固穷，小人穷斯滥矣。”（15.2）君子在不得志的情况下要能坚守原则而不动摇。

4.8 子曰：“朝闻道①，夕②死可矣。”

【注释】

①朝（zhāo）：早晨。道：有道，指社会政治的清明合理。 ②夕：晚上。

【译文】

孔子说：“早晨听说社会清明了，晚上就死也愿意。”

【解读】

春秋时礼崩乐坏，是一个无道的时代，对于道的关注和诉求就成了志士仁人的心病。只要早晨实现了道的回归，让他们能看上一眼光明的到来，哪怕是晚上就死也心甘情愿。这是对社会现实的诅咒，也是对正义和公理的呼唤，也体现出理想难以实现的无奈。《尚书·汤誓》："时日曷丧？予及汝皆亡！"与孔子的"朝闻道，夕死可矣"异曲同工。

4.9　子曰："士志于道①，而耻恶②衣恶食者，未足与议③也。"

【注释】

①志：积极努力地从事。道：指仁道。　②耻：觉得……耻辱，羞愧。恶：不好，质量低。　③议：交谈，指谈论仁道。

【译文】

孔子说："士人立志要实践仁道，却觉得穿不好的衣服、吃不好的饭丢人，这样的人是不值得和他谈论事情的。"

【解读】

人一旦加入了卫道者的行列，就肩负起了巨大的责任，必须是一个学习狂和工作狂。为此必须做出很多牺牲，最基本的牺牲就是物质享受。就算很有钱，如果追求享受，也会付出时间和精力；在没有钱的情况下追求享受，就会付出更多的时间和精力；这都会影响学习和工作方面的投入。比吃比穿比阔气是庸俗的志趣，而"志于道"则是高尚的志向，二者是格格不入的。

觉得当卫道士很光荣，却又认为简朴的生活丢人，说明他是一个贪图享受、爱慕虚荣的人，根本不可能接受与一个卫道者相关的道理，也不可能做出相应的实践，所以是不值得和他多说什么有关事情的。

4.11　子曰：“君子怀①德，小人怀土②；君子怀刑③，小人怀惠④。”

【注释】

①君子：指执政者。怀：关注，重视。　②小人：指民众。土：乡土，家乡。　③刑：刑罚。　④惠：他人给予的利益，常指地位高的人给予地位低的人。

【译文】

孔子说：“统治者如果重视以德治国，百姓就会安心地在家乡耕作；统治者如果重视用刑罚治国，百姓就会将目光转向政策宽松的国家。”

【解读】

人们都安土重迁，不肯离开父母之邦而跑到举目无亲的地方去。如果统治者横征暴敛，严刑峻法，百姓就会逃亡到政治相对宽松的诸侯国去。《诗经·魏风·硕鼠》：“三岁贯女，莫我肯德。逝将去女，适彼乐国。乐国乐国，爰得我直。”讲的就是人们对本国统治者不满而逃亡的情况。民众逃亡会使劳动力和兵员减少，对统治者来说是直接的损失。

“惠”的词义指地位高的人给地位低的人好处，尤其是统治者给一般民众好处，《谥法》有“爱民好与曰惠”，统治者执行的仁政也叫作惠政，所以“小人怀惠”的意思就是百姓想着能给自己恩惠的（外国）君主。

儒家主张以德治国，“道之以德，齐之以礼”，不但本国百姓会安心在家乡的土地上劳作，甚至能吸引外国的百姓前来投奔。“道之以政，齐之以刑”，百姓就会去投奔能给他们恩惠的外国君主。《左传·昭公三年》：“国之诸市，屦贱踊贵。民人痛疾，而或燠休之，其爱之如父母，而归之如流水。”说的就是在刑罚残酷的情况下，百姓投靠好的新主人的情况。《尚书·蔡仲之命》：“皇天无亲，惟德是辅，民心无常，惟惠之怀。”可以帮助人们理解《论语》这一章的内容。

4.15　子曰：“参①乎！吾道一以贯②之。”曾子曰：“唯③。”子出，门人④问曰：“何谓也？”曾子曰：“夫子之道，忠恕而已矣⑤。”

【注释】

①参（shēn）：曾参。　②道：指学说。一以：以一，用一个……。贯：贯穿，统领。　③唯：对，是。　④门人：学生。　⑤忠：对别人忠实，诚恳。恕：忖度，以己度人。而已矣：助词，表示肯定语气。

【译文】

孔子说："曾参啊！我的学说是用一个基本思想贯穿着的。"曾子说："对。"孔子出去以后，学生们问曾子说："老师说的是什么意思呢？"曾子说："老师的学说就是忠和恕啊。"

【解读】

严格说来，孔子学说中贯穿着的基本概念应该是仁。仁的精神是爱人，对别人忠实而诚恳，就是爱人的表现，老这样下去，当然也就做到仁了，以忠为起点，最终结果归向了仁，因而也可以说忠就是仁。

恕的词义是忖度，以己量人，不可以理解为后来的宽恕义。自己所希望得到的利益，别人也希望得到，那就让别人优先得到。自己不愿意受到的损害，别人也不愿意受到，那就不要让别人受到损害。老这样克己利人，当然就做到了爱人，也就是做到仁了。以恕为起点，最终结果归向了仁，因而也可以说恕就是仁。仁的任何一个下位概念，只要能始终如一地贯彻，其结果都会实现仁的。

4.16　子曰："君子喻于义①，小人喻于利。"

【注释】

①喻：懂得，实指关注，重视。义：道义。

【译文】

孔子说：“君子关注道义，小人只关注利益。”

【解读】

君子重视道义，但并不是不懂得利，而是经常为义而舍弃利。普通人也不是不懂得义，而是经常为利而不顾义。

在《论语》中，有时其君子和小人是就地位而言的，指的是统治者和百姓；有时是就品行而言的，指的是高尚的人和普通的人。无论其小人指的是哪一种，都不含太重的贬义，和今天所说的“小人”有所区别。

统治者应该负起道义的责任，为民众当好表率，不应该与民争利，要先使百姓富起来，然后才能收到教化的效果。统治者“喻于义”是应该而必须的，民众“喻于利”是正常而无可指责的。统治者应该顺应百姓的财利诉求，帮助他们获得财利，他们才能知义而向善。

4.17 子曰：“见贤思齐①焉，见不贤而内自省②也。”

【注释】

①贤：指品行高尚的人。齐：达到一样的水平。 ②内：内心。省（xǐng）：检点，反省。

【译文】

孔子说："见到品行高尚的人，就要想着达到其水平；见到品行不好的人，就要在内心检点一下自己，看是否有同样的缺点。"

【解读】

所谓"见贤思齐"，像是在赛跑，见到跑在前面的人就努力追，人就能不断进步。见到品行差的人，就要检点自己，如果有和他一样的毛病，就立刻改掉。道理人人都懂，但实行起来可就不容易了。每个人的周围都能见到贤人，也能见到不贤的人，但像孔子说的这样主动改过奋进的人却很难见到。

4.18　子曰："事父母几①谏，见志不从②，又敬不违③，劳④而不怨。"

【注释】

①几（jī）：微，指婉转而不明显的方式。　②从：接受，采纳。③违：违背，不顺从。　④劳：忧愁。

【译文】

孔子说："子女侍奉父母时，对于父母的过错要采用婉转而不唐突的方式劝阻，看到他们不肯采纳，要仍然恭敬地对待他们，不违背他们的意愿，表现出担忧的神色，但不怨恨。"

【解读】

对于父母的过错，不可以直截了当地指着鼻子品头论足，这样会让父母难堪，有失子女侍奉父母的体统。正确的做法是和颜悦色地用一些巧妙的方式暗示，使他们能意识到自己的错误，因而纠正。

有时候父母固执于自己的错误，子女仍然应当恭敬地对待他们，不再争执，权且顺着他们的意见去做。但是要表现出忧虑的神色，让父母知道自己是在屈从，目的是使父母再斟酌，从而有放弃错误决定的可能。不管怎样，子女对父母都不能有任何的不满，始终要对父母体谅和包容。

老人们往往固执偏颇，这对子女是一种考验。如果对父母一切都要较真，他们往往动辄得咎，为一些鸡毛蒜皮的事情争得面红耳赤，等于是老子成了儿子，儿子成了老子了。敬老有点像“哄孩子”，要容许他们犯错误，错就错了，有什么大不了的呢？父母的过错是应该被提醒和纠正的，但不能为此而牺牲了父子关系的正常状态。

儒家认为，对于父母的一般过错，子女在不得已时可以屈从。父母的过错如果涉及道义的底线，会导致严重的后果，就必须反复劝阻，甚至被父母打得流血也在所不惜，目的是不使父母陷于不义。无论如何，子女对父母外部表现的敬和内心存有的爱是不容改变的，这就是父母和他人的不同。

4.19　子曰：“父母在①，不远游②，游必有方③。”

【注释】

①在：指在世。 ②游：主要指外出求学、求仕或谋生等。 ③方：常规，指常规的地方。

【译文】

孔子说："父母在世时，当儿子的不出远门，如果外出，一定要在固定的地方。"

【解读】

古代交通不发达，联系不方便，儿子出了远门，如果父母有急事，生重病，甚至去世，都无法及时和他取得联系，即使联系上了，他也不能及时赶回来，往往会造成严重的后果或终生的遗憾。儿子外出，必须告诉父母要去的地方，并且不要居无定所，免得父母有事时找不到自己。这些都是出于孝的考虑。

4.21 子曰："父母之年不可不知[①]也，一则以[②]喜，一则以惧。"

【注释】

①年：年龄。知：记得。 ②以：因为……

【译文】

孔子说："对父母的年龄不可以不记得，一方面因为他们高寿而高兴，一方面也因为他们年高而担忧害怕。”

【解读】

父母年事已高时，子女要时时警醒自己：父母的年纪已经大了，他们能如此高寿，是令人欣慰的，但他们剩下的日子毕竟不多了，对他们的照顾稍有不周，都可能落下不可弥补的遗憾。应该尽量让他们过得幸福，提高孝顺的质量。所谓“尽孝”，这段时间尤为重要，否则就再没有机会了。所谓“惧”，就是怕他们突然逝去，失去双亲的悲痛是可想而知的。

4.24　子曰：“君子欲讷于言而敏①于行。”

【注释】

①欲：要，应该。讷（nè）：说话少而质朴。敏：勤勉。

【译文】

孔子说：“君子应该说话少而质朴，做事要勤勉努力。”

【解读】

君子应该少说话，多办事，用行动的成绩来得到人们的认可。

4.25　子曰：“德不孤①，必有邻②。”

【注释】

①德：指有美德的人。孤：孤单，孤独。 ②邻：邻居，指志同道合者和拥护者。

【译文】

孔子说："有美德的人并不孤单，一定会有志同道合者和拥护者与他站在一起。"

【解读】

物以类聚，人以群分，君子往往能与志同道合的人成为挚友，谈笑有鸿儒，往来无俗吏，别有一番情致。君子也能得到大多数人的拥护，不会是孤家寡人。

越是高雅越是孤独，这种看法也有其道理。一方面，因为曲高和寡，别人和你对话有"胜读十年书"的崇拜感，而你对人家的感觉却是"俗不可耐"；另一方面，你的品德太高尚，使别人自惭形秽，就会对你敬而远之。这样一来，高雅者产生孤独感是很自然的现象。

"德"到底"孤"还是"不孤"，这和有德者的见识有关，也和他待人接物的技巧有关。孔子是圣贤，"德"本身就是他最主要的"邻"。他可以自赏其德，把德当成财富来惠济天下，把德当成武器来战胜对手，还可以靠德招来门徒，成为一代宗师。面对一大群将老师奉若神明的出色弟子，孔子当然会感觉"德不孤，必有邻"了。

公冶长第五

子长囹圄陷，非以罪当囚。
孔子收为婿，当因品格优。

南容诚俊杰，处世自多谟。
有道能伸志，昏天免陷辜。
既知经国略，亦识退身途。
孔子诚褒赏，使为侄女夫。

宓子实醇儒，高师出俊徒。
琴鸣单父化，德布庶民愉。
不忍欺其上，循良万载无。
仲尼诚赏识，慨叹鲁中殊。

子贡瑚琏器，精明政治才。
吹嘘尊孔圣，居鲁位荆槐。

冉雍本质贤，言语不翩翩。
舌利多招憎，佞才惹事缘。

子荐漆彫开，却遭委婉推。
斯之未能信，格调岂庸哉！

子若浮于海，仲由必毅从。
忠徒诚可赖，荣辱共行踪。

仁人皆有勇，子路过其师。
孔子为评价，取材无所宜。

子路能治赋，冉求可宰家。
子华能待客，仁则路犹遐。

颜渊闻一能知十，子贡得单可晓双。
门下群龙诚可畏，千年人杰壮同窗。

既知子贡不如渊，却问其人孰更贤。
巧妙谑言堪捧腹，从来谁解个中玄？

宰予画寝好浮华，夫子讥其味趣邪。
朽旧之梁何可饰？劣徒诛责不须加。

夫子风裁可得知，罕言天道及人基。
所传知识须能验，不涉玄虚与惑疑。

仲由获教未施行，唯恐先生又作声。
好学忠师如影响，孔门弟子尽精英。

厌恶人凌我，我将不辱人。
仲尼评子贡：非尔可依循。

宰予曾失信，夫子易其权。
闻语观行举，认知乃可坚。

刚者诚稀少，仲尼未见之。
凡人牵以欲，难有直行时。

好学且辛勤，孜孜致力殷。
虚心能下问，孔圉谥为文。

事君能尽职，养众可施恩。
律己行恭顺，役民道义论。

春秋诸俊杰，子产位居冠。
孔圣汪然涕，发其遗爱叹。

晏子善交人，施为礼度循。
久而遭敬重，齐相自名臣。

臧辰私据蔡，棁藻节如山。
其智难称道，臣居僭越班。

令尹子文三仕已，并无喜愠在其心。
旧行政治皆交代，忠国忠民品德馨。

齐国陈文子，三违崔杼徒。
质清人品异，洁己不同污。

行父三思乃后行，慎微谨小悖常情。
仲尼厌恶嫌其过，斟酌两番已可成。

政浊呈愚昧，河清显智明。
清时能获展，浊世可无倾。
彼智堪攀及，其愚叵比衡。
宁俞诚俊杰，孔子赞其精。

巧言令色足恭徒，匿怨周旋似友于。
左氏羞之丘亦耻，为人正直不迂谀。

车马衣裘共友朋，敝之无憾气豪矜。
仲由秉性多行侠，愿作苍鹰鄙作蝇。

微生高不直，孔子置其疑。
人或来求醋，乞邻以与之。

织锦成章斐，不知何以裁。
仲尼思返鲁，狂简得栽培。

不记当时恶，因而怨憾稀。
夷齐君子德，坦荡万年师。

多功无伐善，有绩不施劳。
颜子诚仁者，为人境界高。

老者皆呵护，朋侪共信扶。
少年俱拥戴，爱知作祖儒。

过误人常有，从来自讼难。
仲尼生慨叹，已矣未曾看。

十室居民邑，忠诚或似丘。
不如吾好学，日逐去凡俦。

5.5　或[①]曰：“雍也仁而不佞[②]。”子曰：“焉用佞？御人以口给[③]，屡憎[④]于人。不知其仁，焉用佞？”

【注释】

①或：有人。　②雍：姓冉，名雍，字仲弓，孔子的学生。佞（nìng）：口才好，能言善辩。　③御：压倒，凌驾。口给（jǐ）：能言善辩。给：敏捷。　④屡：常常。憎：憎恶，讨厌。

【译文】

有人说：“冉雍达到了仁的境界，但不善论辩。”孔子说：“哪用能言善辩？靠口才胜过别人，常常被人憎恶。我不知道他是否达到仁的要求了，哪用能言善辩？”

【解读】

人们都有程度不同的争强好胜心理，在谈到一些公共话题的时候，往往各抒己见，表现欲很强，有时会发展成离开论题的是非之争而变成了人与人之间的意气之争。这时，口才好、反应快的人往往能占上风。其实这都是逞一时之快，会使人反感。不论是据理力争还是强词夺理，为了一时的胜利，其效果都是负面的。一方面被挫败者十分厌恶，另一方面也显得胜利者修养欠缺。总的来看，这种场合的胜利者其实都是失败者，这就是“御人以口给，屡憎于人”的道理。孔子崇尚实际行动，鄙薄个人的言语表现，认为卖弄口才是愚蠢浅薄的。用口才来“御人”，是对别人的一种施暴，侵犯别人的自尊心，自然会遭人憎恶。

从《论语》中的情况来看，孔子对冉雍的评价还是很高的。仁的境界被孔子看得很高，不轻易许人，和他同时的人，没有被他认可为仁的。他只承认人们可以程度不同地实行仁，不承认有谁是完美的仁人。“不知”是孔子在这种情况下习惯的委婉说法，其实际含义就是不同意对方的观点。

5.7　子曰：“道不行①，乘桴②浮于海，从我者，其由与③？”子路闻之喜，子曰：“由也好勇过我，无所取材④。”

【注释】

①道：指政治学说和主张。行：推行开来，实施。　②桴（fú）：木筏。　③其：应当，表示肯定性的推测。由：子路。与（yú）：助词，表示商询的语气。　④材：才干，能力。

【译文】

孔子说：“我的学说和主张如果不能实行，我要是坐个木筏子漂到海外去，那时候愿意跟着我走的，应该是仲由吧？”

子路听到这话后很高兴，孔子说：“仲由比我还好武勇，他的才干就没有地方能用上了。”

【解读】

早在周游列国期间，孔子就看清了实现自己的政治理想是无望的。面对黑暗的社会现实，他也和古代的高士们一样，产生了弃世而去的念头，想要离开华夏而住到九夷，或是住到海岛上去。孔子身边簇拥着一大批弟子，可谓众星捧月，葵花向日。如果他要移居海上，这些人还会跟他去吗？对于这一点，孔子心里再清楚不过了。

孔子的学生不会全都是高尚的卫道士，也不乏利禄之徒来攀龙附凤，想借孔子的招牌抬高自己的身价。当孔子倒霉到“乘桴浮于海”，一点利用价值也没有的时候，谁还会跟上他去当殉葬品呢？对于这一点，孔子心里有数：只有子路了。子路虽然多次受到过孔子的批评责骂，但他在忠和义两方面则是孔门之最。“从我者，其由与？”，可见他对子路的了解之深，也体现他们师徒的感情之深。

孔子说“从我者，其由与？”的时候，显然子路是不在场的，后来听到别人转述，他当然会喜不自胜：这是多么高的奖赏啊！但子路又是好勇的人，这种人往往由于勇而因小失大。孔子在知道了子路兴高采烈的时候，显然是怕他忘乎所以，把自己的意思误解为是对他的全面肯定，所以要给他浇点冷水，让他保持清醒的头脑：“由也好勇过我，无所取材”，一个恃勇使气的人，用他干什么能让人放心呢？

“从我者，其由与？”是对子路的肯定，但这话在其他学生听来，可就是另一番味道了。人们也可以从中体味出孔子对世故人情的深刻感受。

5.9　子谓子贡曰：“女与回也孰愈①？”对曰：“赐也何敢望②回？回也闻一以③知十，赐也闻一以知二。”子曰：“弗如也，吾与④女弗如也。”

【注释】

①女：你。回：颜回。孰：谁。愈：强，更好。　②赐：子贡姓端木，名赐。望：比。　③以：能。　④与：同意，认可。

【译文】

孔子对子贡说：“你和颜回谁更强一些？”子贡回答说：“我哪里敢和颜回相比？颜回听懂了一个道理，就能类推而懂得十个道理；我听懂了一个道理，只能类推而懂得两个道理。”孔子说：“是比不上，我也同意你比不上他的看法。”

【解读】

颜回和子贡属于不同的类型。颜回是个“乖孩子”，勤奋好学，一心进步，总能把老师感动得夸不够。子贡善变通，好经商，左右逢源，八面玲珑。

孔子提倡举一反三，颜回能做到闻一知十，超过了老师的期望值。子贡说自己能闻一知二，这当然有点自谦。但在学习方面子贡不如颜回，这显然是不争的事实。孔子多次将颜回夸上了天，子贡当然也应该知道。

既然如此，孔子还提出了“女与回也孰愈？”的问题，这就有点耐人寻味了。看来他是想敲打一下子贡：进步了？要翘尾巴了？自己谈谈你和颜回的差距吧！子贡当然不傻，立刻就将颜回捧上了天，将自己贬下了地，其实哪会有那么大的悬殊呢？老师的话明显带着刺，学生的回答却给了个顺气丸，顺手拈来的对比有几分荒诞，有几分幽默，也透着几分机敏，恐怕这时的孔子会被逗得笑出泪来了。如果当时子贡换个说法：“知生莫如师！”我不觉得比颜回差多少，您自己看吧！这恐怕就会把孔子的鼻子气歪的。既然子贡当了孙子，孔子也就不好再说什么了，便亮出了底牌：“弗如也。”明明认为不如，却还要问，这不是存心耍人玩吗？

5.10　宰予昼寝①，子曰：“朽木不可雕②也，粪土之墙不可圬③也，于予与何诛④？”

子曰：“始吾于⑤人也，听其言而信其行；今吾于人也，听其言而观其行。于予与改是⑥。”

【注释】

①昼：白天，有人认为“昼”当作“画”，是“彩绘装饰”的意思。

寝：睡觉。②雕：雕刻，彩绘。③粪：秽，不纯净。圬（wū）：泥（nì），用泥抹平墙面。④与（yú）：助词，表示缓冲的语气。诛：责备。⑤于：对于。⑥于：由于。是：这。

【译文】

宰予白天睡觉（或装修寝室），孔子说："腐朽的木头不可以在上面雕刻彩绘，含杂质的土筑成的墙壁不能往上面抹泥。对于宰予这样的人，还责备什么呢？"

孔子说："最初我对别人，听了他说的话就相信他的行为；现在我对别人，听了他的话还要观察他的行为。因为宰予而改变了这个态度。"

【解读】

搞雕刻和绘画，不可以用腐朽的木材。因为做好的造型或图案很快就被朽蚀掉了。筑墙的土必须取自未曾动过的原始土层，不能含有杂质。如果墙土中杂质太多，墙面就会因风化而不停地剥蚀。为了美观，人们会在筑起来的墙面上抹上一层泥来取平，古人叫作"圬"。因风化而开始剥蚀的墙面挂不住泥，泥一干就脱落了，所以说"粪土之墙不可圬也"。宰予白天睡觉，孔子觉得懒惰的人不可造就，所以认为他像朽木，像粪土筑成的墙，在他身上下功夫是白搭，不但不值得培养，甚至连批评都不需要了，随他去吧。

孔子的这一态度受到了东汉王充的激烈批评，如果确实是因为宰予白天睡觉而遭到了如此严厉的责骂，那么王充的意见就是有道理的。一个高素质的学生白天睡觉，不能算什么性质严重的问题，骂成朽木粪土，甚至要放弃批评教育，非常不合情理，哪像一个圣人老师的胸怀呢？

“昼”字，古本有作“画”者，二字繁体相近。“画寝”意即“彩绘寝室”，是过分追求奢华的行为。作“画寝”比作“昼寝”更合于事理。白天睡觉虽懒惰可责，但充其量也是小过，如果孔子据此认为其人已不可造就，未免失于苛刻；彩绘寝室是追求奢华，僭越礼制，其过非小，遭孔子重责，自在情理之中。如果王充所读之《论语》作“画寝”，他的非难就无由而生了。

孔子主张“君子食无求饱，居无求安”，认为“士志于道，而耻恶衣恶食者，未足与议也”。宰予作为士人，居然彩绘自己的住所，这就是居求其安，连“耻恶衣恶食”的人都被认为“未足与议”，何况是高档装修居室的越礼行为呢？

一个士人的寝室，建筑质量不会太好，所谓“朽木”“粪土之墙”，可以视为对这种居室的贬称，等于说“破房子”。破房子而大装修，体现的是穷人攀比富人生活质量的心理。宰予的情趣不能脱俗，甚至敢于僭越礼制，这也许和当时的风气有关。本篇下文云：“臧文仲居蔡，山节藻棁，何如其知也？”批评了臧孙辰在住宅的建筑和装饰方面的越礼行为。宰我彩绘寝室，和这种情况性质相同，所以受到孔子严厉的责骂。

这一章的后半部分，孔子表达了对言行不一的人的厌恶，并且说明自己观念的改变是由于宰予的表现而引起的。《大戴礼记·五帝德》："（宰予问黄帝、颛顼至禹等古帝王之事，孔子初不欲答，宰予坚执固问，孔子只好遍答之）孔子曰：'予，大者如说，民说至矣。予也非其人也。'宰我曰：'予也不足诚也，敬承命矣。'他日，宰我以语人。有为道诸夫子之所，孔子曰：'吾欲以颜色取人，于灭明邪改之。吾欲以语言取人，于予邪改之。吾欲以容貌取人，于师邪改之。'宰我闻之，惧不敢见。"由此可见，孔子谓宰予言行不一，其所由之事与"昼寝"无关。后人因这两章均记宰予之事，故合为一章，这就会使人误以为孔子对宰予的两则批评均是为"昼寝"之事而发。

5.11　子曰："吾未见刚①者。"或②对曰："申枨③。"子曰："枨也欲④，焉得刚？"

【注释】

①刚：刚直。　②或：有人。　③申枨（chéng）：孔子的学生。④欲：贪婪。

【译文】

孔子说："我没有见过刚直的人。"有人对他说："申枨就是。"孔子说："申枨贪婪，怎么能做到刚直？"

【解读】

人要刚直，就得有是非立场，遇事坚持原则。这样就必然会得罪人，影响到自己利益的获得。贪婪的人不可能刚直，他想得到利益就要求人，并且往往是去求有钱或有权的坏人（好人坚持原则，求也没用），在这种情况下，他就刚直不起来了。有人说申枨是刚直的人，孔子认为他不可能刚直，因为他贪婪。林则徐有则对联："海纳百川，有容乃大；壁立千仞，无欲则刚。"立意非常不错。《尚书·君陈》："必有忍，其乃有济。有容，德乃大。"这是上联"有容乃大"的出处。

5.13　子贡曰："夫子之文章①，可得②而闻也；夫子之言性与天道③，不可得而闻也。"

【注释】

①夫子：指孔子。文章：文德。另一解，文：文德；章：显著，明显。②得：指能够实现。　③性：人的天性。天道：天意。

【译文】

子贡说："老师的文德很显著，我可以受教；老师谈人的天性和天的法则，我听不到。"

【解读】

《论语·述而》："子以四教：文、行、忠、信。"（7.25）这是说孔子重身教，靠自己的文德来影响学生。子贡跟随孔子多年，对于孔子的这种教学法心领神会，夫子的文德很

“彰”，不用孔子多教，他也就“可得而闻”了。

关于人的天性，战国时期出现了孟子的“性善”说与荀子的“性恶”说。所谓人的天性，其实就是人的自然属性。孔子不讲人的天性，可能有两个原因：第一是没有定见，先有蛋还是先有鸡，确实很难说清；第二是说了没有意义，不管人的天性是善是恶，总得提倡惩恶扬善。

在春秋时期，天被认为是超自然的最尊神，操控着世间的一切，其原则是扶正祛邪，惩恶扬善。

对于天的态度，郑国的子产坚信人是不能预知天道的，即使应验了也是巧合。子产不是无神论者，但他否认人可以预知天道，拒绝对天进行贿赂，这就将民间信仰行为的负面影响遏制到了最低限度。

天是神秘的，天道不可知，凡讲天道的人都是胡编。在这样的事实背景下，孔子不向人讲天道，当然是合情合理的。尽管当时的人都有关注天道的热情，孔子本人也可能有探索天道的努力，但他应该知道在当时讲天道的副作用。作为一个负责任的学者，他选择了不和人谈这些问题的谨慎做法。

5.15　子贡问曰：“孔文子何以谓之文①也？”子曰：“敏②而好学，不耻下问③，是以谓之文也。”

【注释】

①孔文子：名圉（yǔ），卫国大夫，死后谥为“文”。谓：称。文：

谥号的一种。 ②敏：勤勉。 ③耻：觉得……不体面。下问：向地位比自己低的人请教。

【译文】

子贡问孔子说："孔文子为什么被谥为文呢？"孔子说："勤勉好学，不认为向地位低的人请教不光彩，因此被谥为文。"

【解读】

天子、诸侯、大臣等死后，朝廷会根据他生前的品行、功绩等给他拟定一个谥号。如果肯定他，就选用美谥；如果否定他，就选用恶谥。谥所选用的字是固定的，赋予这些字的解释也是固定的，叫作"谥法"。所谓谥，是对死者一生的总体评价。

孔圉死于鲁哀公十五年闰月之前，其谥是"文"，取"勤学好问"的意思。

5.19　子张问曰："令尹子文三仕①为令尹，无喜色；三已②之，无愠③色。旧令尹之政必以④告新令尹。何如？"子曰："忠⑤矣。"曰："仁矣乎？"曰："未知。焉得仁？"

"崔子弑⑥齐君，陈文子有马十乘⑦，弃而违⑧之。至于他邦⑨，则曰：'犹吾大夫崔子也。'违之。之⑩一邦，则又曰：‘犹吾大夫崔子也。’违之。何如？”子曰：“清[11]矣。”曰：“仁矣乎？”曰：“未知。焉得仁？”

【注释】

①令尹：楚国的执政大夫称为令尹，相当于其他诸侯国的相。子文：斗穀（gòu）於（wū）菟（tú），字子文，他长期担任令尹，中间可能被撤换过。仕：出任官职。 ②已：罢免。 ③愠：埋怨。 ④政：政事。以：把……。 ⑤忠：指对国家忠诚。 ⑥崔子：名杼，齐国大夫。齐庄公与崔杼的妻子私通，被崔杼杀掉了。弑：臣杀死君主和子杀死父母。 ⑦陈文子：名须无，齐国大夫。乘（shèng）：量词，四匹马为一乘。 ⑧弃：抛弃。违：离开。 ⑨他：别的。邦：国。 ⑩之：到达。 ⑪清：清白，指不和坏人合作。

【译文】

子张问：“令尹子文三次出任令尹，没有高兴的表情；三次被罢免，也没有不满的表情。任内的政事一定要向接任的新令尹交代。这个人怎么样？”孔子说：“他对国家够忠诚了。”子张说：“他达到仁了吗？”孔子说：“不知道。他怎么能达到仁？”

子张又说：“崔杼杀害了国君，陈文子有四十匹马，全都扔下而离开了齐国。到了别的国家，他说：‘这里的人和我们的大夫崔子一样。’便离开了那里。又到了一个国家，便又说：‘这里的人和我们的大夫崔子一样。’又离开了那里。这个人怎么样？”孔子说：“他够清白了。”子张说：“他达到仁了吗？”孔子说：“不知道。他怎么能达到仁？”

【解读】

子文不以个人荣辱为念，得也不喜，失也不忧，主动将任内的政事向接替他的人交代，是一个以大局为重的人。所谓忠，就是忠于国家。陈文子抛弃财产而离开齐国，辗转走了几个地方，拒绝和坏人合作，是一个洁身自好的人。所谓清，就是远离污浊，保持清白。像子文和陈文子这样的人，是很难得的，孔子认为他们的表现固然不错，但还达不到仁的境界。

从这些情况来看，“仁”在当时人们的心目中并非高不可攀，孔子却将它推向了品行的顶峰，不肯将这顶桂冠轻易许人。

5.20　季文子三思①而后行，子闻之曰：“再②，斯③可矣。”

【注释】

①季文子：姓姬，名行父，其氏为季，死后谥为“文”，鲁国的执政大夫。思：思考。　②再：两次。　③斯：就。

【译文】

季文子遇事要思考三遍才决定怎么做，孔子听说了这种情况后说：“思考两次就行了。”

【解读】

季文子遇事要思考多遍，看来是很有名的。鲁文公六年，他出使晋国，临行之前打听好了“遭丧之礼”，意思是到了晋国后，如果晋国发生丧事（例如国君死了），他该用什么礼数应对。随行的人问他为什么要这样，他说是有备无患。果然当年八月，晋襄公就去世了，季文子没有白做准备。

季文子的“三思而后行”看来并不是优柔寡断，而是任何细节都不放过，追求万无一失。过分谨慎，患得患失，出使外国居然能想到对方如果突然出了丧事该怎么应对，如此谨小慎微，根子还在于自私，怕自己的利益受到丝毫损害。如果是在重大问题上力求考虑得很周全，三思就是应该的。但季文子好像是立了规矩，大事小事都得考虑三遍，因此孔子才用不耐烦的口气说：“考虑两遍就行了。”孔子不是反对谨慎，而是讨厌太为自己算计的人。

5.21　子曰：“宁武子①，邦有道则知②，邦无道则愚。其知可及③也，其愚不可及也。”

【注释】

①宁武子：名俞，死后谥为“武”，卫国大夫。　②邦：国家。有道：指政治清明合理。知（zhì）：智，聪明。　③及：达到。

【译文】

孔子说："宁武子这个人，国家政治清明时就显得聪明，国家政治黑暗时就装得很傻。他的聪明别人能达到，他装傻的水平别人达不到。"

【解读】

宁武子显然是一个老于世故的官僚，在国家政治状况良好的时候，他会发挥聪明才智，为国家效力。当国家黑暗的时候，他为了不和罪恶的当权者合作，也为了不受迫害，便装得很傻，让人家把他看成一个没用的废人，既不重用他，也不提防他，因而可以远离政治斗争的旋涡，安全地熬过黑暗。

傻人装聪明是装不像的，聪明人要装傻也不容易，特别是在政治舞台上充分地表现过聪明的人，突然要装傻，还要让老对手们感觉是真傻而不是装的（如果被看出是装的，那就更糟了），其处世艺术的高超是可想而知的。人和人比聪明，上下之间其实差不了太多，所以说"其智可及"，但要比装傻，恐怕就只有像宁武子这样的老政客才能做到如庖丁解牛、匠石运斤般得心应手。郑板桥说："聪明难，糊涂难，由聪明而转入糊涂更难。"其实聪明根本就不能转入糊涂，只能是揣着明白装糊涂，进入所谓大智若愚的境地。宁武子装傻不是出于对社会的愤激而希望麻痹自己，而是为了避祸而伪装自己，这当然比发一点"难得糊涂"的慨叹要难多了。宁武子将政治看作游戏，不但很识时务地跳到了局外，还能冷静而艺术地切断和局内的种种联系，所以孔子说"其愚不可及"。

5.24　子曰："孰谓微生高直①？或乞醯②焉，乞诸其邻而与③之。"

【注释】

①孰：谁。谓：说。微生高：人们认为即古书中的"尾生高"。直：直率。　②或：有人。乞：讨，要。醯（xī）：醋。　③诸：于。与：给。

【译文】

孔子说："谁说微生高直率？有人向他要点醋，他从邻居家要来后给了那人。"

【解读】

替人转要点醋，是鸡毛蒜皮的琐事，好像没有什么是非可言，但孔子却从中得出了微生高并不直率的看法。他可能是这样想的：醋是不值钱的东西，有就说有，没有就说没有，不是什么大不了的事情。微生高不肯直说，却从邻家转要，可能是怕人误解他有而不给，会落下吝啬的名声。过分在意自己的形象，当然做不到真正的直率了。

5.26　颜渊、季路侍①，子曰："盍各言尔志②？"子路曰："愿车马衣轻裘与朋友共③，敝④之而无憾。"颜渊曰："愿无伐善⑤，无施劳⑥。"子路曰："愿闻子之志。"子曰："老者安⑦之，朋友信⑧之，少者怀⑨之。”

【注释】

①季路：子路。侍：陪伴着。实际情况是孔子坐着，他俩站着。②盍（hé）：何不。尔：你们。志：志趣，追求达到的境界。③轻：这个字是在传抄中多出来的。裘：皮大衣。共：共同使用。④敝：破旧，毁坏。⑤伐：居功，自认为有功。善：好的品德和行为。⑥施：显示，自居。劳：成绩。⑦安：使……支持。⑧信：使……信任。⑨怀：使……拥戴。

【译文】

颜渊和子路陪着孔子，孔子说：“何不各自谈谈你们的志趣？”子路说：“我愿意拿上车马衣裘和朋友共同使用，用坏了也不遗憾。”颜渊说：“我愿意做到不居功，不显示自己的成绩。”子路说：“希望听听老师的追求。”孔子说：“我想让老年人都支持我，让朋友们都信任我，让年轻人都拥护我。”

【解读】

子路的骨子里是豪侠仗义，他理想的境界就是对朋友义字当先，富于牺牲精神，这种人会很受朋友信赖。但他的义属于侠义，有时会凌驾于道义之上，产生副作用。

颜渊愿意“无伐善，无施劳”，立了功不向人炫耀，还要主动将功劳掩盖掉，这样的表现就叫不伐。人的层次可以根据其对待功劳的态度而划分：小人争赏，常人居赏，君子逃赏。

君子不矜伐其功，根源在于一个“仁”字，认为牺牲和付出是理当如此，接受回报是对自己品格的玷污，会使一个高尚的人变成一个以功换赏的商人。《战国策·赵策》：“所贵于天下之士者，为人排患释难解纷乱而无所取也。即有所取者，是商贾之人也。”说的就是这样的道理。

孔子想让老年人、同龄人、少年人都拥护他，要做到这一点，他就得能给天下所有的人都带来利益，除了圣人，是没有人能做到的。子路只能给朋友带来利益，颜渊只能给自己的成绩所惠及的人们带来利益，而孔子则要给天下的人都带来利益，他们师徒三人的志向一位比一位高一个层级，到孔子这里算是到头了。

5.27　子曰：“已矣乎①！吾未见能见其过而内自讼②者也。”

【注释】

①已：罢了，算了。矣乎：助词，表示感叹语气。　②内：内心。讼：责备。

【译文】

孔子说：“算了吧！我没有见过能看到自己的过错而内心自责的人。”

【解读】

人们在自己的过错面前，往往会寻找各种理由辩解，企图将自己的责任降到最小，这是人之常情，所以孔子说没有见过勇于自责的人。

儒家追求诚实，主张勇于承担责任，勇于改正错误。

5.28 子曰："十室之邑①，必有忠信如丘②者焉，不如丘之好学也。"

【注释】

①室：一户人家叫一室。邑：人所聚居的村落、城市等。 ②丘：孔子自称。

【译文】

孔子说："有十户人家的村落，肯定会有在忠诚和守信方面和我一样的人，但都比不上我喜欢学习。"

【解读】

大部分人的学习往往被功利目的所左右，一旦目的实现，就会基本上停止其学习活动，能够终身将精力和兴趣都投入学习的人是很少的。孔子是罕见的刻苦学习者，在学习精神方面非常自负，说"十室之邑"太谦虚了，恐怕他心里想说的是"整个天下"也不一定。

雍也第六

冉雍能主事，可使面南居。
伯乐悲良马，太行服鹽舆。

临民能尽职，简政自循良。
怠惰逃公务，仲弓斥子桑。

仲尼常误断，弟子则纠偏。
此老频欣纳，师徒榜样贤。

迁怒恒多见，常闻诿过情。
颜渊称好学，二弊不曾生。

凡人皆性惰，怠学不勤思。
颜子身亡后，未闻或继之。

轻裘肥马扮奢豪，请粟遭逢割宰刀。
周急宜施谁继富？子华庸俗过难逃。

子赐原思粟，嘱其赠四邻。
此间含蕴意，儒者自须论。

生于贫贱室，学至栋梁材。
英杰难埋没，天其助路开。

颜回乐道忽贫寒，饮水一瓢食一箪。
陋室容身徒四壁，常人忧苦惧艰难。

冉求亦悦先王道，唯惧当时实践难。
借口力单才不足，实趋功利附权奸。

鲁邦费宰众垂涎，闵损坚辞若众鞭。
季氏使人如复聘，必迁汶上不迟延。

伯牛有疾拒人来，孔子临窗执手哀。
成长英华偏命短，斯人斯病怨天裁。

三月不违仁，颜渊履道纯。
其余旬日至，亦属德之邻。

仲由行果决，子贡质融通。
冉有多才术，皆为理政雄。

勿作凡庸器，求成君子儒。
行仁为己任，远大赴征途。

子羽持身正，耻由径道行。
因公斯访偃，清浊甚分明。

全军方溃退，孟侧殿而归。
当众鞭其马，声言进令违。
立功思掩迹，有德不明辉。
不伐诚君子，宣尼赞峨巍。

祝鮀称善辩，貌美誉宋朝。
不肖其人者，今难免祸招。

成人须顺道，出室固由门，
人莫知其理，行为总聩昏。

质胜文呈鄙，文超质显浮。
彬彬文质配，君子自当求。

为人须正直，建树自完坚。
邪妄盈其欲，逃灾自偶然。

知之逊好之，所至浅无奇。
乐者超欣者，功成百世垂。

中人能语上，进步可携提。
不及常人者，难希远大齐。

理政勤民事，其无乞鬼神。
行仁方获佑，识此智之伦。

施为求尽善，不计俸酬贫。
勉力忠民社，如斯可谓仁。

智者崇流水，不居变动中。
欲盈机在运，多趣乐成功。

仁人好大山，沉稳众登攀。
陵阜经时久，静居彭祖班。

齐变能成鲁，鲁回可复周。
循仁行治道，不悖是良猷。

觚棱非赘设，乃喻有廉隅。
今则方圆易，孔子叹呜呼。

君子因仁逝，岂能陷以迂?
蒙欺虽不免，浅伪自难愚。

仲尼逢宰我，声言井有仁。
周旋因势御，君子岂愚民?

多读圣贤书，修身浅劣除。
行为能守礼，不作犷粗夫。

南子名虽恶，孔丘不敢违。
仲由难遏忿，天压誓诚稀。

中庸诚至德，民鲜愿遵循。
礼用和为贵，推仁四海新。

施民能普惠，济众可均扶。
尧舜犹遗憾，跻身至圣途。

立吾而树彼，达己亦通人。
交往能崇恕，遵循可得仁。

6.3 哀公①问："弟子孰为②好学？"孔子对曰："有颜回者好学，不迁③怒，不贰④过，不幸短命死矣。今也则亡⑤，未闻好学者也。"

【注释】

①哀公：鲁国国君，姓姬，名蒋，死后谥为"哀"。 ②弟子：学生。孰：谁。为：最。 ③迁：转移。 ④贰：分，指推诿。 ⑤亡（wú）：无，没有。

【译文】

鲁哀公问："你的学生们谁最好学？"孔子回答说："有个叫颜回的好学，有了不高兴的事不拿别人撒气，有了错误不推诿，不幸命短而死了。现在就没有了，没听说有好学的了。"

【解读】

普通人往往将各种不如意归咎于社会和他人，会有"迁怒"的表现，即将怒气发泄到与事情没有直接关系的人身上。

人的见识高远，气量就会宏大，对于不如意的事情会有理性的解释能力和应对方式，不会流于简单的发泄。面对同样的事实，不同气量的人会有不同的解释和应对，在这方面，确实有一个“内功”问题。儒家追求律己严，责人宽，将不满情绪自我化解，也就不存在“迁怒”的问题了。一旦迁怒，就说明其人见识与修养低下。

所谓“贰过”，就是企图将过错责任分给别人承担。面对过失，一般人往往会努力辩解，想将自己应当承担的责任份额降到最小。儒家主张勇于承担责任，勇于改正错误，而不是逃避和推诿。

6.4　子华使于齐①，冉子为其母请粟②，子曰：“与之釜③。”请益④，曰：“与之庾⑤。”冉子与之粟五秉⑥。子曰：“赤之适⑦齐也，乘⑧肥马，衣轻裘⑨。吾闻之也，君子周急不继⑩富。”

【注释】

①子华：公西赤，字子华。使：出使。齐：齐国。　②冉子：冉求。请：要。粟：小米。　③与：给。釜：容量单位，折合当时的六斗四升。④请：要求。益：增加。　⑤庾（yǔ）：容量单位，折合当时的二斗四升。　⑥秉：容量单位，折合十六斛，每斛十斗。　⑦适：往，到。⑧乘：车上驾着。　⑨衣（yì）：穿着。轻裘：指狐貉等毛皮做的大衣，比羊皮更轻、更保暖、更美观。　⑩周：救济。急：指紧急的需求。继：增加。

【译文】

公西赤出使齐国，冉求向孔子要给公西赤母亲补贴的谷子，孔子说："给他一釜。"冉求要求增加，孔子说："再给他加一庾。"冉求最终给了五秉谷子。孔子说："公西赤到齐国去，车上驾着肥马，穿着轻暖名贵的皮大衣。我听说，君子只拿钱救别人的急用，不给富人锦上添花。"

【解读】

公西赤这次出使齐国显然不是为鲁国出差，而是替孔子去办事。按照惯例，出差的人应该给予补贴，这时冉求正担任孔子的管家，所以向孔子请示付给公西赤的母亲多少谷子。孔子答应的数目太少，加来加去还是像打发叫花子，所以冉求就自己做主给了八百斗谷子。看来这个数目才符合情理，孔子最终没有驳回，说明这个数字对谁都说得过去。如果不是冉求请示，显然孔子是准备一粒谷子也不给的。

应该给八百斗，要了半天才答应给八斗八升，这不是存心寒碜人吗？是的，如果真照孔子最初说的给六斗四升，恐怕公西赤就该想想自己哪里出什么差错了。公西赤这回到齐国，"乘肥马，衣轻裘"，似乎他并不穷，但从孔子的话里可以听出来，他并不富。如果他很富，平时就是这样"乘肥马，衣轻裘"，孔子也就照八百斗的数目给他了，不能因为人家有钱就出差不给补贴吧？问题就在他装富：有马拉车就不错了，还非要换上好马；有羊皮袄穿就不错了，还非要穿上狐皮大衣，说不定还都是借来的。这种装富摆阔的庸俗做派让孔子非常反感，于是决定给他点教训：你都“乘肥马，衣轻裘”了，还在乎这点补贴吗？孔子说“君子周急不继富”，这个“富”字就是对他的挖苦。你既然装富，咱就把你当一回富人，让你尝点苦头。

6.5　原思为之宰①，与之粟九百②，辞③。子曰：“毋④！以与尔邻里乡党⑤乎！”

【注释】

①原思：名宪，字子思，孔子的学生。为：当，担任。之：指孔子。宰：家里的总管。　②与：给。粟：谷子。九百：后边省略了量词，可能是“斗”。　③辞：推辞。　④毋：不必。　⑤以：把……。尔：你。邻里乡党：指邻居、同乡等。

【译文】

原宪当孔子家的总管，孔子要给他九百谷子，他不接受。孔子说：“不必推辞，拿它送给你的邻居和乡里人吧。”

【解读】

原宪家境贫寒，品行颇为高尚，他给孔子家当总管，孔子会按照常例给他报酬，另外再多给他九百斗谷子，是个不小的数目，所谓无功不受禄，他当然要推辞，孔子告诉他：这是让你送给你的乡邻们的。

按照传统观念，一个人在发达之后，应该由近及远地对周围的人予以接济，让大家沾点光。儒家主张修身齐家治国平天下，一个人的形象塑造，要由近及远地进行，他和邻里的关系如何，在邻里中的形象如何，也是评价他为人成色的一个尺度。如果一个人大富大贵，对于亲朋邻里一毛不拔，这种理念是中国传统的德范标准所不能接受的。

原宪穷得自顾不暇，虽然有了当管家的收入，一时也还处在脱贫的阶段。但不管怎么说，这对他来说总是个好事，应该对邻里们有所表示，孔子特意给了他一笔专用资金。对于原宪来说，其意义不仅在于缓解他处理乡邻关系时的经济压力，更重要的是能通过这件事提醒他注意为人处世的合理模式。

6.11　子曰："贤哉，回①也！一箪②食，一瓢饮，在陋巷③，人不堪其忧④，回也不改其乐⑤。贤哉，回也！"

【注释】

①回：指颜回。　②箪（dān）：用于盛饭食的一种圆形竹器。③陋：狭小。巷：居室。　④堪：承受。忧：痛苦。　⑤其乐：指喜欢的内容。

【译文】

孔子说："颜回品行真高尚啊！每顿饭箪中有点干粮，用瓢喝点水，住在狭小的房子里，别人都受不了那样的痛苦，颜回却能不改变他的追求。颜回品行真高尚啊！”

【解读】

孔子对颜回屡加褒奖，对他的器重已经到了无以复加的地步。颜回所达到的境界、他对自己学习内容的负责、他和老师的关系，都已经成为中国教育史上的佳话。

颜回的学习态度异常积极，他以孔子为榜样，是一个想当将军的士兵，其学习已经到了欲罢不能的地步。

学习能改变人的一切，最关键的是能使人的价值观得到升华。《论语·里仁》：“士志于道，而耻恶衣恶食者，未足与议也。”（4.9）追求物质享受是人的低层次欲求，颜回的情趣在精神层面，就算他有相应的条件，也不会为了物质享受而分散精力和时间，他的志趣在知识财富的积累和精神大餐的享受上面。

儒家主张安贫乐道，只有先乐道，然后才能安贫。由于道在贤者的心目中太神圣，才能将一切低俗的价值观置换掉，这就是颜回“不改其乐”的原因。

6.12　冉求曰：“非不说子之道①，力②不足也。”子曰：“力不足者中道而废③，今女画④。”

【注释】

①说（yuè）：爱好。道：主张。　②力：能力。　③中道：半路上。

废：倒下。 ④女：你。画：停止不动。

【译文】

冉求说："我不是不喜欢您的主张，只是能力不够。"孔子说："如果是能力不够的话，可以走到半路而累得倒下，现在你根本就停步不前。"

【解读】

冉求认可孔子的学说是合理的，所以他能始终跟着孔子而没有离开；但他可能认为孔子的主张在当时的情况下不可能实现，所以在行动上十分被动。在他成为季氏的家臣后，已经身不由己，开始和孔子的主张背道而驰了。

冉求说"力不足也"，是在找借口，希望能消弭孔子对他的不满。孔子却不甘心放弃努力，能走一步就走一步，就像挑着重担走路，累得趴下再停止。冉求一步也不肯走，他当然是不满意的。

6.13　子谓子夏曰："女为①君子儒，无②为小人儒。"

【注释】

①女：你。为：当。 ②无：勿，不要。

【译文】

孔子告诉子夏说："你要当一个气量远大的儒者，不要当一个平庸的儒者。"

【解读】

孔子将儒者划分成两大类型：一类见识高超，胸怀广阔，志向远大；一类见识平庸，胸怀狭小，志向普通。君子儒有点像发明家、设计师；小人儒有点像工程师、技术工人，他们在社会中的层级和作用是不一样的。孔子主张"君子不器"，追求成为以天下为己任的大才、通才，不希望成为有一技之长的专业人才，这就是君子儒与小人儒的根本分野。

像孔子、颜渊、曾参这样的人，应该属于君子儒的范畴。子夏爱好研究和传授典籍，从事职业的教学活动，相当于"君子不器"中的一种"器"，没有脱离小人儒的范畴。

6.14　子游为武城①宰，子曰："女得人焉耳乎②？"曰："有澹台灭明③者，行不由径④，非公事，未尝至于偃之室也。"

【注释】

①武城：鲁国的一个县。　②女：你。人：人才。焉：那里。耳乎：助词，表示疑问语气。　③澹台灭明：姓澹台，名灭明，字子羽，后来也成了孔子的学生。　④行：走路。径：捷径，小路。

【译文】

子游担任武城的宰，孔子说："你在那里发现人才了吗？"子游说："有个叫澹台灭明的，为人处世不走歪门邪道，除非公事，从未到家里来找过我。"

【解读】

"行不由径"意为不走捷径，这里指办事不采取不正当手段，例如托人情、行贿送礼、讨好权势者等。子羽除了公事不找子游，是避瓜田李下之嫌，可见是个洁身自好的人。

6.15　子曰："孟之反不伐①，奔而殿②，将入门③，策④其马，曰：'非敢后⑤也，马不进也。'"

【注释】

①孟之反：姓姬，名侧，字反，氏为孟，鲁国大夫。伐：居功，承认自己的功绩。　②奔：逃奔。殿：殿后，在队伍的后面负责掩护。　③门：指城门。　④策：抽打。　⑤后：留在后面。

【译文】

孔子说："孟之反不愿意显示自己的功绩，鲁国军队战败而逃奔，他在最后掩护，将要进城的时候，他抽打着拉战车的马说：'不是我要留在后边，是马不肯走。'"

【解读】

鲁哀公十一年，齐国与鲁国作战，鲁国的一部分军队败逃回来，孟之反主动留在最后掩护撤退。回到城门口的时候，那里有许多人在迎接他，他却用箭来抽打拉车的马，说："这马不肯向前走。"他要给人们造成一个印象：孟之反留在后面不是自愿的。

孟之反编了个"马不进"的借口，是想让人们不将他当英雄对待，这样的表现就叫不伐。不伐就是不居功，甚至要掩盖自己的功劳。这是古人的一种道德观念，如果立了功而居功，接受荣誉和奖赏，会被认为是拿功劳换利益，属于商人牟利，是不光彩的。

6.18　子曰："质胜文则野①，文胜质则史②。文质彬彬③，然后君子④。"

【注释】

①质：底子，指人的品行、知识等内在的品质。胜：超过。文：文饰，指人的风采、言谈等外在的表现。野：山野平民，喻指过于质朴。　②史：史官，喻指华而不实。　③彬彬：协调，配合得当。　④君子：符合君子的标准。

【译文】

孔子说："一个人质的表现超过了文的表现，就显得过于质朴；一个人文的表现超过了质的表现，就显得过于浮华。文和质都能具备，配合得当，才符合君子的要求。”

【解读】

品行优秀，知识渊博，见识高远，这就是“质”好。气宇轩昂，风度翩翩，能言善辩，这就是“文”好。不是人人都能文、质俱佳，比如当教师，有的人品学兼优，可偏偏不修边幅，不善表达，这就是“质胜文”了。有的人风流倜傥，在台上口若悬河，像个表演艺术家，但学生却说他的课只能去听三次，因为太空，这就是“文胜质”了。如果这两种人能互相取长补短，文与质相得益彰了，这就是“文质彬彬”，成为君子了。

“野”指平民，其特点是“质胜文”。“史”指史官，对君主多溢美之词，其特点是“文胜质”。对于质和文的关系，子贡也发表过意见（见12.8），他将人的质比为动物的“革”，将人的文比为动物皮毛的“纹”，所谓“虎豹无文，鞟同犬羊”，也是颇为生动的。

6.20　子曰：“知之者不如好①之者，好之者不如乐②之者。”

【注释】

①之：指知识、技能等。好：喜欢。　②乐：极度喜欢。

【译文】

孔子说："对于知识、技能等，懂得它的人不如喜欢它的人，一般喜欢它的人不如以它为精神寄托的人。"

【解读】

对于同样的事情，有人满足于对它的一般了解，有人则对它非常喜欢，还有人会对它特别痴迷，成为一种精神寄托。就孔子一生追求的"道"而言，大部分人都可以算知之者，其次还有为数不多的好之者，剩下的就是孔子、颜渊等乐之者了。"乐之者"是各行各业的火车头，没有他们，其所在行业就不能发展。孔子垒起来一座宝塔，知之者是塔基，好之者是塔身，乐之者则是塔尖上的明珠。

6.21　子曰："中人以上①，可以语上②也。中人以下，不可以语上也。"

【注释】

①中人：中等人。以：往……。上：高层次的方向。　②可以：能够，适宜。语（yù）：告诉。上：高层次的内容。

【译文】

孔子说："中等往上的人，可以告诉他高层次的道理。中等往下的人，不可以告诉他高层次的道理。"

【解读】

孔子是教育家，讲究因材施教，如果所讲的内容层次与其对象的层次不匹配，就不能收到理想的效果。有时是事倍功半，有时是劳而无功，有时甚至会适得其反。

任何知识与道理的传授，都要求其对象具备相应的基础积累，获得相应的对话资格。道不同不相为谋，向低层级的人传授高层级的知识和道理，这是违反认知规律的。就像人们不应该给不会算术的小孩去讲高等数学一样，给无恶不作的人讲仁义道德也是徒劳的。对自私的人讲克己利人的道理，也不会有什么效果，反而会招致憎恶。

6.22　樊迟问知①，子曰："务民之义②，敬鬼神而远③之，可谓知矣。"问仁，曰："仁者先难而后获④，可谓仁矣。"

【注释】

①知（zhì）：智，聪明。　②务：努力从事……。义：合理的做法。　③敬：严肃认真地对待。远（yuàn）：不接近，保持距离。④先：优先，将……放在最重要的位置。难（nàn）：对事情谨慎认真。后：将……放在次要位置。获：获得。

【译文】

樊迟问怎样算是聪明，孔子说："努力执行教化百姓的合理做法，严肃认真地对待鬼神，但离鬼神的事情远点，这可以算是聪明了。”樊迟又问怎样就算是仁了，孔子说：“仁嘛，把谨慎认真的办事态度放在第一位，把获得利益的想法尽量往后放，就可以算是仁了。”

【解读】

樊迟的身份显然已经是官吏了，他要问的是自己怎样才算是做到了智和仁。所以孔子的回答就有很具体的针对性。

从对话内容推测，鲁国的官员都将政治局面改善的希望寄托在鬼神身上，违背礼制规定的各种祭祀颇为盛行，这是在有神论思想十分普遍的社会环境下最容易出现的荒唐现象。当官员们将希望都寄托在鬼神身上时，自然也就忽视了自己应当承担的责任，对政务也就不能尽职尽责了。官吏应该做的事情是把自己该尽的责任尽到，努力执行教化百姓的合理做法，这就叫“务民之义”。从正统的理论上讲，鬼神最公正，不会接受违背礼制的祭祀，就像清官不会受贿，还会惩罚行贿行为一样。人对于鬼神，只要严肃认真地对待就行了，不要想额外祭祀的问题，这就叫“敬鬼神而远之”。放弃个人责任而贿赂鬼神是愚蠢的，尽到个人责任而不贿赂鬼神则是聪明的。

当官的往往最关心的是政绩，连带而来的是升迁获利。政绩要靠兢兢业业的工作才能创造出来，所以应该将敬业精神放在第一位。“先难而后获”就是要求人们克己奉公，不计较个人利益。仁的精神是克己利人，如果当官能做到克己奉公，不计所获，就是做到了克己利人，所以“先难而后获”就是在实践仁的精神。

孔子是解释仁的高手，无论谁来问仁，他的回答都既不重复而又有针对性，最终都要归结到克己利人的主旋律上来。

6.23　子曰："知者乐[1]水，仁者乐山。知者动，仁者静。知者乐，仁者寿。"

【注释】

①知（zhì）：智，智慧。乐：喜欢。

【译文】

孔子说："智慧的人喜欢水，仁厚的人喜欢山。智慧的人好动，仁厚的人好静。智慧的人快乐，仁厚的人长寿。"

【解读】

孔子讲的仁者和智者的这些区别未必符合客观事实，他的这些认识可能是通过推理而获得的。

《论语·里仁》："仁者安仁，知者利仁。"（4.2）这是仁者和智者的根本区别。仁者无私欲，见识高远，心胸广阔，所以心态平和，自然就显示出"静"的特征。心静对于养生有好处，所以认为仁者长寿也有道理。山安稳不动，又可以居高临下，可以象征仁者志趣的稳固与崇高，所以仁者会喜欢上它，也有其道理可讲。例如玉和人本来没有关系，古人却以玉比德，生发出种种解释。梅、兰、竹、菊与人也没有关系，古人却将它们比作君子，也生发出种种解释。孔子找到了“山”作为仁者的象征物，也是合乎情理的。李白《独坐敬亭山》诗：“相看两不厌，只有敬亭山。”冯梦龙当寿宁知县时作了一副对联：“讼庭何日能生草？俗吏有时也看山。”为什么要“看山”？就是想攀“仁者乐山”这个高枝。

智者很聪明，看出了吃小亏能占大便宜的诀窍，于是用“仁”作为生财之道。要谋利就得兴事，人得动起来，钱也得动起来。古人将钱叫作泉，崇尚流动，崇尚繁殖，这可能都是商人自然产生的观念。如此一来，智者就显示出“动”的特征，也自然地找到了他们的象征物“水”。源源不断的经济来源叫“活水”，能赚钱的事情叫“财源”，停蓄的水不能增多，所以“动”是智者的信条。智者拿着仁在谋利，欲望得到满足，自然也就活得快乐了。如此看来，智者好动，以水自拟，活得快乐，也是有其道理可言的。仁者会想着“积土成山，风雨兴焉”，施风施雨可以利国利民；智者会想着“积水成渊，蛟龙生焉”，强大自己可以出人头地。

6.25　子曰：“觚①不觚，觚哉！觚哉！”

【注释】

①觚（gū）：一种盛酒的青铜器皿，其腹部和足部都有四道纵向的棱。

【译文】

孔子说："觚不是觚的样子了，觚啊！觚啊！"

【解读】

原始的觚为圆形，外表有四道棱线，可能当时制作出的觚没有棱线了，使孔子发出了激烈的感慨。

觚有棱线，内圆外方，显然有其寓意讲究。棱就是棱角，引申而有"方正"之义。"觚"原本就是因为其棱而得名，提醒人们处世要方正，不可以圆滑。

依托一些器物的特征，或者利用其特质，或者利用其形制，或者利用其名称的谐音，赋予它们一些解释，希望能给人们以警示或提醒，这是古人常用的做法。例如古人佩玉，是为了提醒人们保持玉的品格。《礼记·聘义》中说玉能象征仁、智、义、礼、乐、忠、信等美德。再比如古人佩戴玦，取其谐音"决"，表示要勇于决断。在鸿门宴上，范增让项羽杀刘邦，就举起玦向他示意。

觚不仅用来盛酒，还能通过它的"棱"来提醒人们在宴会上注意遵守规矩。如果觚没有了棱，这种提示功能就没有了，这是一种教化方式的取消，是一种文化传统的抛弃，使孔子感到非常痛惜。

6.27　子曰："君子博学于文①，约之以礼②，亦可以弗畔矣夫③！"

【注释】

①博：广博。文：指文献知识。 ②约：节制，约束。礼：指礼仪。 ③畔：粗犷，不讲礼节。矣夫：助词，表示肯定语气。

【译文】

孔子说："君子广博地学习文献知识，用礼节来约束自己，也就不会粗俗了。"

【解读】

性格修养的进步，是一个由躁到静、由野到文的过程。君子应该温、良、恭、俭、让，才能有和人交往的良好界面，文雅被人喜欢，粗俗则招人讨厌。要获得君子风度，孔子认为和知识积累有关，所谓"博学于文"，就是多学历史知识，以古人为镜子，取其长而弃其短，然后还得讲究礼节，就能克服粗俗的习惯。

6.28 子见南子①，子路不说②，夫子矢③之曰："予所否④者，天厌⑤之！天厌之！"

【注释】

①南子：卫灵公的夫人，是宋国国君的女儿。 ②说（yuè）：高兴。③矢：发誓。 ④所：如果。否：不对。 ⑤厌（yā）：压，指压死。

【译文】

孔子去会见南子，子路很不高兴，孔子对他发誓说："我要是做了不体面的事，让天把我压死！让天把我压死！"

【解读】

南子是卫灵公的夫人，她干预政事，还有荒唐的淫乱行为，竟然让丈夫将自己的情人宋朝从宋国接到卫国来与她相会，被百姓骂为发情的母猪，将宋朝比为配种的公猪。由此可见她在卫国的作用和名声。

孔子要想得到卫灵公的重用，恐怕非过南子这一关不可，这时南子也提出了要见孔子的要求。这对孔子是个难题，去见吧，别说南子的名声臭成那样，即使她的名声不臭，走夫人的后门，靠人家的枕边风而求提拔，也不是什么体面的事；不见吧，那就只有拍屁股走人了。权衡之下，他还是委屈地选择了去见。

去见南子明摆着是个龌龊事，子路是个眼里揉不得沙子的人，可能等孔子一回来他就闹起来了，逼得老师发了毒誓。

子路不但对老师高度忠诚，对老师的教导能不遗余力地实践，甚至不容许老师犯一点错误，逼着老师非当好一个圣人不可。圣人也会犯错误的，正是由于有了子路这样的"诤生"，孔子一生才几次避免了犯严重的错误。他们师生之间有争有辩，有吵有骂，互相规范，为后世树立了一个另一种模式的师生关系的样板。

6.29　子曰："中庸之为①德也，其至矣乎②！民鲜③久矣。"

【注释】

①中庸：处世适度。为：作为。　②其：应当。至：达到最高层级。矣乎：助词，表示感叹语气。　③鲜（xiǎn）：少。

【译文】

孔子说："中庸作为一种美德，应该是最崇高了！人们缺少它已经很久了。"

【解读】

"中庸"的含义是"中用"，即"依据适度的标准而实行"。其中的"中"是名词状语，其含义为"适度的标准"；"庸"是动词，与"用"相通，含义为"实行"。这个结构后来凝结成了一个词，其中"庸"的表意作用丧失，于是"中庸"的词义就成了"处世适度"了。

做任何事情都有一个适度与否的问题，达不到一定的度叫作"不及"，超过了一定的度叫作"过"，孔子说过"过犹不及"，就是说"过"和"不及"一样，都是不可取的。比如说惩治小偷可以用罚款的办法，偷了一千块钱，如果只罚一块，就不符合罚的精神了，便是"不及"；如果罚一千万，就不符合情理了，便是"过"。凡事能将相关的度掌握得恰到好处，当然最理想，上下之间差不离，也就算可以了。

将事情处理到适度的状态，也就是实现公平合理，这是古往今来人们共同追求的目标，也是“中庸”的价值所在，所以孔子认为这种美德是无比崇高的。但人们受自私或愚昧的影响，往往不是“过”就是“不及”，处世很少有不偏颇的，所以说“民鲜久矣”。

6.30 子贡曰：“如有博施于民而能济①众，何如？可谓仁乎？”子曰：“何事②于仁？必也③圣乎！尧、舜其犹病诸④。夫⑤仁者，己欲立⑥而立人，己欲达⑦而达人。能近取譬⑧，可谓仁之方也已⑨。”

【注释】

①博：广，普遍。施：给予恩惠。济：救助。 ②何事：何止。 ③也：助词，表示舒缓的语势。 ④其犹：尚且，都还。病：忧虑，对……不能满意。诸：之。 ⑤夫（fú）：发语词，表示将提起议论。 ⑥立：立身，出类拔萃。 ⑦达：通达，指仕途顺利。 ⑧譬：类同的参照。 ⑨方：道路。也已：助词，表示肯定语气。

【译文】

子贡说：“如果有人能普遍地给予百姓恩惠，并且能救助众人，怎么样？能算仁人吗？”孔子说：“何止是仁人？必定是圣人了，连尧和舜都发愁达不到这样的地步呢。作为一个仁人，自己想出人头地，同时也让别人出人头地；自己想仕途顺利，同时也让别人仕途顺利。能从自己的角度出发而将心比心，就可以算是实践仁的途径了。”

【解读】

能够给所有人带来恩惠的人就是圣人，这是从实际的效果方面来说的；仁人就是要为大众服务，让大家都过上好日子。通向圣人的途径是仁，仁的原则是推己及人，就是在利益面前替别人着想。要走上仁的道路，可以从认识自己的欲望开始，自己有什么欲望，就想到满足别人同样的欲望。这样一步步地做下去，就是在实践仁德了。

《论语·卫灵公》：“己所不欲，勿施于人。”（15.24）这是从反面说的。自己有想要满足的愿望，就满足别人的类似愿望，这是从正面说的。总之都是替别人着想，不能自私自利，这是孔子主张的做人的原则。

述而第七

天理民均晓，人伦世尽知。
此皆无作者，社会自生滋。
阐述前贤众，施行继哲稀。
宣称新创造，徒使秽名垂。

先王推礼义，古圣述文明。
孔子诚而好，私评类老彭。

默记乾坤事，求知学不休。
诲人无厌倦，谁绩可如丘？

修身思改过，研学欲迁仁。
孔子常忧虑，勉求日日新。

闲居犹整饬，楚楚服衣冠。
容色呈和气，夭夭状态安。

久未梦周公，仲尼叹已衰。
承天为木铎，薄暮自生悲。

君子忠于道，须臾不背离。
思惟符德则，举动出仁基。
习艺无休日，成功有至期。
修齐图远大，千古立丰碑。

束修行已过，名分即师生。
优劣均施诲，不虚教督名。

愤悱难通方启发，鲁班学艺树规模。
一隅未得三隅反，不复徒劳诲陋夫。

食于丧者侧，情态自矜持。
肃穆循其礼，未曾腹饱时。

暴虎冯河无悔死，莽夫之勇实堪羞。
深谋慎事能成就，方可行军与我筹。

在齐殿内闻韶奏，三月不知肉味馨。
孔子惊奇生慨叹，不图为乐骇人听。

是日曾临吊，缘情不复歌。
行为循板眼，夫子范型多。

仲由行畔喭，性鄙好争风。
不服颜渊地，仲尼屡互攻。

正途求富贵，贱役愿持鞭。
倘若行邪曲，从仁所好坚。

斋戒虔神鬼，战争卫社民。
死生因疾病，夫子慎身亲。

通达行其道，困穷掩我芒。
师徒唯吾尔，怀此玉金方。

父子争君位，仲尼不便来。
夷齐求道义，岂怨失时哉？

饥后餐疏解，渴时啜水消。
曲肱为枕睡，其乐格高超。
不义盈其欲，浮云任远飘。
圣人唯敬道，攀舜亦援尧。

易道实玄深，仲尼欲探寻。
老来将着力，处世不失斟。

雅言子可操，执礼用呼号。
朗读诗书事，仁声赖此翱。

发愤能忘食，乐观可退忧。
不知将老迈，精力尚饶遒。

叶公询子路，盖欲用其师。
孔子思留此，高徒则鄙之。

好古能功倍，勤求可速成。
仲尼称博学，非是自天生。

鄙陋陈司败，当臣辱鲁侯。
仲尼诚得体，却谤党其酋。

三人行以语，必有我师焉。
彼赞吾遵照，非之则转翻。

木铎承文德，桓魋可奈何?
仲尼恒自信，君子藐邪魔。

孔丘胸磊落，袒露并无私。
不隐于诸子，真诚作尔师。

歌唱功夫好，必求反复之。
和而图学艺，处处有其师。

圣人不得见，君子亦难逢。
崩坏当时世，仲尼忿溢胸。

虚亡充富泰，饰善欲干名。
假借行仁义，难乎得有恒。

弋飞无射宿，垂钓不施纲。
非欲擒鱼鸟，唯图使技长。

多闻从众议，博见记其详。
昏聩而行教，仲尼斥荒唐。

互乡童子见，门下厌难言。
孔圣嘉其进，诚心诱少年。

欲仁斯至矣，道岂远乎哉?
尧舜人皆可，勤行即圣胎。

昭公诚悖礼，孔子固能知。
司败公掀丑，鲁臣自掩私。
诬贤而作党，认过以从宜。
乃曰丘之幸，凡庸岂识之?

乱神怪力易流传，加醋添油广蔓延。
途说无根生蛊惑，仲尼不语固其贤。

外表恒呈得体文，圣贤资质见于行。
持身忠信符仁义，孔子无言示学生。

勤学人如我，躬行未见能。
由来崇实践，君子不虚称。

自信能当圣与仁，故言岂敢诱人论。
为之不厌循规矩，教众无休指路津。
弟子追踪难学及，公西昧意竟违真。
仲尼标榜诚多趣，自炫其贤已绝伦。

上下神祇眼最明，佑贤惩恶摒私情。
仲尼行善充长祷，疾病无须拜祝行。

铺张诚越礼，简陋则寒酸。
违制情形重，退而取不完。

君子胸怀广，常人见识卑。
高明恒坦荡，凡俗总忧悲。

恒常恭顺态安详，接物温和不猛强。
高雅言行人敬畏，威严服众以循良。

述而第七

7.1　子曰："述而不作①，信②而好古，窃比于我老彭③。"

【注释】

①述：遵循，继承。作：创造。　②信：诚实。　③窃：私下。于我：按文理当作"我于"，抄写时颠倒了。老彭：商代的一位名人。

【译文】

孔子说："继承优秀的思想而不标新立异，诚实做人而喜欢古代文化，内心将自己比作老彭。"

【解读】

"述而不作，信而好古"是孔子的信条，也是他对自己行为的总结，从"窃比"的说法来看，很有点不让前贤的味道。

孔子一生阐述、强调、传播的思想，全都是"先王之道"，是古已有之的，孔子和他的团队只是个宣传队，所有的节目都不是自己创作的。他说自己"述而不作"，是颇为老实的态度。所谓"不作"，显然是一种理性的选择，透视出了对"作"的否定态度。

在自然科学和技术科学领域，没有创造，其工作就没有任何意义。但是在思想政治和道德伦理领域，其成果属于整个人类社会，个人追求“作”是不可能的，这些领域只能有“述”家，不可能有“作”家，人们应该老老实实地回到“述”的立场上来，这是孔子的表述给予人们最为重要的启示。

诚实是进行各种研究工作的灵魂，其研究内容和成果必须立足于事实的基础上，先能服己，然后才能服人。任何背离诚实的态度和做法都是研究工作的大敌。

人们利用当代纷纭的材料而学习道理，往往会事倍功半。历史是无情的裁判，会淘汰芜杂，铭刻精华。通过研习典籍而追求通达事理，可以事半功倍。孔子“好古”，是其学习的经验之谈。

7.2　子曰：“默而识①之，学而不厌②，诲人不倦③，何有④于我哉？”

【注释】

①默：静默。识（zhì）：记住。　②厌：满足。　③诲：教导。倦：厌烦。　④何有：有何，有什么，指会做得很好。

【译文】

孔子说：“默默地记住各种知识，学习从不满足，教导学生从不厌烦，这些对我来说有什么呀？”

【解读】

浮躁的人一有收获就喜欢炫耀，《论语·宪问》：“古之学者为己，今之学者为人。”（14.24）说的就是当时人们的浮躁表现。孔子对知识“默而识之”，说明他是个性格沉静的人。

在普遍的意义上，人的一生都既是学生又是老师。在学习上从不满足，说明孔子终身都是个好学生。教导别人时从不厌烦，说明他是个好教师。

主动向人讲自己的优点是不得体的，但这要看针对什么人。在熟人面前过度自谦会显得可笑，并无必要。人们自谦是出于礼貌的考虑，并不影响其自我评价。教师应该在学生面前展示长处，制造人格魅力和知识魅力的氛围，才能达到“身教”的效果。孔子是教师，无须在学生面前自谦。

7.3　子曰：“德之不修①，学之不讲②，闻义不能徙③，不善不能改，是④吾忧也。”

【注释】

①修：培养，完善。　②讲：研究，探讨。　③义：正确的道理。徙：进步。　④是：这些。

【译文】

孔子说：“品德不主动完善，学问不努力探讨，学到了正确的道理却不能照着做，有缺点不能改正，这都是我所操心的。”

【解读】

品德和学问是评价人才的两条标准，二者相辅相成，缺一不可。品德好的人勤勉刻苦，学问自然也应该好。学问好的人见识高远，品德层次也应该高。在知识界的人，学问如果糟糕，其实就是缺德。

很少有人会主动去想自己的品德层次和变化情况，而孔子则经常操心的是品德的完善、学问的贯通、思想的进步、缺点的改正，曾子每天都要“三省”，他们的修身态度是理性而主动的，这就是圣贤和常人的区别。

7.5　子曰：“甚矣吾衰也！久矣吾不复梦见周公①！”

【注释】

①周公：姓姬，名旦，周武王的弟弟，他的儿子伯禽被封到鲁国。

【译文】

孔子说：“我衰老得太厉害啦！很久都没有再梦见周公了！”

【解读】

周公在武王时为功臣，在成王时执掌朝政，是周朝礼制的制定者。孔子认为周礼最为完备而合理，他一生的愿望都是恢复周礼，因而对周公也非常崇拜。照孔子的这个说法，他经常能梦见周公，说明周公在他心目中有具体的形象，可能当时有流传的周公画像。

从“甚矣吾衰也”的说法来看，孔子此时已经很老了。一个非常理智而老成的人，竟然能经常梦见自己的崇拜者，也不知道都梦了些什么情节，这真是个罕见的有意思的问题。人们可以有两种推测：一是实有其事，说明孔子迷恋周公快到走火入魔的地步了，一般的崇拜不至于如此。二是编故事，给人们造成他向道之深的印象：老在梦中和圣人交流，这对自己是一种“圣”化。

7.6 子曰：“志于道，据①于德，依②于仁，游于艺③。”

【注释】

①据：依照。 ②依：依靠。 ③游：潜心地从事。艺：指六艺，即礼、乐、射、御、书、数等知识和技能。

【译文】

孔子说：“立志于学道和布道，按照德的标准行事，依靠仁来立身，潜心从事礼、乐、射、御、书、数等知识和技能的学习。”

【解读】

这是孔子所提倡的士人的存在模式：志向在道，要实现天下有道，这是以天下为己任。一切行为要符合德的标准，因为实现志向就必须为政，为政的资本就是德。仁其实就是各种德的总和，也是人立身的根本。这些内容都很虚泛，将它们落到实处的还是每天要做的一点一滴的事情，就是对礼、乐、射、御、书、数等知识和技能的学习和运用。身通六艺，就具备了从政的基本条件，也就具备了实现志向的基础。

7.7　子曰：“自行束脩以上①，吾未尝无诲②焉。”

【注释】

①行：用。束脩（xiū）：十条干肉，每条干肉叫一脡（tǐng），十脡为一束。脩：干肉。以上：指更高层级的礼物。　②无：不。诲：教导。

【译文】

孔子说：“主动拿着一束干肉以上的礼物来见我的，我没有不教导的。”

【解读】

束脩是古人初次拜见别人时常用的礼物，拜孔子这样有名望的人为师，送一份束脩做见面礼，显得有点微薄。

当老师的都喜欢好学生，孔子不是这样，凡是在形式上

（送束脩）和他有过师生关系的，他都会认真地教，不会因为学生基础差或态度差而拒绝或敷衍，给当教师的树立了榜样。

不举行拜师仪式的，没有师生名分，老师没有教他的义务，可以拒绝教他，更不用主动去教他，这也在情理之中。

7.8 子曰："不愤不启①，不悱不发②。举一隅不以三隅反③，则不复④也。"

【注释】

①愤：心中怎么也想不出答案的郁结状态。启：开导。 ②悱（fěi）：想有所表达，但组织不好语言的状态。发：点拨。 ③隅（yú）：角。反：类推。 ④复：重复。

【译文】

孔子说："不憋得怎么也想不出来，不去开导他；不急得怎么也说不好，不去指点他。告诉他房间的一个角是直角，他不能类推而知道其他三个角也是直角，就不再教他了。"

【解读】

看来孔子不回答学生能自力解决的问题。除非把学生急得抓耳挠腮了，他才点拨一下，这就是所谓启发式教学法。孔子的教学理念非常清楚：一般知识自己获取，老师管的是引导点拨。自己学走路，跌倒了自己爬起来，上不去的坎老师拉你一把。老师不会牵着你走，更不会背着你走。这有点像鲁班学艺，老师只说三句话，学生就得累三年，然后就名师出高徒了。教学的正常状态本来就应该是这样的，教师不是知识的灌输者，而是思辨过程的引导者，一个学科的知识是不能指望都从老师嘴里倒出来的。当教师最可悲的就是从嘴里倒出一些书上就有的知识，他自己都没有养成逻辑的思辨能力，不会处理知识。

孔子要求学生具备举一反三的能力，能够通过类推而获得知识。颜渊能闻一知十，子贡能闻一知二，他的高徒们已经都被训练得精通此道了。不过看来也有死心眼儿的，遇到这样不开窍的笨人，孔子就不肯再教了。

7.11　子谓颜渊曰："用之则行①，舍之则藏②，惟我与尔有是夫③！"子路曰："子行三军④，则谁与⑤？"子曰："暴虎冯河⑥，死而无悔者，吾不与也。必也临事而惧⑦，好谋而成者也。"

【注释】

①用：任用。行：推行，实施。　②舍：摈弃，不任用。藏：不显示。　③是：这。夫：助词，表示感叹语气。　④行：做……事情。三军：军队，较大的诸侯国都建有三支军队，所以用"三军"代指军队。　⑤谁与：与谁，和谁一起。与：偕同。　⑥暴虎：徒手与老虎搏斗。冯（píng）河：徒步过黄河。　⑦惧：戒惧，警惕。

【译文】

孔子对颜渊说："受到任用就推行自己的主张，受到排斥就收起自己的主张，只有我和你具备这样的气度啊！"子路说："您要指挥军队，选谁和您一起干？"孔子说："敢徒手斗虎，敢徒步过黄河，这样死了都不后悔的人，我是不选他的。一定要选在作战时高度警惕而戒惧，喜欢谋划而能成功的人。"

【解读】

士人学道，追求的是为世所用，但往往由于政治黑暗而不被任用。孔子主张"舍之则藏"，独善其身，不主张和当权的黑暗势力硬顶，做出无谓的牺牲。他认为学生中只有颜渊能很好地"用之则行，舍之则藏"，和自己是一个模子脱出来的。

子路比颜渊年岁大，应属孔门的大师兄，却老挨孔子的骂，颜渊老被孔子夸。看来他心里不平衡，沉不住气，当面和孔子理论起来了。子路的长项是勇敢，懂军事，颜渊是书生，子路就以己之长比人之短，还要孔子当下就评判。

子路争风吃醋，以己之长比人之短，这都不符合君子风范。孔子调教子路向来是游刃有余的：你那叫匹夫之勇，再厉害我也不用！真正的军事家是将纸老虎当作真老虎一样对待，深谋远虑，万无一失。子路懂军事，自然知道将不在勇而在谋的道理，而他自己则是武勇有余而疏于谋略，孔子的说法他不能不服。子路争执高下，反而碰了一鼻子灰。

7.12 子曰："富而可求也①，虽执鞭之士②吾亦为之。如不可求，从③吾所好。"

【注释】

①富：财多的地位。而：如果。"富而可求也"当作"富贵而可求也"。 ②虽：即使。执鞭之士：指市场的守门人，手执皮鞭维持秩序。 ③从：按照……做。

【译文】

孔子说："富和贵如果能争取到，即使是当市场的看门人，我也会干。如果不能争取到，就还是做自己喜欢的事情吧。"

【解读】

如果能求得富贵，孔子并不在乎从身份最为卑微的杂役做起，但他这里的表述有点简略，没有明讲获得富贵的前提条件，也没有说出"吾所好"的具体内容。《论语·里仁》："富与贵，是人之所欲也，不以其道得之，不处也。贫与贱，是人之所恶也，不以其道得之，不去也。君子去仁，恶乎成名？"（4.5）可见孔子求富贵的前提是"道"，所谓"吾所好"就是"仁"。

7.14 子在齐闻《韶》①，三月②不知肉味，曰："不图为乐之至于斯③也。"

【注释】

①齐：齐国。《韶》：歌颂舜的一部乐舞。 ②月：按照情理，有学者认为“月”当为“日”，可能是因字形相似而抄写错了，这里有所夸张。③图：料，想到。乐（yuè）：音乐。斯：这样。

【译文】

孔子在齐国听了《韶》的演奏，三月都吃不出肉的味道，对人说：“没想到音乐创作能达到这样的水平。”

【解读】

孔子三十六岁时，鲁国发生内乱，他跑到了齐国，四十三岁时才回到鲁国，“闻《韶》”之事就发生在这段时间里。孔子对《韶》评价很高，曾经说它达到了尽善尽美的程度。

“三月不知肉味”的情况是不合情理的，既然肉味“不知”，其他的事情就也应该都是“不知”的，这是很严重的精神失常。但《论语》这里的语意指向显然不是这样，毛病应该是出在“月”字上，它本来是“日”，后来被抄错了，这一看法前人已经指出过。其实说三日不知肉味，也已经是很夸张的形容了。

7.15 冉有曰：“夫子为卫君①乎？”子贡曰：“诺②，吾将问之。”入，曰：“伯夷③、叔齐何人也？”曰：“古之贤人也。”曰：“怨乎？”曰：“求仁而得仁，又何怨？”出，曰：“夫子不为也。”

【注释】

①为：帮助，支持。卫君：指出公，姓姬，名辄。 ②诺：好，表示应答。 ③伯夷：商朝末年孤竹国国君的儿子，父亲死后，他与弟弟叔齐互相推让，谁也不肯继承君位，先后逃了出来。

【译文】

冉有说：“老师会支持卫国的新国君吗？”子贡说：“好的，我去问他一下。”子贡进了孔子的房间，问道：“伯夷、叔齐是什么样的人呢？”孔子说：“是古代的贤人。”子贡说：“他们对自己的行为怨悔吗？”孔子说：“他们追求仁而得到了仁，有什么怨悔？”子贡出来后对冉有说：“老师不会支持卫国的新国君。”

【解读】

卫灵公的太子名叫蒯（kuǎi）聩（kuì），因为刺杀灵公夫人南子失败而逃亡在外，灵公死后，卫国立蒯聩的儿子辄为国君，就是卫出公。晋国大夫赵鞅率兵送蒯聩回国争夺君位，受到卫国的抵御，未能成功。卫出公和父亲蒯聩始终对峙着。鲁哀公十五年，蒯聩夺权成功，就是卫庄公。

卫灵公不任用孔子，孔子到了陈国，也没有被任用的可能。卫灵公死后，卫出公继任，这似乎是个机会，孔子的学生们可能都动了回卫国谋求任用的念头，这件事最终还得孔子说了算。卫出公正与父亲蒯聩有君位争端，如果孔子不支持卫出公，冉有等人回卫国去的念头就得打消。这正是冉有发出“夫子为卫君乎？”这一问题的原因。

卫出公与父亲争夺君位，本身是个丑闻。父亲要回来，儿子非顶住不肯让，从孝的角度就说不过去。理想的状况应该是自己先替父亲当着国君，然后在条件容许的时候把父亲接回来当国君，父亲死后自己再继承。如果卫出公能这样做，卫国的事情就花好月圆了。如此看来，孔子应该是不会支持卫出公的。

孔子的学生们会更加了解他们的这位老师，孔子并不刻板，在机会面前，有时也会做出一些“变通”。冉有、子贡等人并不是不知道孔子的原则，而是不清楚孔子在这件事情上会不会“变通”一下。

冉有有疑问，自己却不去问孔子，可能有两方面的原因：一是他在孔子心目中的形象不佳，不受欢迎；二是这个问题很敏感，涉及放弃原则而“变通”的问题。这二者结合起来，他就不宜出面了。子贡和孔子关系好，所以主动承担了这一侦察任务。

这个问题很微妙：孔子冠冕堂皇地说不支持卫君吧，如果心里其实是想“变通”呢？孔子坦率地说支持卫君吧，“变通”毕竟不体面，让他怎么能说出口呢？子贡擅长言语，所以他先把要问的问题变通了一下：拐弯抹角，旁敲侧击。

伯夷、叔齐在君位面前互相推让，这和蒯聩父子争夺君位形成了鲜明的对照。子贡就用这个问题来测试孔子的态度：肯定伯夷、叔齐就意味着反对卫出公；对伯夷、叔齐的事情有不同于历史结论的新说法，那就是想“变通”了。

子贡在这个节骨眼上来问这种常识性的问题，孔子对他的来意应该是心领神会了。第一问的答案是唯一的：古之贤人也。这不过是个引子而已，无关痛痒。第二问设计得非常巧妙，有“怨”和“不怨”两个答案，怎么回答都有道理，如果孔子选择了答“怨”，就说明要有所“变通”了。兄弟两人推让，谁也没当上国君，反而落得很惨，可以为他们找到许多“怨”的理由。例如说怨自己只追求推让君位的名声，忘记了治国治民的大责任，这是针对其孤竹国的事情而言；还可以说怨自己为了保持节操，忘记了救民于水火的大责任，“其君是恶，其民何罪？”这是针对其不食周粟的事情而言。反正伯夷、叔齐是古人，他们怨还是不怨，古书上又没有记载。

子贡分明是画好了圈，引诱孔子往里边跳，好给孔子可能采取的“变通”决定有个下的台阶，然而孔子却不肯就范。为了讨官做，就支持儿子对抗父亲，太不体面了。所以他义正词严地说：伯夷、叔齐推让君位，不食周粟，都是为了维护仁的精神，他们为后人树立了榜样，成了仁的化身，这还不值得吗？有什么可怨悔的？

其实孔子何尝不想“变通”？但是在卫国父子争权的风口浪头上，自己主动去凑这个热闹，确实觉得不值。到后来他无路可走，还是回到了卫国。不过这时蒯聩父子处于冷战状态，他来到卫国不算是支持谁反对谁。正因为如此，他也失去了被卫出公重用的最佳时机。

7.16　子曰："饭疏食①，饮水，曲肱②而枕之，乐③亦在其中矣。不义而富且贵，于我如浮云。"

【注释】

①饭：吃。疏食：粗粮。　②曲：弯曲。肱（gōng）：胳膊。　③乐：乐趣。

【译文】

孔子说："吃粗粮，喝冷水，累了的时候枕着胳膊休息一会儿，这样的生活，其中也有它的乐趣。用不道义的手段富起来和贵起来，这样的事对我来说就像天上飘浮的云彩。"

【解读】

累了却不上床去睡，是怕睡着后醒不来而耽误工作，所以在书案上"曲肱而枕之"。这种休息法有个好处，当休息得缓过劲来以后，反而这种睡的姿势把人给累醒了，不会长时间地睡过去。孔子这里描述的是一种废寝忘食地学习或工作的状态。他删《诗》《书》，定礼乐，作《春秋》，都是关乎人类文明建设的丰功伟业，顾不得吃顾不得睡，说"乐亦在其中矣"，并非虚言。《论语》中多处提到这种乐，说的都是乐道，由于乐道，因而安贫。

天上的云彩飘来飘去，变化万端，但每个人都有自己的事情，不可能关注云彩的事情。社会上靠不正当手段求取富贵的现象很普遍，而孔子每天都在废寝忘食地忙大事，"不义而富且贵”的事他不会参与其中。在他眼里，这种事就像浮云一样，和自己一点关系也没有。

7.17 子曰：“加①我数年，五十以学《易》②，可以无大过矣。”

【注释】

①加：增加。 ②《易》：用八卦的原理和方法预测吉凶的一种术数，在当时已经有了专门的书。

【译文】

孔子说：“把我的年龄延长几年，到五十岁时开始学习《易》，就能没有大失误了。”

【解读】

古人四五十岁就算老年了，所以孔子打算，自己如果能活到五十岁，就会放下琐务，专心致志地学习《易》。看来他是相信这种预测术的，只是还不精通，也顾不上进行专门的研究。

所谓“无大过”，是说没有大的选择失误。《易》的作用是“决疑”，就是自己拿不定主意，请鬼神来帮助决策。如果已经有了确定的选择，就不再算卦。《易》的原则建立在为善的基础上，鬼神不会帮助人作恶。凡是要通过算卦来问鬼神的事情，其性质在主观上都是好的。好事要想办出理想的结果，还有其他的制约条件，比如时间、地点、相关人等等。如果出现了不好决策的情况，就通过算卦来解决。比如一个人同时可以到两个国家做官，到底到哪个国家有前途，目前看不出来，就通过算卦来问鬼神。

7.18　子所雅言①，《诗》、《书》、执礼②，皆雅言也。

【注释】

①雅言：官话，当时流行的超越方言的共同语。　②《诗》：指《诗经》。《书》：指《尚书》。执礼：从事礼仪活动。

【译文】

孔子会使用官话，诵读《诗经》《尚书》，在参加典礼的场合，都使用官话。

【解读】

使用官话而不用方言，是为了表示对事情的重视。《诗经》《尚书》都是重要的典籍，凡是有礼仪讲究的场合都涉及重大的事务，所以孔子要刻意使用官话，可以形成庄重严肃的气氛。能够使用官话，也是孔子多才多艺的表现。

7.19　叶公①问孔子于子路，子路不对。子曰："女奚②不曰，其为人③也，发愤忘食④，乐以忘忧，不知老之将至云尔⑤。"

【注释】

①叶（shè）公：名诸梁，字子高，是楚国叶县的长官。当时楚国国君称为王，县级大夫称为公。　②奚：何，怎么。　③为人：指行为表现。④发愤：勤奋，"愤"与"发"含义相同。　⑤云尔：助词，表示肯定语气。

【译文】

叶公向子路打听孔子的情况，子路拒绝回答。孔子说："你为什么不说，孔子这个人，工作勤奋起来会忘了吃饭，每天高高兴兴不记得忧愁，根本不觉得自己快要老了。"

【解读】

孔子从蔡国到了叶，叶公请教施政方面的事，孔子回答说："近者说，远者来。"施政要使属下的人爱戴，使远方的人来投靠。这个回答很耐人寻味，孔子离开鲁国已经六年，希望在诸侯国谋得一个职位，但是他走了很多国家却一无所获，看来他是想在叶公手下谋个差事。叶公就向子路打听孔子的情况，其意图也很清楚：孔子已经老了（当时63岁），是否起用他，需要考察。子路的政治抱负很高远，对自己的老师有更高的期许，不希望孔子屈尊而在叶县参政，所以他拒绝回答叶公的问题。

孔子本来是路过叶县而去投奔楚王的，但是见到楚王后能否有所获，他心里并没有底，既然叶公有用他的意向，他也只好先“捡到篮里就是菜”了。子路“不对”叶公，孔子感到很惋惜，他希望子路的回答是“其为人也，发愤忘食，乐以忘忧，不知老之将至云尔”，意思很清楚：孔子虽然年龄大了点，但精力很旺盛，精神状态很好，不会影响工作的。子路没有体会到老师此时的心情，他的一个“不对”，就算让叶县的差事泡汤了。

楚国原本是周王朝的子爵诸侯，后来自称为王，算是周朝的叛臣。年代久了，大家也都承认了这个既成事实。但孔子却是计较的，在据说是由他编订的《春秋》中，一直将楚王称作“楚子”，以此来表示对楚国政权地位的否定。如果真是这样的话，恐怕楚国主动来请孔子，孔子也会有所顾忌的：怎么可能为了功名利禄而背叛自己的政治立场呢？这也许就是孔子在中原各国转了多年也没有到楚国去的原因。在中原各国求职无望的情况下，孔子也顾不得许多了，终于动了到楚国谋求发展的念头，并将这一计划付诸实施。

7.20　子曰：“我非生而知之者，好古，敏①以求之者也。”

【注释】

①敏：勤奋。

【译文】

孔子说："我不是天生就什么都懂的人，我是喜欢古代文化，努力地钻研探求它的人。"

【解读】

《论语·季氏》："生而知之者上也，学而知之者次也，困而学之，又其次也。"（16.9）可见孔子认为是有"生而知之"的人的。在当时的社会环境下，持这种观点的人很普遍，不可视为孔子个人的主张。自古以来人们就神化一些历史上的伟人，孔子不过是沿用了当时社会普遍接受的划分。

对于自己的知识和才干，孔子从来没有说过是天生的，而老老实实说是学来的。孔子丰富的学识和突出的技艺在当时已经引起了关注，他讲出自己的真实情况，对于人们脚踏实地地学习进步，是很有积极意义的。

7.21　子不语怪①、力②、乱③、神。

【注释】

①怪：指关于怪异事情的传闻。　②力：指关于力大如神的传闻。③乱：暴乱，叛乱。

【译文】

孔子不谈论有关怪异的各种传闻，有关力大如神的各种传闻，涉及暴乱的各种事情，涉及鬼神的各种事情。

【解读】

什么地方马生出角来了，什么地方树流出血来了，这就叫“怪”。有人能在陆地上划动船，有人能举起鼎，这就叫“力”。有谁把他父亲杀了，什么地方造反了，这就叫“乱”。有谁梦见神和自己说什么了，从天象上看哪里要有火灾了，这就叫“神”。这些事情的内容具有刺激性，能够满足人们的好奇心，所以会成为不胫而走的新闻。传播这些东西没有积极意义，却会有副作用。其中“怪”与“神”是一类，会煽动人们的迷信意识，造成淫祀盛行。“力”与“乱”是一类，会助长人们的暴力倾向，不守礼法。孔子是个注重实际的人，认为喜谈怪、力、乱、神是一种恶俗，所以拒绝谈论这些东西。

7.22　子曰：“三人行，必有我师焉①，择其善者而从②之，其不善者而改之。”

【注释】

①焉：助词，表示叙述语气。　②善：认可，赞扬。从：听从，采纳。

【译文】

孔子说："三个人走在一起，一定有我的老师，我选择他们认可的做法而予以采纳，选择他们不认可的做法予以改正。"

【解读】

"善"在这里是动词"赞同""认为合理"的意思。《左传·襄公三十一年》："夫人朝夕退而游焉，以议执政之善否。其所善者，吾则行之。其所恶者，吾则改之。是吾师也，若之何毁之？"（子产语）子产和孔子可谓英雄所见略同。孔子的意思是：我让他们对我的主张进行评价，他们认为对的我就采纳他们的意见，他们认为不对的我就改正自己的做法。

7.25　子以四教：文、行①、忠、信。

【注释】

①文：指言辞、气质等外在表现。行：行为实践。

【译文】

孔子用自己的四种表现教学生：外在气质、行为规范、忠诚的思想、守信的品格。

【解读】

对于学生高尚人格的塑造，教师本人的实际表现也起着重要作用，就是所谓“身教”。其实好学生不用教，他什么都能从老师身上看会，什么都能模仿到。“身教”能延伸“言教”的内容，还可以巩固“言教”的效果。教师身体力行，往往能够不言而威，不教而成。

这里的“文”是“文质彬彬”的“文”（6.18），指人的风度气质。子贡说“文犹质也，质犹文也”，文与质是同一事物的两个侧面，通过观摩君子的风度，也可以知道君子的内涵。《论语·尧曰》：“君子正其衣冠，尊其瞻视，俨然人望而畏之，斯不亦威而不猛乎？”（20.2）这就是君子“文”的一种表现。

“行”指的是孔子为人处世的具体行为，这些行为不仅体现着品行，还体现着行为规范和处世艺术，也是学生应该学习的。

“君子百行”的“行”才是指品行，忠和信属于百行之列，是各种品行的基础。仁的精神是克己利人，从忠信出发就能走在仁的大道上。《论语·公冶长》：“十室之邑，必有忠信如丘者焉。”（5.28）自诩其德，首推忠信，可见他也希望学生能学到这些核心品质。

7.28　子曰：“盖①有不知而作之者，我无是②也。多闻，择其善者而从③之；多见而识④之；知之次⑤也。”

【注释】

①盖：可能。　②是：这样。　③善：赞成。从：采纳，实行。　④识

（zhì）：记住。 ⑤次：低一等的。

【译文】

孔子说："可能有自己本来不懂却建立主张的人，我不是这样的。多听别人的意见，选择他们赞扬的部分而实行；多观察，将各种知识记住。自己原来知道的东西还在其次。"

【解读】

孔子一生对大量的人情事理发表了中肯而积极的意见，他的这些见解都是学来的。他像一只勤劳的蜜蜂，到处采集原料。他的大脑像工厂，将采集到的原料加工成了思想的精华。他的学说来源于社会，人们对他讲的东西会有亲切感和精辟感。

孔子忠于事实的精神令人敬佩，他谈了自己思想产品的原料来源和加工程序，说明他不是个妄自尊大的空想家和欺世盗名的学术骗子。《论语》中一再弘扬的就是这种学习和思考的精神。

7.29 互乡难与言童子①见，门人惑②，子曰："与其进③也，不与其退也，唯何甚④？人洁己⑤以进，与其洁也，不保其往⑥也。"

【注释】

①互乡：地名，不详。童子：少年。 ②惑：疑惑，不理解。 ③与：

赞许，支持。进：进步。 ④唯：为。甚：过分。 ⑤洁己：使自己的行为高尚，指改正了缺点。 ⑥保：保证。往：以后。

【译文】

互乡的一个很难和人说到一起的少年受到孔子的接见，学生们不理解，孔子说："支持他上进，不支持他退步，为什么要做得太过分？别人改正了缺点而上进，我鼓励他上进，不管他以后的表现如何。"

【解读】

所谓"难与言"，就是很难和他谈到一起。这种人爱抬杠，打横炮，强词夺理，其根源是表现欲强，特别固执，好占上风。久而久之，人们就不愿意和他讨论问题了。

看来孔子的学生们对这位童子的印象很糟，不理解孔子为什么要接见这样一个不可理喻的人。孔子觉得这个童子比过去有进步，有认错的表现。孔子的观点是不管他基础如何，也不管他今后会怎么样，只要他有上进的要求，就应该肯定和鼓励，接见他是对他的一种奖励，不可因为基础差而拒绝他。

这件事体现了孔子博大崇高的胸怀。一个高层级的学者，花时间会见一个"难与言"的少年，其宽厚的精神是很难得的。

7.31　陈司败①问："昭公知礼②乎？"孔子曰："知礼。"孔子退③，揖巫马期而进之④，曰："吾闻君子不党⑤，君子亦党乎？君取于吴⑥，为同姓⑦，谓之吴孟子⑧。君而⑨知礼，孰⑩不知礼？”巫马期以⑪告，子曰：“丘也幸⑫，苟⑬有过，人必知之。”

【注释】

①陈：陈国。司败：官名，掌管司法、刑狱、治安等。 ②昭公：鲁国国君，姓姬，名裯（chóu），死后谥为“昭”。知：懂得。礼：礼制。 ③退：从地位高的人面前离开。 ④揖：向人拱手作揖。巫马期：巫马施，字子期，孔子的学生。进之：让他走到自己跟前。 ⑤党：偏袒。 ⑥取：娶。吴：吴国。 ⑦同姓：鲁国国君和吴国国君都姓姬。⑧谓：称呼。吴孟子：指鲁昭公的夫人，按照习惯，她应该被称为“吴姬”。但因为有同姓不结婚的礼制规定，如果称为“吴姬”，就将违礼的行为显示出来了，所以只好称为“吴孟子”，“孟”是她的排行。 ⑨而：如果。 ⑩孰：谁。 ⑪以：将……。 ⑫幸：幸运。 ⑬苟：只要。

【译文】

陈国的司败问：“贵国的昭公懂礼制吗？”孔子说：“懂礼制。”孔子离开以后，这位司败向巫马期作揖，让他到跟前来，对他说：“我听说君子不偏袒自己人，难道君子也偏袒自己人吗？贵国国君从吴国娶了夫人，和国君是同姓，只好把她称作吴孟子。这位国君如果算懂礼制，那还有谁不懂礼制呢？”巫马期把这话告诉了孔子，孔子说：“我很幸运，只要有了过失，别人肯定能知道。”

【解读】

同姓的人不结婚，和今天主张近亲不结婚的道理一样。鲁昭公娶了吴姬，是违反礼制的行为。明知违礼还要做，可能是出于政治联姻的考虑。

臣民不能公开谈论君主的过失，这也是礼制的要求，在外国人面前说自己君主的不是，更有失体统，面对陈国的这位司败的问题，孔子只能硬着头皮维护昭公的体面。当事实被揭穿后，他反而落了个偏袒自己人的罪名，他只好认错，还得感谢人家为自己指出了错误。

这位司败明知昭公违礼，却故意发问，是要让孔子陷入两难的境地：如果说昭公不知礼，那就犯了言君父之恶的过错；如果说昭公知礼，那就是说谎偏袒。他对巫马期说了昭公违礼的事情，这是向客人指责人家君主的过错，让人家难堪，不能算是一个有教养的贵族所应有的行为。他在指责昭公不知礼的同时，也恰恰表现了他自己的不知礼。

孔子深谙礼义，其表现都很得体。第一，他不得不为昭公打掩护，因为臣子不可以谈论自己君主的过失。第二，他必须承认错误，因为毕竟是说错了。第三，他不能对这位司败表示不满，因为人家说的都是事实。他还得表示高兴，因为人家给自己指出了过错。第四，他不能揭穿这位司败的无礼，因为人家是主人，得照顾其体面。你对我不仁，我却不能对你不义。这体现了他的涵养气度，也体现了他的见识。

7.34　子曰："若圣与仁①，则吾岂敢？抑为之不厌②，诲人不倦，则可谓云尔已矣③。"公西华曰："正唯④，弟子不能学也。"

【注释】

①圣：道德、智能、功绩等达到最高层级的人。仁：仁人。　②抑：但是，连词，表示转折。厌：满足。　③云尔：如此。已矣：助词，表示限止，相当于说"而已"。　④正：诚，确实。唯（wěi）：对，是，表示肯定。

【译文】

孔子说："像圣人和仁人的高度，我哪里敢当？但是效法他们而从不满足，用他们的道理教导人们而从不厌倦，倒可以说是做到了。"公西华说："您确实是这样，学生却做不到这些。"

【解读】

说"则吾岂敢"是自谦，孔子内心是自许为圣人、仁人的。他这个人很有趣，总是转弯抹角地想把不便直说的东西告诉别人。主动点出圣和仁的境界与自己的联系，还说自己做到了"为之不厌，诲人不倦"，这样的表述，其实是对学生的一种提醒。《论语·宪问》："子曰：'君子道者三，我无能焉。仁者不忧，知者不惑，勇者不惧。'子贡曰：'夫子自道也。'"（14.28）明明做到了，却故意说"我无能焉"，与"则吾岂敢"异曲同工。子贡一句"夫子自道也"给捅破了玄机，让人忍俊不禁。

一般人内心对自己的评价往往会高于其实际表现，但在别人面前对自己的评价往往会低于其实际表现。孔子认为自己是圣人、仁人，又总说“则吾岂敢”“我无能焉”，这都是合乎情理的。

在当时，“圣人”的形象似乎不像后代人所想象的那样伟大到高不可攀的地步。孔子认为自己是圣人，他的学生们和其他人认为他是圣人，这都是合乎情理的。

7.37 子曰：“君子坦荡荡①，小人长戚戚②。”

【注释】

①坦荡荡：平坦宽广，比喻胸怀博大宽宏。 ②长：经常。戚戚：痛苦忧愁。

【译文】

孔子说：“君子的胸怀坦荡平和，小人总是痛苦忧愁。”

【解读】

君子以仁义为己任，不计较名利得失，有广博的知识和精深的见识，遇事能站在高的层面予以理解，视天下人为赤子，有博爱的胸襟。在此基础上，其心情便是坦荡平和的。一般人患得患失，见识狭隘，遇事没有相应的解释能力，所以其心情经常痛苦忧愁。

泰伯第八

逃家诚大孝，让国实高贤。
至德千秋服，无辞以赞焉。

直勇慎恭诚所贵，绞劳葸乱故宜除。
行为有礼持节制，君子中和治裕如。

君子笃于亲，则民共守仁。
不遗勳故旧，百姓志行惇。

战战兢兢行百事，临深履薄惧违仁。
从今以后吾知免，曾子临终诫谆谆。

发肤身体受于亲，不可毁伤必自珍。
曾子临终观手足，此生无愧励门人。

临死其言善，曾参此议颇。
暴君终怙恶，永远作虺蛇。

行端离暴慢，容顺近真诚。
言正辞粗鄙，修身作鲁卿。

能多咨拙寡，有实似虚无。
遭犯安无校，颜渊作范儒。

才寄一邦命，忠扶六尺孤。
临危能固执，君子自型儒。

为士当弘毅，终身勉负仁。
程途死而已，任重实躬亲。

立身宜循礼，入仕习于诗。
成就须知乐，依仁乃可期。

民可使由之。不能令晓知。
功成而获利，百姓始称宜。

好勇恶穷贫，常为惹乱因。
不仁排已甚，或亦致戕仁。

才美似周公，吝骄则路穷。
其余无可睹，难冀有成功。

三年从学后，不欲出为官。
此实难能者，仲尼刮目看。

笃信能和众，誓言可死仁。
终身皆好学，善道永遵循。

危邦休进入，乱国不留居。
有道才施展，政昏唱归欤。

河清贫且贱，君子耻无能。
道隐荣而富，贤人愧作塍。

行为须据礼，职责有分工。
非掌其权者，侵官实弊风。

师挚操音始，关雎演乐终。
洋洋乎满耳，孔子赞其工。

狂放而无直，愚蒙欠谨恭。
缺知常失信，君子斥而攻。

为学如驰逐，辛勤未达时。
虽然拼尽力，犹恐或遗之。

舜禹持天下，巍巍绩若山。
辛勤施治理，不肯事安闲。

唯天为最大，尧乃则之行。
荡荡巍巍状，时人不可名。

功绩巍巍壮，文章焕焕明。
唐尧诚圣主，千古颂河清。

唐虞之季斯为盛，理政人才自古稀。
舜有五人天下治，武王虽九亦堪奇。

三分天下居其二，服事殷家尚作臣。
周德巍巍称至极，和平禅代普施仁。

饮食疏菲孝鬼神，衣裳敝恶黻冠新。
宫居低陋勤沟洫，仲尼无间禹诚仁。

8.2　子曰："恭而无礼则劳[①]，慎而无礼则葸[②]，勇而无礼则乱[③]，直而无礼则绞[④]。君子笃于亲[⑤]，则民兴[⑥]于仁。故旧不遗[⑦]，则民不偷[⑧]。"

【注释】

①礼：对人的行为予以节制的种种规定。劳：劳累。　②葸（xǐ）：胆小怕事，畏首畏尾。　③乱：引发祸乱。　④绞：批评人的方式简单，不顾情面。　⑤君子：指统治者。笃：感情深厚。亲：父母等亲属。⑥兴：兴起，成为风气。　⑦故旧：指老的僚属。遗：遗弃，冷淡。⑧偷：不厚道，不守规矩。

【译文】

孔子说："执政者太谦恭而不懂礼度，就会很劳累；太谨慎而不懂礼度，就会畏首畏尾；太勇敢而不懂礼度，就会招致祸乱；太直率而不懂礼度，对别人就会简单粗暴。执政者对亲属感情深厚，百姓就能形成仁义的风气。执政者不遗弃老僚属，百姓就不会不厚道。"

【解读】

周代是礼治社会，孔子希望"克己复礼"，认为人的行为要受礼的节制。

谦恭是美德，但一味尊人抑己，该别人办的也都自己办了，自然就会劳累，这是不可取的。谨慎是美德，但过分谨慎，当断不断，既影响办事效率，又有损自己的形象，也是不可取的。勇敢是美德，但一味好勇，就容易莽撞蛮干，招致祸乱。正直是美德，但一味正直，患上道德“洁癖”，遇到别人不正直的情况就当面指责，简单粗暴，也是不得体的。调节这些不适当行为的尺度就是礼。

谦恭必须在礼度的节制下实行，对不同的人有不同的谦恭方式，不可以超越这些规定。谨慎必须在礼度的节制下实行，对于明显该办的事情却老是犹豫不决，也是失职的表现。勇敢的性格最容易闯祸，《论语·阳货》：“君子有勇而无义为乱，小人有勇而无义为盗。”（17.23）礼的精神就是义，勇敢必须在礼义的范围内使用。禀性正直的人往往会疾恶如仇，有时显得小题大做，并不得体。礼义和礼仪在这些方面有许多具体的规定和讲究，可以对这种批评或谴责行为予以规范，使之不造成负面作用。

儒家要求执政者“亲亲”，就是亲信和重用自己的亲属。所谓“笃于亲”，首先强调的是孝顺父母。能孝顺父母，说明本质上是有爱心的，他的品德可以起到表率作用，由近及远地影响到全国民众，百姓就能形成仁义的风气，这是使政治走向合理化的基础。

旧日的僚属因年迈而离职，没有了权势，君主往往会对他们冷淡，甚至会剥夺其应得的权益，显得很不厚道。如果统治者尊老，表现出爱心，也可以率领全国形成淳朴厚道的民风。《论语·颜渊》："君子之德风，小人之德草，草上之风必偃。"（12.19）强调的是执政者表率作用的重要。

8.5　曾子曰："以①能问于不能，以多问于寡，有若无，实若虚，犯而不校②，昔者吾友尝从事于斯③矣。"

【注释】

①以：在……情形下。　②犯：冒犯，侵犯。校（jiào）：对抗。③者：助词，用在表示时间的单音节词后，起增加音节的作用。吾友：人们认为指颜回。从事：实行。斯：这样的。

【译文】

曾子说："以多才多艺的身份而向没有才艺的人请教，以知识广博的身份而向知识少的人请教，有学问显得像没学问，知识充实显得像知识欠缺，受到别人侵犯而不计较，过去我的一位朋友曾经这样做过。"

【解读】

尺有所短，寸有所长，所谓能与不能、多与寡都是就某些事情进行比较的结果，而在别的方面就不一定会如此，所以要不耻下问，不计较别人的短处，而学习其长处，这才能使自己越来越完善。

“有若无，实若虚”，这种态度可以消除人际间由于知识等差异而产生的隔阂，实现融洽相处。如果喜欢炫耀，唯恐别人不知道自己的长处，显得很没有修养和城府，就可能伤及别人的自尊，招来讨厌，因而影响到团结合作。

“犯而不校”是指一种主动的宽容和退让，具备这样的胸怀需要高远的见识作为支撑。当一个人目标远大，学识融通，修养层级达到高位的时候，他对一些低层级的人和事会表现出理解和宽容，认为参与这样的事情毫无价值，计较低层级的人和事，其实也就是降低了自己的层级，其表现就是“犯而不校”。在这方面，汉代的直不疑的修养十分突出，同事丢了金子，错误地怀疑他，他竟然能承认是自己拿了，花钱买来金子给了人家。有人说他和嫂嫂私通，实际上他连哥哥都没有，但他也不向人声明。这算是“犯而不校”的典型了。

在不计较财利方面，东汉时的卓茂也很不一般。一次外出，有人说卓茂车上套的马是自家不久前才丢失的，他竟然不争辩，就将马解下来让那人牵走了。后来那人找到了自己的马，才将卓茂的马归还回来。这样的处世见识，只有在当时的人文环境中才能培养出来。

8.7 曾子曰：“士不可以不弘毅①，任②重而道远。仁以为③己任，不亦重乎？死而后已④，不亦远乎？”

【注释】

①弘毅：刚强，坚强。弘：强，坚强；毅：坚毅。 ②任：担子，喻指责任。 ③仁以：以仁，把仁……。为：作为。 ④已：停止。

【译文】

曾子说：“士人不应该不坚强，因为肩上的担子很重，要走的路很远。把实践和传播仁作为自己的担子，这不很重吗？这副担子要挑到死才放下，要走的路不很远吗？”

【解读】

士人的性格应该坚强，因为要挑着重担走远路，不坚强就挺不下来。刚毅的性格是在重担和毅力的对抗中磨出来的，只有磨出这种性格，才能经得起“任重而道远”的考验，否则干什么都将浅尝辄止，一遇困难就退下来。

仁的精神是克己利人，是要让全天下的人都过上好日子，让自己成为一个完美无缺的人。自觉地“仁以为己任”，还要“死而后已”，这是非比寻常的，孔门弟子能树起如此高不可攀的奋斗目标，其精神的价值是不言而喻的。

8.9 子曰：“民可使由[1]之，不可使知之。”

【注释】

①由：按照……做。

【译文】

孔子说："百姓，可以让他们照着上司的安排去做，不必让他们懂得这样做的道理。"

【解读】

在当时，国家和社会不对民众普及文化教育，文化学习只限于士阶层以上的人们，因而上层社会的人们与基层民众的知识结构悬殊，对问题的见解也悬殊。执政者提出的一些政策，往往因为伤害民众的眼前利益而遭到反对，要想通过讲道理而达成共识也不太可能。在这种情况下，一些政治家往往不顾民众反对而强行实施自己的主张，一方面为国家的长远利益着想，一方面也寄希望于成功之后再被人们理解。这样的例子是很多的。

《左传·襄公三十年》："子产使都鄙有章，上下有服，田有封洫，庐井有伍。大人之忠俭者从而与之，泰侈者因而毙之。……从政一年，舆人诵之曰：'取我衣冠而褚之，取我田畴而伍之。孰杀子产，吾其与之。'及三年，又诵之曰：'我有子弟，子产诲之。我有田畴，子产殖之。子产而死，谁其嗣之？'"

《史记·滑稽列传》："西门豹即发民凿十二渠，引河水灌民田，田皆溉。当其时，民治渠少烦苦，不欲也。豹曰：'民可以乐成，不可与虑始。今父老子弟虽患苦我，然百岁后期令父老子孙思我言。'至今皆得水利，民人以给足富。"

《史记·商君列传》："且夫有高人之行者固见非于世，

有独知之虑者必见敖于民。愚者暗于成事，知者见于未萌。民不可与虑始而可与乐成。论至德者不和于俗，成大功者不谋于众。”又云：“令行于民朞年，秦民之国都言初令之不便者以千数。……行之十年，秦民大说，道不拾遗，山无盗贼，家给人足。”

子产治郑，西门豹治邺，商鞅治秦，都顶着民众的反对而强行实施自己的主张，百姓“由”也得“由”，不“由”也得“由”。如果他们想先让百姓“知之”，等大家同意之后再“由”之，恐怕历史上就没有他们的名字了。

孔子的仁道主张都是立足于约束统治者而惠及平民的，是民众利益的代言人。他说“民可使由之，不可使知之”不能理解为怕百姓聪明起来而不好管理。他指的是一些像子产、商鞅、西门豹那样的新政，没有办法让百姓理解，理解了也不会同意，所以要强制执行。传统的政策施行已久，百姓不但能“由之”，而且也是能“知之”的，只有百姓一时所不能接受的新政，才会涉及“知之”的问题，在这些事务上，任何宣传和沟通工作都是徒劳的。

孔子的这一意见和西门豹、商鞅的“民可以乐成，不可与虑始”的观点异曲同工，并无不妥。就是在两千多年以后的今天，这一意见也有其局部的合理性。革新家和基层民众处在社会的两个极端，让他们事事附和民众不可能，通过教育宣传而使民众理解他们的主张也遥遥无期，好多事情都是强制推行起来的。等成果一出来，民众也就都能够理解了。

8.10　子曰：“好勇疾[1]贫，乱[2]也。人而[3]不仁，疾之已甚[4]，乱也。”

【注释】

①疾：厌恶。　②乱：祸乱。　③而：如果。　④已：太。甚：过分。

【译文】

孔子说：“喜欢武勇，不安于贫穷，会出乱子。别人不仁道，你对他厌恶得太厉害，也会出乱子。”

【解读】

在贫穷面前，性格勇敢的人容易铤而走险，用暴力手段劫取财物。孔子主张靠合法手段脱贫，提醒好勇的人不要走上暴乱的不归路。

对不仁的人当然要反对，但其态度和行为都不能太过分，要适可而止。比方说小偷盗窃，颇为可恨，但如果将小偷抓住而打残或打死了，这就是“疾之已甚”的结果，出了人命，当然就是乱子了。

孔子常和不仁的权贵打交道，并没有硬碰硬地冲突，这大概就是他对不仁者不“疾之已甚”的表现。他只是想从根本上进行消除不仁的努力，并不愿意针对具体的不仁个案进行激烈的斗争，认为这样做没有太大的意义。

8.13　子曰："笃[①]信好学，守死善道[②]。危邦[③]不入，乱[④]邦不居。天下有道则见[⑤]，无道则隐[⑥]。邦有道，贫且贱焉，耻也；邦无道，富且贵焉，耻也。"

【注释】

①笃：专一，程度深。②守死善道：守善道，死善道。守：奉行，维护；死：为……而死。③危：危险。邦：国家。④乱：动乱。⑤见（xiàn）：出现，指出来做官。⑥隐：隐居。

【译文】

孔子说："追求高度的诚实，酷爱学习，奉行和维护真理，勇于为真理而牺牲。有危险的国家不去，有祸乱的国家就离开。政治清明时就做官，政治黑暗就隐居。国家政治清明，自己却既贫穷也当不上官，这是耻辱；国家政治黑暗，自己却既有钱又当官，这是耻辱。"

【解读】

信是一切美德的基础，学是获得知识的方法，所以受到孔子的强调。奉行和维护善道，愿意为之牺牲，这是孔子的奋斗纲领。

孔子注重自己的生命，看到哪个国家有危险，就不再前往；所在的国家发生了祸乱，就赶快离开，都是怕殃及自己。

社会政治清明，是君子施展其治国才华的时候，所以出来做官，在这样的背景下富贵起来，说明自己有本事，是很光荣的。如果这时候还处于贫贱的地位，说明自己不成气候，所以是耻辱的。国家政治黑暗的时候急流勇退，这是洁身自好，也能不受黑暗势力的迫害。在这时候出来做官，富贵起来了，说明品质卑劣，所以是可耻的。

既说要勇于为善道而牺牲，又说要躲避危险和无道，这确实存在一个选择的问题。史鱼在无道面前宁折不弯，死时也要抗争，做出了“尸谏”的举动。蘧伯玉在无道面前“卷而怀之”，和孔子“邦无道则隐”的做法一样。孔子对他们都是赞赏的，但认为后者高出前者。孔子不主张和具体的无道个案做硬碰硬的抗争，而是主张避开无道。孔子的这种选择是有其道理的。豁出命来和具体的无道事件抗争，最容易牺牲自己，无论胜利与否，其实际的积极效应都是局部的，功利价值十分有限。

孔子也不是一遇无道就退让，《论语·卫灵公》：“志士仁人，无求生以害仁，有杀身以成仁。”（15.9）如果无道事件是直接针对自己的，要求自己在生命和仁道之间做出选择，他还是主张牺牲生命来捍卫仁道的。

8.14　子曰：“不在其位[①]，不谋其政[②]。”

【注释】

①位：职位。　②谋：谋划，考虑。政：政务。

【译文】

孔子说："不在那个职位上，就不考虑它的政务。"

【解读】

国家政务设官分职，是一个分工协作的运行系统，如果互相插手，就会干扰这个系统的正常运行。每个人应该干好职务内的工作，不可以越俎代庖。如果见事就管，就会侵犯有关系统的职权范围，这叫作"侵官"，现在叫作"越权"。地位低的官员不可以擅自处理上司该管的事，地位高的人也不可以直接处理下属分管的事。侵官现象往往和私利相关，会危害正常的工作秩序，所以应该禁止。

8.17　子曰："学如不及①，犹恐失②之。"

【注释】

①及：达到。　②失：失去，指遗忘。

【译文】

孔子说："学习就像追逐一个目标，只担心追不上它，即使如此，还怕把已经学到的东西再失去呢。"

【解读】

学习要有持之以恒的竞赛精神。"学如逆水行舟，不进则退”，讲的就是这个道理。就像在赛场上追赶跑在前面的人，要竭尽全力，只怕追不上。即使有了这样的精神和努力，也未必能都学好，仍然还担心学过的东西又被遗忘；如果没有这样的精神，那就更不行了。

8.18　子曰：“巍巍①乎！舜、禹之有天下也而不与②焉。”

【注释】

①巍巍：形容山高大。　②有：占有，享有。与（yǔ）：轻松，悠闲。

【译文】

孔子说：“他们的境界像山一样巍峨高大啊！舜和禹享有天下却从不悠闲。”

【解读】

帝王处在权力的巅峰，有条件享乐，但舜和禹却不如此，他们一生都身先士卒，与民众同甘共苦。舜为了给百姓做表率，曾经在历山耕作，在东夷烧制陶器，后来死在了南巡途中。禹为了治水，八年在外，三过家门而不入。这样的帝王，受到了人们普遍的赞誉，也受到孔子的崇拜。

8.19 子曰："大[①]哉！尧之为君也。巍巍乎！唯天为[②]大，唯尧则[③]之。荡荡[④]乎！民无能名[⑤]焉。巍巍乎！其有成功也。焕[⑥]乎！其有文章[⑦]。"

【注释】

①大：伟大。 ②唯：只有。为：最。 ③则：效法。 ④荡荡：比喻像大水一样广阔。 ⑤名：称道。 ⑥焕：光亮，鲜明。 ⑦文章：文采，喻指美德可观。

【译文】

孔子说："真伟大啊！尧作为君主。他像山一样崇高啊！只有天最大，只有尧能效法天。他的美德像江河水一样广阔啊！百姓没办法用语言赞美他。像山一样崇高啊！他做出了巨大的功绩。多么灿烂啊！他的美德放射出夺目的光辉。"

【解读】

尧的品德非常高尚，将全国治理得和睦团结。他能够敬天顺天，将百官管理得井井有条，各种事业兴旺发达。他在用人方面能够集思广益，任贤举能，奖惩分明，尤其是挑选了舜这样出色的接班人，将帝位禅让给他。从历史记载来看，所有圣明君主没有能超过他的。

孔子用高山、大水作比喻，极力地想表达出对尧的崇拜和赞美，这是从历史上找到了一位圣君的榜样，树起了一个他的全部理想的化身。

8.21　子曰："禹，吾无间[①]然矣。菲饮食而致孝乎[②]鬼神，恶衣服而致美乎黻冕[③]，卑宫室而尽力乎沟洫[④]。禹，吾无间然矣。"

【注释】

①间（jiàn）：非议。　②菲：菲薄，质量低。致：达到。孝：孝敬。乎：于。　③恶：质量低劣。黻（fú）冕（miǎn）：礼服和礼帽。黻：礼服；冕：礼帽。　④卑：低矮。沟洫：水渠。

【译文】

孔子说："禹，我没有任何批评了。自己吃得很简单，却对鬼神很孝敬；平时穿得很简朴，却将正式场合的礼服礼帽做得很华美；住的房子很简陋，却全力以赴地兴修水利设施。禹，我没有任何批评了。"

【解读】

君主祭祀鬼神，既是对去世的父母行孝，也是为国家和百姓求福。在正式场合的礼服讲究，表示对政务的严肃和重视。兴修水利设施，更是为国家和百姓做实事。禹作为君主而能如此克己奉公，是孔子认为的君主的榜样，也体现出他对当时君主们的谴责。

子罕第九

孔子稀言利，推崇命及仁。
自知肩任重，颠沛奋终身。

仲尼思执御，振策控乾坤。
政治行仁路，君臣入礼门。

仲尼称博学，无所立其名。
君子羞为器，谋求四海平。

事俭吾从改，行骄我拒随。
文明修礼度，孔子辨其宜。

凭空猜测常讹谬，必获追求亦昧愚。
固执主张多致乱，道高于己是真儒。

姬昌离世后，孔子受斯文。
天道垂无丧，匡人不足云。

仲尼遭困厄，弟子畏于匡。
己亥成三豕，弥缝训诂帮。

仲尼初位贱，鄙事故多能。
富贵难饶艺，贫寒志可恒。

多能称孔圣，夫子叹知音。
子贡言天纵，于师契合深。

无人用孔丘，从学艺多优。
倘使操权柄，无非管晏俦。

鄙夫来请教，孔子本无知。
询问周详后，其情亦尽窥。

凤鸟何时至？黄河不出图。
圣人年薄暮，休矣叹呜呼。

服衰宜穆待，冠冕亦尊崇。
瞽者当怜恤，作趋礼自衷。

夫子循循诱，礼文约博劳。
瞻前其在后，钻仰益坚高。
欲罢难休止，竭才以奋翱。
从之无路径，卓尔叹雄豪。

无臣虚作有，扮演欲谁欺？
子路行为诈，仲尼痛斥之。

门下营丧事，其荣固胜臣。
非殂于道路，葬格不须论。

仲尼如美玉，待价欲沽之。
韫椟藏而废，自非事所宜。

九夷诚鄙陋，孔子欲居之。
贤圣经行处，仁推俗自移。

自卫归于鲁，宫廷乐始端。
仲尼亲校订，雅颂得其完。

居家尊长上，在外奉公卿。
孝悌家庭好，忠诚政治平。
持丧能尽力，饮酒慎贪觥。
诸事谁如我？仲尼颇自荣。

时光如逝水，昼夜不停留。
子在河边叹，男儿当远谋。

凡人皆好色，乐德则诚稀。
孔子唏嘘叹，欲高道义卑。

积山将告竣，尔止我停忙。
填壑方开始，汝为朕力帮。

语之而不惰，孔子教颜渊。
向道如斯者，师生或夙缘。

唯见颜渊进，未能睹彼休。
仲尼深叹惜，惊异有斯俦。

苗成终未秀，虽秀竟唯糠。
日暮形枯落，徒经世一场。

后生宜可畏，来者或辉煌。
老大犹无闻，蓬蒿不远翔。

自当从正谏，改过则为宜。
皆喜温恭语，是非思乃知。
面从难痛改，窃喜不深思。
对此顽愚辈，仲尼甚卑之。

三军虽失帅，未必即崩颓。
人若无其志，此生即可哀。

满庭狐貉贵，子路敝缊袍。
坦荡无求忮，行贤足以豪。

子路终身诵，师称品格臧。
仲尼施谴责，如此则难良。

岁至严寒日，柏松乃后彫。
滔滔天下恶，君子志行超。

知者无迷惑，仁人不患忧。
勇徒能敢往，君子尽追求。

勉学求通道，知仁欲立身。
有成能取舍，方可论为人。

原本不曾思，托言室远离。
假如真喜好，何惧路逶迤？

子罕第九

9.1 子罕言利，与[1]命与仁。

【注释】

①与：认可，赞许。

【译文】

孔子很少谈财利的事情，重视命运和仁德。

【解读】

孔子重视仁、礼、道、义等范畴的内容，主张财利要在义的节制下获得，所以只要“道”能到位，一切事情就迎刃而解了，所以他很少谈及财利之事。

命的事情孔子谈得也不多，因为这个问题有点神秘，估计他也搞不清楚，所以也就谈得少。但不谈不等于不重视，《论语·述而》：“加我数年，五十以学《易》，可以无大过矣。”（7.17）将无过的希望寄托在占筮上，并且说“五十而知天命”，把知命当成了自己人生道路上的一个里程碑，说明他认可命的研究范畴，下了不少功夫。

仁是儒学的核心，孔子孜孜不倦地宣传和倡导仁，不肯将仁的奖牌颁发给当时的任何人，是因为整体的仁太完美，没有人能达到。但社会上不是没有仁，人们还是能不同程度地做到仁的。《论语·雍也》："回也，其心三月不违仁，其余则日月至焉而已矣。"（6.7）

9.2　达巷党人①曰："大②哉孔子！博学而无所成名。"子闻之，谓门弟子曰："吾何执③？执御④乎？执射⑤乎？吾执御矣。"

【注释】

①达巷：街巷名称。党人：乡人，里人。　②大：伟大，了不起。③何执：执何，做什么。执：从事。　④御：驾驭马车。　⑤射：射箭。

【译文】

住在达巷的一个人说："了不起啊孔子！什么都学习，却没有成名的专长。"孔子听到了他的议论，对学生们说："我做什么好？驾车呢？还是射箭呢？我驾车吧。"

【解读】

孔子多才多艺，但他主张"君子不器"（参见2.12），其理想是成为政治家，而不是成为具有某一技艺专长的人。这位达巷党人在挖苦孔子，说他见什么学什么，却哪一项也不出名。这是因为他不理解孔子的价值观。孔子说，如果非让我选一项技艺来靠它成名的话，那我就选"御"。并不是说他偏爱驾车，而是让学生体会其中的寓意。

战车上有军官，有武士，还有御者，各司其职。御者要控制战车的路线，该快该慢，该停该转，都由他来掌控。如果御者不能很好地驾驭，军官的指挥意图就不能实现，武士作战也会受到影响。离敌人太远了，戈矛够不着，太近了会与敌方纠缠在一起。该追击了，战车跑不起来，会失去战机。该撤了，战车陷进了泥坑里，就被敌人追上了。如果选路不当，还会使战车倾覆。国家政治也像是一辆战车，尽管有国君，但战车的行驶却是掌控在执政大臣手中的。孔子就是想当国家政治的御者，要振长策而御宇内。

如果孔子从一开始就想靠一艺成名，那就不会有后来的孔子了。想靠射箭成名，最多也就是个养由基。想靠数学成名，最多也就是个祖冲之。他坚持“君子不器”的理念，不将自己捆绑在一才一艺上，最终成了多才多艺的通才，也是修己治人的专才。

9.4 子绝①四：毋意②，毋必③，毋固④，毋我⑤。

【注释】

①绝：杜绝，没有。 ②毋：不。意：凭空猜测。 ③必：非实现某一具体目的不可。 ④固：坚持己见。 ⑤我：以自己为中心。

【译文】

孔子杜绝四种情况：遇事不凭空猜测，不非要实现某一具体目的不可，不坚持己见，不以自己为中心。

【解读】

遇事猜测是正常的，但如果没有事实证明，就不能仅凭猜测做出评断。过分相信猜测，往往会造成失误。

有的人往往在一些具体的事情上不达目的决不罢休，这种做法就叫“必”，往往要付出太多的时间、财力、精力等，从理性的角度看是不可取的。知难而进的是英雄，知难而不进的也是英雄，知难而退的往往更是英雄，关键要看那些所谓的“难”有无被战胜的必要。

人们往往会对自己的意见十分坚持，遇事非要争个高低。这种在一些微观的事情上不肯让步的做法是没有积极意义的，对与不对都无关大局。不但怄气伤神，还会将人际关系搞得很紧张，最终令人敬而远之。

孔子很清楚自己的“道”的来源：一是古人，一是时人。道来源于外界，服务于外界，在这样的认识基础上，个人的权重就被弱化了。在一般人心目中，什么都围着“我”转，特别把自己当根葱。孔子的心目中是“道”高于一切，在道的面前，个人是渺小的，自己也不能例外。

意、必、固、我是一般人难以避免的，孔子能够“绝”，正是他的过人之处。

9.5　子畏于匡①，曰：“文王既没②，文不在兹③乎？

天之将丧斯④文也，后死者不得与⑤于斯文也；天之未丧斯文也，匡人其如予何⑥？”

【注释】

①畏：害怕。匡：地名。鲁定公十四年，孔子离开卫国要到陈国去，经过匡。鲁国的大夫阳货曾经对匡地的人施暴，而孔子的长相和阳货有点像，匡人将他当成了阳货，把他包围起来，围困长达五天。 ②既：已经。没（mò）：死。 ③文：文德，指一切美德的总和。兹：这里。 ④丧：断绝，消灭。斯：这。 ⑤与：涉及，接触到。 ⑥其：能。如：把……。予：我。何：怎样。

【译文】

孔子被围在匡，学生们很害怕，他说：“文王死了以后，文德难道不在我身上吗？天如果将要断绝这种文德，死在文王之后的人就不能接触到这种文德了；天如果不断绝这种文德，匡人能把我怎样？”

【解读】

《谥法》关于“文”的规定很多，适合于周文王的应该是“经天纬地”和“道德博厚”。周文王是商朝的诸侯，却能够三分天下而有其二，靠的就是他的文德，被孔子赞许为“至德”。在古人的观念中，文德是一切美德的总和，属于最高层级的大德。

孔子认为自己是文王之德的唯一继承人和传播者。文王以来，还真的没有像他这样以仁为己任而终身关注、研究、传播文德的人，他说“斯文在兹”不能算吹牛。

文王是获得天命的人，现在继承和推广文德的事情落在了孔子肩上，他当然会想到自己也应该是获得了天命的人。天道向善，不会灭绝文德，自己自然也会得到天的保佑，匡人和天作对，当然是不值得害怕的，可见他认为自己已经是圣人了。

《史记·孔子世家》：“匡人拘孔子益急，弟子惧，孔子曰：‘文王既没，文不在兹乎……’”可见当时是弟子们惧怕，孔子说了这段话来安抚大家，他自己并不害怕。这一记载来源于《论语》，而《论语》却是“子畏于匡，曰：‘文王既没，文不在兹乎……’”在事理上是有矛盾的。笔者怀疑《论语》这里的文字本来应该是“弟子畏于匡，子曰：‘文王既没，文不在兹乎……’”这样才能既和《史记》的记载吻合，自身内部也不会矛盾。有可能是《论语》这里在传抄中先脱去了“弟”，人们又因而删掉了“子曰”的“子”，这样一来，“弟子畏于匡，子曰”就变成了“子畏于匡，曰”。

9.6　太宰①问于子贡曰：“夫子圣者与②？何其多能③也？”子贡曰：“固天纵④之将圣，又多能也。”子闻之，曰：“太宰知⑤我乎！吾少也贱⑥，故多能鄙事⑦。君子多乎哉⑧？不多也。”

【注释】

①太宰：官名，在百官中地位很高。这位太宰的有关情况不详。 ②夫子：指孔子。圣者：圣人。与（yú）：助词，表示疑问语气。 ③何其：怎么如此。能：才能。 ④固：本来。纵：不限制，给予方便。 ⑤知：理解。 ⑥也：助词，用在表示时间的单音节词后面，调节音节节奏。贱：地位低。 ⑦鄙事：低地位的人所从事的技艺。 ⑧君子：指贵族。乎哉：助词，表示疑问语气。

【译文】

太宰问子贡说："你的老师是位圣人吗？怎么那样的多才多艺呢？"子贡说："本来就是天要让他即将成为圣人，又让他多才多艺的。"孔子听说了他们的对话，说道："太宰理解我啊！我小的时候地位卑贱，所以学了许多贵族所瞧不起的技艺。贵族子弟的才能多吗？不多的。"

【解读】

仪封人曾经认为孔子是天派来的"木铎"，这位太宰又认为孔子是"疑似"的圣人，凡是和孔子打过交道的人都感觉到他不同寻常，这说明孔子的表现确实很不一般。

子贡不好说孔子已经是圣人了，毕竟孔子只有圣人的资质，还没有突出的业绩，但他却给孔子加了一个天的光环，这也许是借天来包装和炒作孔子，也许是他真的认为孔子有天命因素。

子贡说了两个意思：天要让孔子成为圣人，孔子的才艺是天给的。孔子对第一个意思不置一词，反而感慨地说了句“太宰知我乎”，这是对自己圣人地位的认可，也是对“天纵”说的默认，显然他也认为自己获得了天命支持。当时是有神论社会，鉴于孔子的特殊表现，鉴于人们对孔子的高度评价，他们师徒产生这样的看法是可以理解的。对于“天纵将圣”，这只是冥冥中的一种感觉，但自己的才艺不是天给的，孔子比谁都清楚：我的才艺是贫贱的境况逼出来的。孤儿寡母，为了生活，不得不学这学那。所谓寒门出贵子，就是这个道理。孔子进而沾沾自喜地说：“那些纨绔子弟能有这么多的本事吗？不可能的。”

父亲曾经是大夫，按说孔子的出身不能算卑贱，但他出生不久父亲就死了，母亲带着他住到了阙里。孔家还有其他人口，为什么他们母子要搬出来？母亲去世后，他要将父母合葬，却不知道父亲的坟墓所在，为什么母亲一直不肯告诉他父亲的墓地？这些事情恐怕都和他的父母是“野合”的说法有关。这些迹象都表明，即使孔家很富有，也都和他们母子没有关系。在贫贱的环境中，孔子不得不学习各种“鄙事”，甚至会种粮种菜。贵族子弟养尊处优，不需要学习这些“鄙事”，因而也往往无能。贫贱逼出了他苦学的精神，也逼出了他自强的性格，埋下了他后来学说中种种有关的基因。

9.7　牢①曰：“子云：‘吾不试②，故艺③。’”

【注释】

①牢：孔子的一名学生。 ②试：任用。 ③艺：有才艺。

【译文】

子牢说："老师说过：'我不被任用，所以学到了技艺。'"

【解读】

由于不被当权者起用，孔子便从事学习和研究，因而多才多艺。这确实是孔子能有巨大成就的重要原因，不是他自己说出来，也许这一点还不会被人们注意到。孔子仕途顺利的话，就会被政务缠身，最多成为子产、晏婴那样的治国能臣，其发展轨迹就是另一种情况了。

杜甫《天末怀李白》："文章憎命达，魑魅喜人过。"韩愈《柳子厚墓志铭》："然子厚斥不久，穷不极，虽有出于人，其文学辞章必不能自立以致必传于后如今，无疑也。"孔子说他"不试，故艺"，李白、柳宗元都是命不达而有文章，这些事情好像都很类似。

9.8 子曰："吾有知乎哉①？无知也。有鄙夫②问于我，空空如③也，我叩其两端而竭④焉。"

【注释】

①知：知识，见识等。乎哉：助词，表示疑问语气。 ②鄙夫：没有

知识的人。 ③空空：形容一无所知。如：……的样子。 ④叩：问。两端：事情的对立的两个方面。竭：穷尽，指将问题的情况都搞清楚。

【译文】

孔子说："我有高超的见解吗？没有什么高超见解。当没有知识的人问我问题时，我本来对他问的事情一无所知，但是我从事情的正反两个方面详细地反问他，就能把他的问题搞清楚。"

【解读】

孔子名声大，人们就可能什么事情都来请教。其实每个人都有知识盲区，圣人也不是"万事通"。但世间的事情往往在原理上有其共同之处，比如大部分人都没有学过法律，但是针对具体的案情，大家对是非和量刑的判断往往能和法庭的判决没有太大的出入，依据的就是事物之间的一些共同原理。虽然不是某一领域的研究专家，却不一定就不能给人当参谋。

孔子讲了他的诀窍，就是向提问的人做详细的询问，将正、反面的情况都了解清楚。问题的细节清楚了，就能根据事物的共性原理而给人当参谋了。这种情况相当普遍，贤达总是要帮鄙夫拿主意的，不仅仅是孔子会遇到这样的问题。

9.11 颜渊喟然[①]叹曰："仰之弥[②]高，钻之弥坚[③]。瞻[④]之在前，忽焉[⑤]在后。夫子循循然善诱[⑥]人，博我以文[7]，约[8]我以礼，欲罢[9]不能，既竭吾才[10]。如有所立，卓尔[11]，虽欲从[12]之，末由也已[13]。”

【注释】

①喟（kuì）：象声词，表示叹息的声音。然：……的情状。 ②仰：仰视。弥：更加。 ③钻：钻孔，比喻钻研。坚：坚硬。 ④瞻：瞻仰，向前看。 ⑤忽焉：忽然。 ⑥夫子：指孔子。循循：形容有顺序，有条理。诱：诱导，引导。 ⑦博：广博，丰富。以：用。文：文献知识。 ⑧约：约束。 ⑨罢：停止。 ⑩既：已经。竭：用尽。才：才能。 ⑪卓：高超。尔：……的情状。 ⑫从：跟随，指效仿。 ⑬末：没有。由：路径。也已：助词，表示肯定语气。

【译文】

颜渊长叹着说：“老师的学识，抬起头来仰视，觉得越来越高大。用力钻研，觉得越来越坚硬。抬头看见它在自己前面，忽然又觉得它在自己后面。老师善于很有顺序地诱导我们，用文献材料使我们的知识广博起来，用礼来约束我们的行为，让我们想停止学习都不能，已经将我们的才能都在学习上用尽了。老师如果有建立起来的新观点，都是很高超的，我们虽然想学着他的样子做，却没有路径。”

【解读】

颜渊对孔子的学说非常忠实，是一个能身体力行的学生，似乎和孔子各方面的表现都很接近，受到孔子高度的评价，已经成了孔子的精神寄托。

颜渊对孔子的这番评论包含了几方面的内容：一是显示了孔子强大的知识魅力，让学生觉得高不可攀，把握不定；二是显示了孔子出色的教学能力，将学生的学习积极性调动到了极限；三是显示了孔子成功的教学效果，使学生不但接受锻造，而且产生了和他攀比的念头。最后一点最为重要，体现了教学活动的终极目的。

教学就像教戏，希望学生将来也能唱好这一出，如果学生只听戏而不学戏，那就成了给教师坐场的了。孔子能使学生“欲从之”，可见他所达到的层级是最高的。

9.12 子疾病①，子路使门人为臣②。病间③，曰：“久矣哉④！由之行诈⑤也。无臣而为⑥有臣，吾谁欺⑦？欺天乎？且予与其⑧死于臣之手也，无宁死于二三子⑨手乎？且予纵不得大葬⑩，予死于道路乎？”

【注释】

①疾：生病。病：病重。 ②门人：学生。臣：指丧事中料理各种事务的臣僚。古代诸侯的丧事，许多事务由臣僚办理。春秋之时人们僭越礼制，可能大夫们的丧事也有仿照诸侯的规格而由臣属办理的。孔子病重，子路让学生们扮演臣的角色，是想用大夫的规格为孔子办丧事。 ③间：病情好转。 ④矣哉：助词，表示感叹语气。 ⑤由：子路。诈：欺诈，不老实。 ⑥为：搞成。 ⑦谁欺：欺谁，骗谁。 ⑧且：

况且。与其：连词，比较两件事而决定取舍时，“与其”用在被放弃的一面。 ⑨无：不。宁：宁肯。二三子：对数量不多的人们的敬称，等于说“诸位”。 ⑩纵：即使。大葬：高规格的埋葬，指以大夫的礼制埋葬。

【译文】

孔子病重了，子路让学生们以家臣的身份为他料理后事。孔子的病情好转了，说道：“很久啦！仲由的行为不老实。我本来没有家臣，他却搞成有家臣的场面，我骗谁？骗天吗？况且我与其死在家臣的手上，不如宁肯死在你们各位的手上吗？况且我即使享受不到大夫规格的葬礼，难道我是死在路上没人管了吗？”

【解读】

孔子在鲁国当过司寇，是大夫身份，后来离职而去，就是士人了。诸侯的丧事由臣僚办理，大夫们僭越礼制，也让家臣为自己办理丧事。孔子不是大夫，他死了，丧事由学生们操办。这些学生不能以家臣的身份出现，否则也算僭越。人们爱在这类事情上向上攀比，没有家臣也想摆出有家臣的派头。让同学们扮演家臣，是想把孔子的丧事办得风光一些，子路本来就是个好面子的人。

孔子一辈子反对别人僭越，临了自己却装起大夫来，这不是打自己的脸吗？子路总是给他添乱，一会儿要为他祈祷鬼神，一会儿又乘他昏迷而安排人给他装家臣，所以把他气得不轻：早就看你小子不老实，明明不是大夫，却装什么大夫，我是不是大夫，天会不知道？大夫算个鬼？我是死在大夫的家臣手里体面呢，还是死在自己的学生手里体面呢？就算我不能按大夫的规格安葬，难道我成了死在路上没人收尸的孤魂野鬼了吗？

“且予与其死于臣之手也，无宁死于二三子手乎”，反映出了孔子的一个认识：当一个成功的教师比当一个官僚要光荣。官僚死了，下属给办丧事，那是世俗。教师死了，学生给办丧事，这是高雅。子路偏偏没有想到这一点，他让同学们都换成家臣的身份，把体面事办得不体面了，还要背上僭越的罪名，难怪孔子连珠炮似的“乎”了他半天。

9.13　子贡曰：“有美玉于斯①，韫椟而藏诸②？求善贾而沽③诸？”子曰：“沽之哉！沽之哉！我待贾者也。”

【注释】

①斯：这里。　②韫（yùn）：藏。椟（dú）：柜子。诸：之，兼表示疑问语气。　③善：好的，理想的。贾（jià）：价钱。沽（gū）：卖。

【译文】

子贡说：“这里有块美玉，是放在柜子里藏起来呢？还是讨一个好价钱而卖掉呢？”孔子说：“卖掉它，卖掉它，我就是等好价钱的。”

【解读】

孔子是人中极品，相当于玉中的和氏璧了，一定能卖出好价钱，关键是卖不卖的问题。孔子一向洁身自好，不肯和坏人合作。当时天下礼崩乐坏，到处都是“无道”，根本没有他这只凤凰可栖的梧桐。如果他不放弃原则，就只好将自己这块美玉永远地“韫椟而藏之”了，等藏到棺材里的那天，那还能叫玉吗？市场就是这么个市场，要卖就是卖给桀、纣，孔子一直被这样的问题困扰着。

孔子的利益是和弟子们的利益绑在一起的，他这块大玉一出手，大家也就搭配出去了。就算他和颜渊、子路等人可以“韫椟而藏之”，但像冉有、子贡这样的人却不可能不急。生命有限，谁耗得起啊？关键就看孔子肯不肯把原则“变通”一下了。这个问题不好直问，子贡就搞了个美玉的比喻来试探。

孔子早就心里有底了，反正子贡也不是外人，不需要犹抱琵琶半遮面：管他有道无道，给好价钱我就卖了，我比你们还急呢。

孔子的“变通”出于无奈，但也是明智而现实的。“韫椟而藏”无异于自杀，所以他早就有了一套和无道的现实和平共处的应对方案。《论语·阳货》：“佛肸召，子欲往，子路曰：‘昔者由也闻诸夫子曰：亲于其身为不善者，君子不入也。佛肸以中牟畔，子之往也如之何？’子曰：‘然。有是言也。不曰坚乎？磨而不磷。不曰白乎？涅而不缁。吾岂匏瓜也哉？焉能系而不食？’”（17.7）这则材料可以说明三个问题：一是孔子决定和“亲于其身为不善者”合作了，二是合作时能做到居污泥而不染，三是再拒绝合作就没有机会了，就成了“系而不食”的葫芦了。可见他比子贡考虑得还要成熟而具体。

9.14 子欲居九夷①，或②曰：“陋③，如之何④？”子曰：“君子居之，何陋之有⑤？”

【注释】

①九夷：东部的少数民族叫作“夷”。马融注：“九夷，东方之夷，有九种。” ②或：有人。 ③陋：鄙陋，指各方面都落后。 ④如之何：怎么办。 ⑤何陋之有：何有陋，哪里会陋。之：结构助词，连接前置的宾语“陋”和动词“有”。

【译文】

孔子要住到九夷地区去，有人说：“那里落后，怎么办？”孔子说：“君子住到那里，怎么还会落后？”

【解读】

在古代，华夏地区的发展领先于周边的少数民族，所以人们不愿意住到那些地方去。孔子想住到九夷去，可能有两个原因。

第一，是他的主张在华夏地区不能推行，所以对华夏之人有了厌弃情绪，不是想到九夷去，就是想到海外去，原因都一样。越是欠发达的封闭地区，其民风越淳朴，龌龊的事情也越少，成为相形之下的桃花源，失意文人往往将这些地方视为理想的人居环境。孔子想住到九夷去，是出于一种归隐者的心态，想去追寻清净和安宁。

第二，是想寻找新的试验基地。孔子周游列国，就是想找到一块试验田，能让他行其道，从而发展起来，影响天下。在华夏各国发展无望的情况下，将目光投向少数民族地区，也不是不可能的。当年吴太伯跑到了南方的蛮荒之地，当地人拥护他，最终在那里建立了吴国，就是一个典型的例子。孔子夸赞太伯的品德至高无上，说不定也想像太伯一样到少数民族地区去开创一番事业。哪里最落后，哪里就最容易成为英雄的用武之地。“君子居之，何陋之有”，孔子信心很足：等我去了那里，那里就不陋了，要不是因为它陋，我还不去呢。但是孔子这时显然已到晚年，不是创业的年纪了，所以没有将这一设想付诸实施。

9.16　子曰：“出则事公卿①，入则事父兄②，丧事不敢不勉③，不为酒困④，何有⑤于我哉？”

【注释】

①出：在外。事：侍奉，为……做事。公卿：指国家的重要大臣。②入：在家。父兄：指长辈。　③勉：尽力。　④为：被。困：控制，指喝醉。　⑤何有：有何，有什么，表示都能做得很好。

【译文】

孔子说："在外侍奉国家的大臣们，在家敬奉长辈，为别人办丧事时不敢不尽力，从来不喝醉酒，对我来说，做到这些算什么呀？"

【解读】

努力为公卿做事，是对自己的公职任务负责，也就是对国家负责，是忠的表现。敬奉长辈，是孝悌的表现。丧事是别人家的大事，自己在帮忙时能做得很周到，是信的表现。从来不喝醉酒，是行为严谨的表现。这都说明孔子是一个对社会、家庭、他人、自己都很有责任心的人，他能把这些事情都做好，就为学生做出了榜样。孔子将这些优点讲出来，还显示出自豪的情态，可能是想提醒学生们在这些方面多加注意。

9.17 子在川①上曰："逝者如斯②夫！不舍③昼夜。"

【注释】

①川：河流。 ②逝：流逝，指时间过去。斯：此，指流水。 ③舍：停止，停留。

【译文】

孔子在河边说："流逝的光阴就像这水一样啊！昼夜都不停留。"

【解读】

凡是好学勤奋而想有所作为的人，都会有这种时光如流水般一去不返的惋惜感慨。《尚书·泰誓中》：“我闻吉人为善惟日不足……”，这是最早的珍惜时间的记载。孔子的人生目标非常远大，所以更容易感觉到时间的珍贵。人在晚上要睡觉，时光却在晚上也不停留，孔子大概恨不得晚上也能坚持工作，和时间赛跑。

9.19　子曰：“譬如为①山，未成一篑②，止③，吾止④也。譬如平⑤地，虽覆⑥一篑，进⑦，吾往⑧也。”

【注释】

①为：做，指堆积。　②篑（kuì）：筐子。　③止：中止。　④止：停止。　⑤平：填平。　⑥覆：倾倒，指从筐子里倒出土。　⑦进：继续做。　⑧往：前往。

【译文】

孔子说：“就像堆土山，只差一筐土就堆成了，你却中止了，我也就不去帮你堆了。就像要填平地上的坑，虽然才往坑中倒了一筐土，你还在继续干着，我就去帮你填。”

【解读】

有的人学习已经有了很好的成绩，继续努力就能达到一定的高度，但却在这时中止了学习，是很可惜的。有的人学习起步晚，但孜孜不倦。对这两种人，孔子愿意教后者。不管你水平多么低，也不管什么时候能教成气候，只要你有上进的意愿，他就肯教。不管你基础多么好，只要你自己不肯上进了，他就不对你说一句话了。孔子的态度是鼓励上进，反对怠惰，重视学习精神，不论学习基础。

9.23　子曰：“后生可畏①，焉知来者之不如今也②？四十、五十而无闻③焉，斯亦不足畏也已④。”

【注释】

①后生：年龄小的人。可：值得。畏：实际含义为重视。　②焉：怎么。来：未来，将来。也：助词，表示疑问语气。　③闻：名声。　④斯：则，就。亦：也。足：值得。也已：助词，表示肯定语气。

【译文】

孔子说：“年轻人是值得重视的，怎么就能断定将来的人会不如现在的人呢？如果是活到四十、五十岁了还没有什么名声，也就不值得重视了。”

【解读】

年轻人富于春秋，精力旺，可以拼搏。人一老就定型了，其学术或事业的活动往往就会停止，不会有大的成果拿出来了。老年人的未来是个已知数，年轻人的未来却是个未知数。后生可以超过先生，也可以不如先生，所以孔子说“焉知来者之不如今也”。孔子这样说，意在鼓励年轻人奋进，力争取得比前辈更大的成就。

人到四五十岁的年龄，在古人就算步入老年了，这时候还没有什么名声，孔子就觉得他不会有什么成就了。

9.26 子曰：“三军可夺帅①也，匹夫②不可夺志也。”

【注释】

①三军：较大的诸侯国都建有三支军队，所以用“三军”来指军队。夺：失去。帅：军队的最高指挥官。 ②匹夫：男性平民。

【译文】

孔子说：“三军可以失去元帅，一个普通人不可以失去志气。”

【解读】

元帅对于军队固然重要，但军队失去了元帅未必就会打败仗，还有副帅可以顶上来。一个普通人如果失去了志气，就不会有什么进步，会活得很窝囊，立不起个人架子来了。立大志往往可以成大事，立小志也能成点小事，人要是没有了志，就将一事无成。孔子就是从匹夫起步的，所以深谙立志的重要性。

9.27 子曰："衣敝缊[①]袍，与衣狐貉者立而不耻[②]者，其由也与[③]？'不忮不求[④]，何用不臧[⑤]？'"子路终身诵[⑥]之。子曰："是道也[⑦]，何足以[⑧]臧？"

【注释】

①衣（yì）：穿。敝：破旧。缊（yùn）：旧丝绵。 ②狐貉（hé）：指用狐与貉的皮做成的大衣，比较贵重。貉：外形似狐，毛为棕灰色。耻：羞愧。 ③其：应当，表示肯定性的推测。由：子路。也与（yú）：助词，表示商询语气。 ④忮（zhì）：嫉妒。求：贪求。 ⑤何用：用何，为什么。用：以，因为。臧（zāng）：善，好。"不忮不求，何用不臧"出自《诗经·邶风·雄雉》。 ⑥终身：一直。诵：念诵。 ⑦是：这。道：做法。 ⑧足以：能够。

【译文】

孔子说："穿着破旧的棉袍子，和穿着皮大衣的人站在一起而不觉得羞愧的人，应当只有子路吧？《诗经》上说：'不嫉妒不贪求，为什么会不好？'"子路听了，就一直念诵这两句诗。孔子说："你这样做，怎么能算是好？"

【解读】

在有钱有势的人面前自惭形秽，是见识层次不高的表现，往往折射出对富贵的贪恋和嫉妒。君子和人比的是学问和道德，靠财富和权势而自豪，是很庸俗幼稚的。子路是个仗义疏财的人，自己衣衫破旧，对朋友却一掷千金，站在那些衣着光鲜的“钱串子”面前，不仅不自惭形秽，甚至还可能扬扬自得。这样两种人站在一起，可能互相都瞧不起对方。富贵并不一定就高贵，贫贱并不一定就下贱。子路仗义好勇，善治军，能执政，浑身都是美德和本事，在有钱人面前自然不会有底气不足的心理障碍。有了这样的见识，其目标就会远大而高雅，所以说“何用不臧”。

孔子和他的学生们构成了一个特殊的小社会，俨然成了一切思想、政治、伦理、道德的最高裁判委员会，他们的意见就是真理和法则。孔子是个核心，他的话具有仲裁的作用。学生们都希望得到他的评价，从而知道自己在这个小社会中的地位。

孔子夸子路“不忮不求，何用不臧”，子路老念诵这两句诗，这可以达到两个效果：一是表明自己喜欢这样的美德，这两句诗成了他的座右铭；一是提醒人们，这可是老师对我的评价，你们该怎样看待我，自己看着办。听到表扬就炫耀不止，恰好暴露了子路修养和志趣有缺陷的一面，孔子当头又给了他一棒子：“不忮不求”只是个好的起点，并不等于已经到了终点。这样的修养和志趣，怎么能登上君子的高峰？

9.28 子曰：“岁①寒，然后知松柏之后彫②也。”

【注释】

①岁：年月。 ②彫：凋零，指树叶落下。

【译文】

孔子说："在寒冷的年月，方能显出松树和柏树的叶子最后才凋落。"

【解读】

一般情况下，君子和小人的表现并没有太多的明显区别，很难彰显出人品性质的差异。但是在严酷的环境中，面对进与退、生与死的抉择，不同的人品性质就表现出来了。

9.29 子曰："知者不惑①，仁者不忧，勇者不惧。"

【注释】

①知（zhì）：智，聪明。惑：困惑，迷惑。

【译文】

孔子说："智慧的人不困惑，仁义的人不忧虑，勇敢的人不畏惧。"

【解读】

智慧是人的知识和见识积累的结果。勤于思考和善于思考的人，遇事能有合乎逻辑的推断和认识，对任何情况都能充分解析，不会这也想不通，那也不理解，所以是"不惑"的。有仁德的人以天下为己任，以克己利人为原则，置个人利害于度外，心胸宽广，见识高远，至少是不做亏心事，所以豁达大度，无所忧虑。所谓“君子坦荡荡，小人长戚戚”，就是这个道理。勇敢的人有英雄主义精神，勇于负责，勇于牺牲。他们会形成勇敢崇拜观念，越是常人感到畏惧的事情，越容易引发他们强烈的参与兴趣，所以是“不惧”的。

智、仁、勇形成了相对独立的人格，人们往往会单独地品评某人在某一方面所达到的境界，形成了尚智、尚仁、尚勇的不同观念。战国时期的纵横家都是智囊，他们是尚智的。儒家提倡仁政王道，是尚仁的。游侠重信用，讲义气，轻用其身，是尚勇的。尚智者往往不论是非，以追求事情的成功为目标，使些阴损的招数。尚仁者往往不分轻重，计较小事，取舍失当。尚勇者往往任侠使气，不顾其对象和利害，什么事都敢做。在这种情况下，人们又提出了大智、大仁、大勇的观念，给尚智和尚勇者注入道义因素，给尚仁者注入理智因素，想使三者融为一体，孔子就是这一主张的倡导者。《论语·宪问》：“子曰：‘君子道者三，我无能焉：仁者不忧，知者不惑，勇者不惧。’子贡曰：‘夫子自道也。’”（14.28）在这里，智、仁、勇都被列入了君子品行的细目中，可以相得益彰了。

9.30　子曰：“可与共学，未可与适道[①]。可与适道，未可与立[②]。可与立，未可与权[③]。”

【注释】

①适：往，到……去。道：真理性的思想体系。 ②立：树立起来，指达到一定的高境界。 ③权：权衡，分析事情的轻重缓急，采取灵活多变的应对策略。

【译文】

孔子说："可以和他一起学习，却不能和他一起去实践真理。可以和他一起去实践真理，却不能和他一起进入高的境界。可以和他一起进入高的境界，却不能和他一起权衡应变。"

【解读】

人们要提高自己做人的层级，都是从学习开始的。虽然都学了正确的道理，但有的人却不会照着这些道理去做。克己利人是正确的道理，但肯这样做的人并不多。志同道合的人可以一起按照学过的道理做事，但由于努力和能力的差异，有的人达不到较高的境界。大家在坚持和维护真理方面都做得不错，但在复杂艰难的情况面前却见解不同：有的人寸土必争，宁折不弯，以死相拼；有的人却不计较一城一池的得失，能屈能伸，忍辱负重，丢卒保车，甚至可以人在曹营心在汉，暂时或局部地"灵活"其原则，"变通"其方针，以求最终能行其道。这后一种态度就叫"权"。所谓"权"，就是在长远的功利价值的目标下，对具体策略做一些违反本来意愿的调整，这种调整意味着退让和牺牲，是一些有正义"洁癖"的人所不能理解的。

学习、践道、有成、融通，这是做人的四个层级，其实也就是常人、好人、贤人、圣人的自然序列。常人往往学而不做，好人可以既学又做，贤人会做得有所建树，圣人则能融会贯通，最终有大的成就。

孔子将“权”的层次放在最后，说明他对这一境界的推崇，他自己是经常出现“权”的选择的。他说“人而不仁，疾之已甚，乱也”，主张对不仁的人不可以“疾之已甚”，主张“危邦不入，乱邦不居”，这都是从功利效果来考虑问题的。他曾经去拜见名声甚糟的卫灵公夫人南子，曾经想接受发动叛乱的公山弗扰和佛肸的聘用，这些行为都担着巨大的风险，会受到道德和政治立场方面的谴责，弄不好就画虎不成反类犬了。对于管仲这样一个品行颇为污秽的人，孔子却给了“如其仁”的极高评价。这些都透视着孔子行道至上、功利第一的价值取向。每当他“权”的时候，其主张往往与其主要弟子们的意见相左，这大概就属于他所说的“可与立，未可与权”的情况。

乡党第十

便便于殿陛，乡党则恂恂。
得体深修者，仲尼自完人。

言于下大夫，侃侃色和愉。
地位如尊贵，訚訚礼度敷。
与与而踧踖，君在自情殊。
孔子知仪者，行为不渎儒。

勃躩听君命，谦恭礼众官。
行为皆合度，禀复事圆完。

孔子公门入，谦卑总鞠躬。
经过无踏槛，立位不居中。

勃躩过臣位，匆匆对语忙。
摄齐而屏气，殿陛鞠躬跄。
出降欣容色，翼如稳步翔。
趋行归己位，踧踖状恒常。

执圭如不举，携持总躬身。
揖授高低状，战容蹜蹜循。
怡和生享礼，快乐在私亲。
出使他邦事，行仪慎主宾。

緅缘如孝服，绀饰似斋衣。
内亵须庄色，仲尼礼不违。

身着单絺绤，时当暑热天。
出门加外服，庄重固宜先。

着衣非一色，则配不同裘。
光泽相辉映，协调显善柔。

右袖通常短，加长着亵裘。
裘长图保暖，袖短欲行周。

被子长身半，貉狐厚者居。
去丧无不佩，孔子尚安舒。

帷裳之外服，余料必刀裁。
玄色裘冠服，不能赴吊哀。

月朔当行礼，仲尼盛服朝。
虽然为国老，忠谨范同僚。

食欲尝精米，脍求享细鳞。
人生图口腹，孔子亦非神。

食物虽鱼肉，拒餐馁败时。
并非奢侈性，吝惜或逢危。

色味均须正，烹调亦得宜。
刀工当合式，标准是厨师。
凡背常规者，仲尼概拒之。
罢餐行抗议，失职有人知。

凡食须其酱，非时不用餐。
肉多虽味美，孔子不贪盘。

饮酒虽无量，从来不乱心。
行为循尺度，修养至高深。

脯酒市沽来，疑其蕴祸胎。
仲尼皆不食，恐惹害身灾。

案上余姜食，餐终不撤之。
仲尼贪此味，然亦量能宜。

陪君行祭祀，胙肉即时餐。
三日留存者，仲尼惧不鲜。

餐时休互语，寝后勿交言。
良习能遵守，仲尼善养元。

饭菜虽粗粝，餐前必祭之。
虔诚如洁戒，感戴发明师。

众人广座时，席次有尊卑。
不正违阶序，仲尼拒失宜。

乡人饮酒时，杖者自先离。
孔子随而去，行为甚合宜。

乡人傩者至，孔子立东阶。
正色兼朝服，神情甚斥排。

他邦施候问，再拜送行人。
重致殷勤礼，深忱谢意真。

季孙诚馈药，拜受置于旁。
却曰情形昧，孔丘不敢尝。

退朝询厩火，仅问可伤人？
马匹无言及，仲尼式缙绅。

赐腥须熟荐，若食则先尝。
活畜宜栏养，臣民礼数当。

伴公同进食，君祭发明师。
孔子先尝饭，以除意外疑。

君来探子疾，东首卧床中。
朝服拖绅带，象征礼数同。

邦君呼孔子，不待驾而行。
朝命焉能忽？遵如响应声。

朋友身亡后，无所归其丧。
子曰于吾殡，勇将葬事当。

安承朋友馈，车马亦无奇。
祭肉非常物，自须拜受之。

寝不如尸卧，居非见客庄。
仪缘情境变，拘执则荒唐。

子见齐衰者，狎亲亦敛容。
盲人兼戴冕，亵习尚温恭。

子轼居丧者，尤其礼二縗。
人逢悲痛事，不可忽其哀。

仲尼临盛馔，容色变矜庄。
腰直居姿易，神情意味长。

雷迅风行烈，仲尼必凝神。
心忧生不测，灾异祸生民。

车中端立稳持绥，内顾高言尽不宜。
指点分心生事故，驰行道路虑安危。

乡党末章语，神仙解不开。
注家休探讨，须待仲由来。

10.8　食不厌精[1]，脍不厌细[2]。食饐而餲[3]，鱼馁而肉败[4]，不食。色恶[5]不食，臭[6]恶不食，失饪[7]不食，不时[8]不食，割不正[9]不食，不得其酱[10]不食。肉虽多，不使胜食气[11]。唯酒无量[12]，不及乱[13]。沽酒市脯[14]不食。不撤姜食[15]，不多食。

【注释】

①食：食物。不厌：越……越欢迎。厌：满足。精：精美，质量高。②脍（kuài）：生的鱼和肉。细：指切出来的片薄或切出来的丝细。③饐（yì）：粮食受潮。餲（ài）：霉烂变质。　④馁（něi）：鱼腐烂。败：肉腐烂。　⑤色：颜色。恶：不好。　⑥臭（xiù）：气味。　⑦失：达不到标准。饪：煮熟。　⑧时：规定的时间。　⑨割：切割。正：指符合规定的形状。　⑩酱：用来佐餐的各种调味品，如肉酱、芥末酱等。⑪胜：超过。食气（xì）：主食。　⑫唯：只有。量：限量。　⑬乱：指喝多而影响神志。　⑭沽（gū）：买。市：买。脯（fǔ）：干肉。　⑮撤：将食物撤去。姜食：用姜制成的食品，可以佐餐，也可以当零食吃。

【译文】

食物越精美越好，生鱼片和生肉片切得越薄越细越好。食物因受潮而霉烂变质后不吃，鱼和肉腐烂以后不吃。食物的颜色不好不吃，气味不好不吃。做不熟不吃，不到该吃饭的时候不吃。切得不是规范的形状不吃，不配上合适的调料不吃。饭桌上肉虽然多，但不能吃得比主食多。只有喝酒不限量，但不喝到头重。买来的酒和干肉不食用。吃完后不撤去姜食，但不多吃。

【解读】

将谷子舂成米，如果谷壳全去净了，就叫精。如果只有一部分谷壳被去掉，就叫粗，也就是粝。不将谷壳全去掉，是为了连壳吃，精米虽好，但穷人吃不起。一百斤麦子磨出六十斤面，这样的面就叫精粉。一百斤麦子也可以磨成一百斤面，那是将麸子也磨进去了，不好吃。以孔子的经济状况，他爱吃精米和精粉，不能算过分。爱吃好的，越精越高兴，是人之常情。

脍是生鱼生肉，要切成片来蘸着酱吃。肉片要切得越薄越好。同样是鱼片，切薄了口感就好，厚了就不好。因为是生的，切薄了蘸上酱，可以抑制其中的细菌或寄生虫繁殖，对身体健康有好处。

鱼、肉等东西在当时太贵，一般人吃不上，尽管变质了，有人还是舍不得扔掉，往往会吃出毛病来。孔子主张扔掉，不能为了珍惜东西而冒险。

食品有色、香、味、形的讲究，有火候的讲究，有配料的讲究，有正常用餐习惯的讲究。颜色不对，味道不好，火候失当，孔子都不吃。不到正点时间不用餐，无规律地用餐对身体不好。食品的形状也得讲究，切不好也不吃。什么食品配什么酱料，配不对也不吃。

在孔子的时代，普通人能吃到肉就是享受，所以将做官的人叫作“肉食者”。在这种背景下，人们很容易形成贪吃肉的情况。孔子吃饭的时候以粮食为主，可能是出于饮食结构合理的考虑。喝酒不限量，说明孔子的酒量不低，但他从来不喝多，不会因此而失态、误事及影响身体。

不吃从外面买来的酒和干肉，可能是怕质量有问题，也可能是习惯了自己家做出来的味道。姜食可以当零食，虽然要吃，但不贪吃，没有形成嗜好。

综观孔子在饮食问题上的这些表现，其特点有三：一是能够理性地控制食量，一切以适度为准，不形成陋习；二是注重健康和养生，明白饮食的终极意义；三是追求完美，讲究规矩，可以迫使家庭成员养成干什么就专精于什么的好习惯，有利于形成良好的家风。家里有这么一位难交代的老头，女人们一定个个都被逼成了下厨的能手。与其说孔子是吃饭挑剔，还不如说是刻意在执行一种家教，倡导一种家风。

10.10 食不语①，寝不言。

【注释】

①食：吃饭。语：交谈。

【译文】

吃饭时不和人交谈，睡觉时不和人说话。

【解读】

吃饭时和人交谈，会延长吃饭时间，嘴里嚼着东西说话也不雅观，还可能不符合卫生的讲究。睡觉时和人说话，会影响入睡休息。这些行为都可能影响到正常的生活规律，耽误将要做的事情，所以孔子坚持良好的习惯。

10.13　乡人①饮酒，杖者②出，斯③出矣。

【注释】

①乡人：乡邻。　②杖者：拄拐杖的，指老年人。　③斯：就。

【译文】

乡邻们在一起饮酒，拄着拐杖的老年人都出来了，孔子就出来了。

【解读】

乡邻间有事，会在一起吃饭饮酒。在这种场合，老年人总是吃完先走，等老年人走完后，孔子就跟着出来。比老年人先离开席面是不礼貌的，因为自己有陪同老人吃饭和侍奉他们的责任。老年人走了，自己留下来和年轻人玩乐，这也不得体。

一方面可能会喝醉或言谈行为失礼，一方面自己地位高或年龄大，会影响大家自由地言谈。

10.17　厩[①]焚，子退朝[②]，曰：“伤人乎？”不问马。

【注释】

①厩（jiù）：马圈。　②退朝：从朝廷回来。

【译文】

孔子家的马圈着火了，他从朝廷回来，问道：“伤着人了吗？”没有问马的死伤情况。

【解读】

在当时，马是重要财产，财富的多少可以用马的数量来测定，马圈一旦着火，往往有倾家荡产的危险。

马圈着火以后，最容易伤着的是在其附近劳作的人和前来救火的人，这些人大多是家中的下人。贵族往往有犬马之癖，对马的关爱是高于一般人的。

马圈着火了，孔子不可能不操心马，但他只问伤人了没有，说明他临事能镇静，表现出超常的理性。这样做显得他对下人的重视程度比一般贵族强，也显得他对财物的吝惜程度比一般贵族弱，展现了非常正面的形象。

10.23 朋友之馈①，虽②车马，非祭肉③，不拜。

【注释】

①馈：馈赠。 ②虽：即使。 ③祭肉：指祭祀祖先的肉。

【译文】

朋友赠送的东西，即使是车马，如果不是祭肉，孔子就不行拜礼。

【解读】

志同道合才叫朋友，朋友之间财物方面的馈赠是量力而行的，我的是你的，你的也是我的，真正的朋友在财物方面可以不言谢。在孔子看来，哪怕是车马这样贵重的东西，接受的时候也不用拜谢。谢字一出口，就说明关系还是没到家。

祭过祖先的肉要分发给朋友，可能是为了使大家都沾光，得到鬼神的保佑。朋友送来祭肉一定要行拜礼感谢，因为肉虽不值钱，却和人家的长辈有关，朋友的长辈也是自己的长辈。孔子这样做，体现着高层级的交友之道。

先进第十一

野人先学习，贵族后钻研。
孔子持高见，官凭礼乐迁。

从子于陈蔡，濒危困厄中。
求官无望者，不入仲尼宫。

四科分俊杰，十哲列豪雄。
龙虎丘门壮，儒家显学崇。

颜回无助益，尽说圣师言。
教学难相长，仲尼道本原。

孔圣生长叹，孝哉闵子骞！
弟兄兼父母，无或道非贤。

南括持言谨，再三诵白圭。
仲尼诚喜爱，兄女嫁为妻。

称家之所有，丧事戒铺张。
不以车为椁，仲尼识见良。

痛惜颜渊逝，仲尼五内伤。
连呼天丧已，一世再无望。

悲情抒至恸，孔子哭颜渊。
唯有斯人逝，方能似此怜。

高足颜渊逝，门人厚葬之。
仲尼诚惋惜，无力尽其宜。

心目犹如父，颜回仰戴亲。
门人施厚葬，仲尼救无因。

待人崇道义，奉鬼亦如之。
生死原无别，循仁百事宜。

持生能体面，赴死可荣光。
君子生遵道，乃知择死方。

门人皆侍侧，状态各风流。
孔子心情喜，星光闪烁俦。

仲由行行如，好勇慕名誉。
择死崇光烈，其终果不虚。

闵子常沉默，发言必中情。
鲁人修府库，谴责意分明。

子路丘门瑟，才能自炫奇。
仲尼施教训，门下共卑之。

由也升堂矣，未能入室中。
仲尼评子路，门下始知雄。

子张超礼度，卜夏未能齐。
皆悖中和准，仲尼议判低。

季孙饶富过周公，冉有为伥聚敛充。
孔子不容违礼辈，门徒鸣鼓共围攻。

曾参临事钝，愚昧则高柴。
子路称粗犷，颛孙则辟乖。

颜回庶及仁，可惜屡清贫。
子贡营商事，机宜料似神。

践迹追随去，登堂入室中。
尊贤唯效法，自可致其功。

言谈尊道理，其实有崇卑。
君子能行是，色庄亦可随。

子路兼人者，抑之请父兄。
冉求常倒退，促使即趋行。
能学知施问，善教可酌情。
孔门桃李茂，培植向欣荣。

颜回何敢死？父子论师生。
千古模型在，孔门气象荣。

事君须以道，不可则离之。
如此臣方大，英名得永垂。

季氏行无道，由求作具臣。
父君施弑逆，违仁亦不遵。

社稷民人在，亲行亦学旃。
读书虽上进，习事则乔迁。
子路言成理，仲尼恶巧诠。
高柴为费宰，福祸恐难权。

仲由能理剧，可治弱危邦。
三载成新貌，民强并晓方。

季路无谦让，率先对仲尼。
为邦须以礼，夫子哂讥之。

仲由遭哂笑，冉有遂装衰。
愿学非能也，子华语更卑。

子路云千乘，雄豪气势强。
冉求明降格，其实亦持邦。
小相端章甫，同登政治堂。
风云俱鼓舞，龙虎尽昂扬。

暮春天气暖，曾皙浴乎沂。
朋友团圆集，门徒簇聚围。
迎风舞雩上，歌咏乐而归。
夫子喟然叹，曾思赋采薇。

11.1　子曰："先进于礼乐①，野人②也。后进于礼乐，君子③也。如用④之，则吾从⑤先进。"

【注释】

①进：向积极的方面发展，达到。礼乐：指当官所需的礼学和音乐方面的知识和技能。　②野人：平民。　③君子：有贵族身份的人。　④用：任用。　⑤从：选择，认可。

【译文】

孔子说："先学好了礼乐知识才做官的是平民，先当上官然后才学习礼乐知识的是贵族。如果要在这二者之间选择，我还是主张先学会礼乐再做官。"

【解读】

平民要做官，得先学会所需的各种知识和技能，然后经过推荐或提拔，从而步入仕途，这就叫"先进于礼乐"。由于事先学习过了，所以对政务比较熟悉，能够胜任工作。贵族子弟有世袭特权，往往年龄还很小，知识学习还未到位，就早早地任职了。他们没有完成学习过程，就得边干边学，需要什么就赶紧学什么，这就叫"后进于礼乐"。因而往往不能胜任工作。

“若用之，则吾从先进”，这是主张无论贵族还是平民，做官之前应该先具备礼乐修养，这样对政事有益，对从政者本人也有益。

11.4　子曰：“回也非助①我者也，于吾言无所不说②。”

【注释】

①回：指颜回。助：助益。　②于：对于。说（yuè）：喜欢。

【译文】

孔子说：“颜回不是能帮助我的人，他对我的话没有不喜欢的。”

【解读】

出于对孔子学说的认可和对孔子人格的崇拜，颜渊对孔子深度迷恋，因而将孔子的话都当作金科玉律。

从教学理论的角度看，“回也非助我者也，于吾言无所不说”所放射出的思想光芒很令人瞩目。学生既是教师知识灌输的对象，也是教师检测自身知识缺陷和教学技能缺陷的一面镜子。教师要思考学生为什么不喜欢自己的传授，从而发现不足，力图改进，这就叫“教学相长”。

从“于吾言无所不说”的学生身上，教师很难发现自己的教学缺陷，只有像宰予、子路、子游一类当面就能争辩的学生，才能为教师的教学内容、技能研究提供直接的标本。为了应对这些学生的质疑，教师就得完善自己，提高学术和技能的层级。孔子能在当时达到最高的层级，和他有这类敢于"对立"的学生有直接关系，也和他善于利用学生这面镜子有直接关系。从这个意义上讲，敢质疑的学生就是好老师的老师，没有在教学活动中见善则迁、闻过则改的精神，是不可能成长为一个好教师的。孔子当了一辈子教师，对于这个道理已经有了非常理性的深刻认识。

当教师的应该积极诱导学生发表不同的意见，孔子说"回也非助我者也，于吾言无所不说"，自然能刺激学生踊跃地发表意见，其教学相长的效果也就能充分地发挥出来了。

11.8　颜渊死，颜路请子之车以为之椁①，子曰："才②不才，亦各言其子也。鲤也③死，有棺而无椁。吾不徒行④以为之椁。以吾从大夫之后⑤，不可徒行也。"

【注释】

①颜路：名无繇（yóu），字路，颜渊的父亲，也是孔子的学生。请：请求，索要。为：做。椁（guǒ）：装殓死者的木器叫作棺，套在棺外的更大的棺叫作椁。这里的"椁"不取此义，而是指灵柩停放时施加在棺材之外的一套设施，主要由装载棺材的车和围在外面的丛木组成。　②才：指人成器。　③鲤：孔鲤，字伯鱼，孔子的儿子，先于孔子而死。也：助

词，用在单音节的人名之后，调节音节节奏。 ④徒行：步行。 ⑤以：因为。从大夫之后：跟随在大夫的后边，这是客气的说法，实际含义是相当于大夫。孔子虽然不是大夫，但受到优待，实际上相当于大夫，朝廷的重大活动都会参加。

【译文】

颜渊死了，颜路请求用孔子的车做停放棺材的椁，孔子说："成器不成器，这也是各人说各人的儿子。孔鲤死的时候停放灵柩，就是有棺而没有停放棺材的椁。我不能步行而用车停放他的棺材。因为我跟在大夫们的后头上朝，不可以步行。"

【解读】

人死了要有"殡"的过程，就是将灵柩在家中停放一些时候。这是为了完成埋葬前的一些程序，例如完成墓地中的设施，以及等在外地的亲朋等前来吊唁等。根据礼制，大夫以下的人要停放三个月才埋葬。在殡的时候，棺材被装在一辆车上，这种车叫作"輴"（chūn）。装着棺材的輴车四面用木料堆积起来，用泥涂封，这就叫作椁。另外，埋葬时套在棺材外面的更大的棺材也叫椁。

礼制对于各种等级的人的丧葬规格都有规定，涉及钱财耗费的问题，有关的规定都是其上限，不容许低等级的人僭用高等级的人的规格，每个等级的规定都是没有下限的。穷人往往连自己分内的标准都无力实现，就提倡"称（chèn）家之有无”，根据财力办事。例如规定平民的棺材为四寸厚，超过四寸就是僭越，穷人家买不起四寸厚的棺材，那就三寸两寸都可以，实在不行就用席子卷起来埋掉也不为过。穷人丧事办得简陋，不会有人非议。

颜路想把颜渊的丧事办得体面一点，希望灵柩能装在车上，堆起木料而做成椁，然后殡于家中。颜路没有车，提出用孔子的车来装灵柩。他可能觉得：第一，是孔子特别喜欢颜渊，情同父子，拿自己的车停放颜渊的灵柩应该不会有意见。这只是借用，三个月之后要埋葬，车就腾出来了，于孔子并无损失。第二，是不可能为此而买一辆车。因为只用三个月，有车的人再买一辆，以后用不着，没有车的人买不起车，也养不起。在这种情况下，借用孔子的车应该算是个合情合理的选择。

孔子拒绝了颜路的请求，理由是：颜渊固然出众，很给我长脸，但我的儿子孔鲤的表现也不能说坏，我像你爱颜渊一样，也很爱孔鲤。可是孔鲤死的时候也是只有棺材，并没有用我的车为他装灵柩。因为我的身份相当于大夫，没有了车就得步行，这是不可以的。

从情理上分析，孔子的说法是成立的。他作为国老，步行外出会有失国家的体面。遇有公私方面的活动，别的大夫都坐车，孔子老是步行，也有失自己的体面。朝廷有急事召唤，没有车将会误事。70多岁的老人步行上朝，也不合情理。

其实孔子说的还只是明面上的理由，这时候颜路就应该想到，孔鲤死了，孔子为什么没有用自己的车来做停放灵柩的椁？这除了怕影响外出乘车外，还有一个更为重要的理由，就是丧事必须“称家之有无”，不能超过经济承担能力。我孔子是有一辆车，但不是能够用来装灵柩的闲车，用它停放了棺材，就得再买一辆车供外出使用，这是为了丧事的面子光鲜而为将来买了一辆闲车，就不是“称家之有无”了，而是不应有的铺张。我对孔鲤都不肯这样做，你能要求我对颜渊这样做吗？这番意思不好对颜路讲，因为他老年丧子，心情悲痛，再这样批评显得不得体，点到为止就算了。

11.9　颜渊死，子曰：“噫①！天丧②予！天丧予！”

【注释】

①噫（yī）：哀叹的声音。　②丧：断绝。

【译文】

颜渊死了，孔子说：“啊！天要毁灭我呀！天要毁灭我呀！”

【解读】

颜渊很出色，孔子对他寄予厚望，有很深的精神依赖。颜渊死了，对孔子是沉重的打击，认为自己的思想和事业没有了理想的继承人，感到非常绝望。《论语·子罕》：“文王既没，文不在兹乎？天之将丧斯文也，后死者不得与于斯文也。”（9.5）这里“天丧予”的说法完全可以视为“天丧斯文”的翻版。颜渊之死，令孔子伤心的不仅是一个高徒的英年早逝，而是关系到“后死者不得与于斯文”的大问题。

11.11　颜渊死，门人欲厚葬①之，子曰：“不可。”门人厚葬之。子曰：“回也视予犹②父也，予不得视犹子也。非我也，夫二三子③也。”

【注释】

①厚葬：丧葬规格超过了适宜的限度。　②回：颜回，字子渊。也：助词，用在单音节人名之后，调整语势节奏。视：对待。犹：如同。　③夫：他们。二三子：对数量不很多的人们的敬称，等于说“诸位”。

【译文】

颜渊死了，孔子的学生们要厚葬他，孔子说：“不能这样做。”学生们还是将颜渊厚葬了。孔子说：“颜渊把我看得像父亲一样，我却不能把他看得像儿子一样。不是我要厚葬他的，是他们几位要这样做的。”

【解读】

厚葬分两种情况：一种是突破了礼制的规格，属于僭越；一种是超越家庭的经济承受能力，不能做到“称家之有无”，虽然没有违反礼制，却违反了礼义的精神。孔门弟子们不会僭越礼制，但他们为颜渊花了不少钱，属于第二种情况。

学生们要厚葬颜渊，可能是他们喜欢颜渊，为他的英年早逝而惋惜；也可能是因为孔子特别喜欢颜渊，把葬礼办得体面些，想给老师一点安慰。虽然孔子出面反对，他们会认为这是孔子不愿意让他们花钱，而自己碍于礼义的讲究，又不好多花钱，反对厚葬颜渊不是出于本意，所以他们没有听孔子的话，最终将颜渊厚葬了。

孔子如果坚持反对，学生们也就不好不听了。孔子不能太坚持己见，是因为颜渊毕竟不是自己的儿子，他的父亲颜路愿意厚葬颜渊，孔子作为外人，非要对丧事做主，也是不得体的。颜渊将孔子当作父亲看待，孔子自己却不能将他当儿子看待，如果他是孔子的儿子，孔子就会将厚葬反对到底，以维护礼义的讲究。

颜渊一生都严格按照礼的要求办事，孔子要求“非礼勿视，非礼勿听，非礼勿言，非礼勿动”，他说“回虽不敏，请事斯语”。同学们厚葬颜渊，违反礼义，不符合他生前的意愿，而孔子又不好坚决阻止，所以无奈地表示这不是我的责任，是这些学生们非要这样做的。这话是对大家说的，也是对颜渊说的，意思是说：“你不要怪我没有为你把好这一关，确实是没有办法。”

11.12　季路问事①鬼神，子曰：“未能事人，焉能事鬼？”曰：“敢②问死。”曰：“未知生，焉知死？”

【注释】

①季路：即子路。事：敬奉，对待。 ②敢：表示冒昧。

【译文】

子路问怎样敬奉鬼神，孔子说："还没能敬奉得了活人，哪能敬奉得了鬼？"子路说："我敢问一下怎样死最好？"孔子说："还不知道怎样活着最好，哪能知道怎样死最好？"

【解读】

在当时，上至国家，下至每个家族，都有敬奉鬼神的活动，祭祀就是"事鬼神"的一种方式。

怎么样事鬼神，君子和小人的态度和做法不同。小人将祭祀当成了贿赂鬼神的手段，往往提高祭祀的规格，扩大祭祀的对象，超越祭祀的职责范围。君子认为鬼神扶正祛邪，不会接受违背礼义的祭祀，不会满足人们不道义的要求。人们对鬼神应该是敬而远之，自己一心向善，就能得到鬼神的保佑。用正确对待活人的态度和方式对待鬼神，才是事鬼神的正确选择，所以儒家提出了"事死如事生"的主张。《论语·为政》："生，事之以礼；死，葬之以礼，祭之以礼。"礼是对待活人的行为准则，也是对待鬼神的行为准则。不能正确地事人，也就不能正确地事鬼。

不同的人对待死亡的态度不同，有的人死得重于泰山，有的则轻于鸿毛。君子知道什么情况下应该去死，什么情况下不应该去死，追求要"死得其所"。子路武勇好义，不怕死是这种人的特点。孔子也好勇，所以子路想知道他对待死亡的态度：选择什么样的死亡方式最光彩。孔子告诉他说，你应该先考虑要怎么样活着的问题。活着时候的每件事都做得很光彩，形成了正确的价值观，自然就知道如何对待死亡了。一个活得很龌龊的人，一个非常愚陋的人，是不可能在死亡面前做出高层级的选择的。要想死得光荣，必须先生得伟大。

在孔子看来，事人之道通于事鬼，知生之道也就能知死，所以他强调了“事人”和“知生”的重要性，也就等于回答了子路的问题。在卫国的内乱中，子路出于对君主的忠诚，主动选择了殉难，体现出君子的节操和风度，这就是他生前向孔子问“死”的最好注脚，也是他性格志向的必然归宿。

11.14　鲁人为长府①，闵子骞曰：“仍旧贯②，如之何③？何必改作④？”子曰：“夫⑤人不言，言必有中⑥。”

【注释】

①鲁人：鲁国人，指朝廷。为：指建筑，这里指扩建。长府：鲁国一座金库的名称。　②仍：沿用。贯：例行的事情。　③如之何：怎么样。④作：指建造。　⑤夫：那。　⑥有：很。中（zhòng）：合理，适当。

【译文】

鲁国执政者要扩建国家的金库，闵子骞说：“继续用旧库房，怎么样？为什么要扩建？”孔子说：“那人不爱多说话，一旦说出来就很合理。”

【解读】

扩建金库，显然是嫌旧库房太小。改建大的库房，是为增加赋税做准备，这就意味着百姓要遭殃了。闵子骞平时不爱多说话，但这时他反对扩建金库，是在为民众说话。这一举动深得孔子赞赏，夸奖他说得很在理。

儒家主张富民政策，反对搜刮民脂民膏，从孔子到他的学生们，这种思想都是一贯的，体现了儒家以民为本的基本思想。

11.16　子贡问：“师与商也孰贤①？”子曰：“师也过②，商也不及③。”曰：“然则师愈与④？”子曰：“过犹不及。”

【注释】

①师：颛孙师，字子张。商：卜商，字子夏。也：助词，表示舒缓语气。孰：谁。贤：强，更好。　②也：助词，用在单音节人名后，调节音节节奏。过：超过标准。　③及：达到标准。　④然：这样。则：那么。愈：强，更好。与（yú）：助词，表示疑问语气。

【译文】

子贡问：“在执行礼度方面，颛孙师和卜商谁更好一些？”孔子说：“颛孙师超过了，卜商没达到。”子贡说：

"这样的话，是颛孙师强一点吗？"孔子说："超过了和没达到一样。"

【解读】

"师与商也孰贤？"表示在子张与子夏之间进行比较，但比较的内容是什么，文中看不出来，其实这里是用"礼度"作为标准的。《礼记·仲尼燕居》："仲尼燕居，子张、子贡、言游侍。纵言至于礼，……子曰：'师，尔过，而商也不及。'子贡越席而对曰：'敢问将何以为此中者也？'子曰：'礼乎礼。夫礼，所以制中也。'"《礼记·檀弓上》："子夏既除丧而见，予之琴，和之而不和，弹之而不成声。作而曰：'哀未忘也。先王制礼，而弗敢过也。'子张既除丧而见，予之琴，和之而和，弹之而成声。作而曰：'先王制礼，不敢不至焉。'"《礼记》中的这两则记载，当为《论语》此章所本，"过"与"不及"均就礼的度数而言。礼是人们行为的准则，不容许达不到，也不容许超过。

11.17　季氏富于周公①，而求也为之聚敛而附益②之，子曰："非吾徒③也，小子鸣鼓而攻④之可也。"

【注释】

①季氏：指季康子。周公：当时周王朝的执政大夫，其他情况不详。②求：冉求，当时担任季康子的家宰。也：助词，用在单音节人名后，调节

音节节奏。聚敛：搜刮钱财。附益：增加。③徒：门徒，学生。④小子：老师对学生的称呼。鸣鼓：敲着鼓，表示公开地，正义地。攻：进攻，反对。

【译文】

季康子比周公还富有，冉求还在为他搜刮钱财而增加财富，孔子说："冉求不是我的学生，你们可以大张旗鼓地反对他。"

【解读】

鲁国的季孙、孟孙、叔孙三家大夫世代把持着鲁国的政治，不断蚕食公室利益，加重对百姓的搜刮。冉求很有理政才能，当着季氏的家宰，在尽力地为季氏敛财。

周公是天子的执政大夫，季氏比周公还有钱，已经是十分僭越了，而冉求还在为他搜刮，对于这个为虎作伥的学生，孔子感到忍无可忍，所以宣布不再承认冉求是自己的学生，号召学生们群起而攻之，只是不知道他们是否真的断绝了师生关系。

11.22　子路问："闻斯行诸①？"子曰："有父兄在，如之何其②闻斯行之？"冉有问："闻斯行诸？"子曰："闻斯行之。"公西华曰："由也③问'闻斯行诸'，子曰'有父兄在'。求也问'闻斯行诸'，子曰'闻斯行之'。赤也惑④，敢问。"子曰："求也退⑤，故进⑥之；由也兼⑦人，故退⑧之。”

【注释】

①闻：指听孔子的教诲。斯：就。诸：之，指听到的内容，兼表疑问语气。②如之何：怎么。其：可以。③也：助词，用在单音节人名后，调节音节节奏。④惑：疑惑，不明白。⑤退：退缩，被动。⑥进：使……前进。⑦兼：两倍，指超过。⑧退：使……谦退。

【译文】

子路问："我听了您的话就去实行它吗？"孔子说："你还有父亲和哥哥在，怎么可以听了我的话就去实行呢？"冉有问："我听了您的话就去实行它吗？"孔子说："你听了就去实行它。"公西华说："仲由问'听了您的话就去实行它吗'，您说'还有父亲和哥哥在'。冉求问'听了您的话就去实行它吗'，您却说'听了就去实行它'。我感到不理解，大胆地请教一下。"孔子说："冉求表现被动，所以要让他前进；仲由老想胜过别人，所以要让他谦退。"

【解读】

子路对孔子的话奉若神明，性格争强好胜。他办事急切而不迟延，处处争第一。办事太着急，就会因考虑不充分而出错。为了抑制他的急性子，孔子建议他不光听老师的，还要咨询父亲和哥哥的看法。父亲和哥哥年龄大，见识多，能给他提供有益的参考意见，让他不因为性急而出错。

冉有的表现很消极，往往对孔子阳奉阴违，他能问出“闻斯行诸”这样的话来，已经很不错了，孔子告诉他“闻斯行之”，唯恐他拖久了又变卦。

这则材料体现了孔子因材施教的教学方针，也体现了公西华善于关注问题的认真态度。孔门弟子特别善于提问，表现出好学和善学的精神，值得人们学习。

11.24 季子然①问：“仲由、冉求可谓大臣与②？”子曰：“吾以子为异之问③，曾由与求之问④。所谓大臣者，以道事⑤君，不可则止。今由与求也可谓具臣⑥矣。”曰：“然则从⑦之者与？”子曰：“弑父与君亦⑧不从也。”

【注释】

①季子然：可能是鲁国执政贵族季孙氏家的人。 ②谓：算得上。大臣：指品行和才能都很出众的臣。与（yú）：助词，表示疑问语气。③以：以为。子：您。为：是。异之问：问异，问别的。异：别的；之：结构助词，连接提前的宾语“异”和动词“问”。 ④曾（zēng）：竟然。由与求之问：问由与求。 ⑤以：用，凭。道：正义的做法。事：为……办事。 ⑥也：助词，表示舒缓语气。具臣：充数的臣。 ⑦然：这样。则：那么。从：顺从。 ⑧弑：臣民杀死君主，儿子杀死父母。亦：也。

【译文】

季子然问："仲由和冉求能算大臣吗？"孔子说："我以为你问别的，原来是问仲由和冉求。人们说的大臣，是凭着正义的原则为君主做事，如果君主不采纳，就辞去职位了。现在的仲由和冉求只能算是充数的臣子而已。"季子然说："这样的话，那么他们是对上司唯命是从的人吗？"孔子说："杀父亲和杀君主一类大逆不道的事情，他们也不会听从。"

【解读】

子路和冉有都是季孙氏的家臣。季氏专权跋扈，僭越礼制，贪得无厌，子路和冉有为他服务，不可能处处坚持正义，否则就不会被任用。屈从无道的上司，只能算充数的臣子。一切都是上司说了算，他们只是个摆设而已。虽然是不称职的臣子，毕竟出自孔门，会有道德底线，像杀父杀君等大逆不道的事情，他们是不会听之任之的。

"具臣"的评价可谓一箭双雕，既指出了子路和冉有不能坚持正义而贪恋俸禄，又指出了季氏执政的无道性质。有具臣必有无道的主人，这是很自然的道理。如果孔子承认这两位学生是大臣，也就等于承认了季氏行政的合理性。论理政才能，这两个学生都很出色；论遇事的原则性，他们又是不合格的，这会让孔子很遗憾。自己的学生为季氏服务，他不大好反对，只能希望他们对季氏发挥点遏制作用，这也是孔子的尴尬。

11.25　子路使子羔为费宰①，子曰："贼夫人之子②。"子路曰："有民人③焉，有社稷④焉，何必读书，然后为⑤学？"子曰："是故恶夫佞⑥者。"

【注释】

①子羔：高柴。为：担任。费（bì）：地名，在今山东费县西北，是鲁国执政大夫季孙氏的封地。宰：县邑的最高长官。　②贼：害。夫人：他人，别人。子：儿子。　③民人：民众。　④社稷：指国家政治。社：土地神；稷：五谷神。土地和粮食是国家立足的根本，所以用"社稷"来代指国家。　⑤为：算是。　⑥是故：因此。恶（wù）：憎恶。夫：那。佞（nìng）：口才好，能言善辩。

【译文】

子路推荐子羔去当费邑的邑宰，孔子说："这是害别人的儿子。"子路说："有民众，有国家政事，为什么一定要读书才算学习呢？"孔子说："因此要憎恶那些能说会道的人。"

【解读】

孔子反对让高柴去当邑宰，是因为高柴的学习还不到位。还没有学好就去做官，会办不好政事，也害了自己。子路认为可以边干边学，有百姓让你管理，有国家政事让你实践，这也是在学习。孔子认为子路是狡辩，但他也不能指出这种意见的不对之处。子路主张在实践中学习，并非没有道理，但这种情况只适用于素质高的人，如果素质较低，有关的能力储备不充分，就不敢让他去边干边学。由于子路的主张有局部的合理性，孔子只好骂他狡辩，不能将他的意见全部推翻。

关于孔子主张先学好了再干的思想，本篇的第一章（11.1）还有一些相关的阐述，这里不再重复。

11.26　子路、曾皙、冉有、公西华侍坐①。子曰："以吾一日长乎尔②，毋吾以③也。居④则曰：'不吾知⑤也。'如或⑥知尔，则何以⑦哉？"

子路率尔⑧而对曰："千乘⑨之国，摄乎⑩大国之间，加之以师旅⑪，因之以饥馑⑫；由也为⑬之，比及⑭三年，可使有勇⑮，且知方⑯也。"夫子哂⑰之。

"求⑱，尔何如⑲？"对曰："方六七十如⑳五六十，求也为之，比及三年，可使足民㉑。如其礼乐㉒，以俟㉓君子。"

"赤㉔，尔何如？"对曰："非曰能之，愿学焉。宗庙之事如会同㉕，端章甫㉖，愿为小相㉗焉。"

"点，尔何如？"鼓瑟希㉘，铿尔舍瑟而作㉙，对曰："异乎三子者之撰㉚。"子曰："何伤㉛乎？亦㉜各言其志也。"曰："莫春㉝者，春服既成㉞，冠者㉟五六人，童子㊱六七人，浴乎沂㊲，风乎舞雩㊳，咏而归㊴。"夫子喟然㊵叹曰："吾与㊶点也！"

三子者出，曾皙后㊷。曾皙曰："夫㊸三子者之言何如？"子曰："亦各言其志也已矣㊹。"曰："夫子何哂由也[45]？”曰：“为国以[46]礼，其言不让[47]，是故[48]哂之。唯求则非邦也与[49]？安见方六七十如五六十而非邦也者[50]？唯赤则非邦也与？宗庙会同非诸侯而何[51]？赤也为之小，孰能为之大？”

【注释】

①曾皙（xī）：曾点，字皙，是曾参的父亲，也是孔子的学生。侍坐：陪孔子坐着。②以：因为。一日：指日子不多。长（zhǎng）：年龄大。乎：于。尔：你们。③毋：不。吾以：以吾，用我。以：用，任用。④居：平时。⑤不吾知：不知吾，不理解我。知：理解，赏识。⑥或：有人。⑦何以：怎么样。⑧率：率先。尔：……的样子。⑨乘（shèng）：辆，指兵车的单位。拥有一千辆兵车，在当时是中等的诸侯国。⑩摄：控制，挟制。乎：于。⑪加：施加。师旅：指来侵略的军队。⑫因：再加上。饥馑：灾荒。饥：谷物不成熟，歉收；馑：蔬菜长不成。⑬由：子路自称其名。也：助词，用在单音节人名后，调节音节节奏。为：治理。⑭比及：等到。⑮勇：指尚勇的风气。⑯且：并且。方：道义。⑰夫子：指孔子。哂（shěn）：带有轻微嘲贬意味的微笑。⑱求：冉有，名求。⑲何如：怎么样。⑳方：方圆。如：或者。㉑足民：足于民。足：指丰衣足食。㉒如：至于。礼乐：礼制和音乐，指政治教化。㉓以：拿……。俟（sì）：等待。㉔赤：公西华，名赤。㉕宗庙之事：指在国君宗庙中举行的接待外宾的仪式等。会同：诸侯国国君集会。㉖端：玄端，是用整幅布做成的一种礼服，这里指穿上玄端。章甫：一种礼帽，这里指戴上章甫。㉗为：担任。相（xiàng）：傧相，主持赞礼和司仪的人。㉘鼓：弹拨。希：稀，声音节

奏因放慢而稀疏。 ㉙铿：象声词，表示放下瑟时发出的声音。舍：放下，推开。作：直起身来。 ㉚异：不同。者：助词，表示多数。撰：杰出，不平凡。 ㉛何伤：伤何，妨碍什么。伤：妨碍。 ㉜亦：不过。 ㉝莫（mù）春：暮春。莫：暮。 ㉞春服：春天的服饰，指袷（jiá）衣。成：稳定，穿定。 ㉟冠（guàn）者：成年人。古人到二十岁时举行冠礼，算成年。 ㊱童子：少年。 ㊲浴：沐浴。沂（yí）：沂水，在曲阜县南。㊳风：让风吹拂。舞雩（yú）：向神祈雨的坛，在曲阜县东。 ㊴咏：歌咏，啸咏。归（kuì）：馈，可能是指野餐。 ㊵喟（kuì）：长叹的声音。然：……的样子。 ㊶与：赞同，认可。 ㊷后：留在后面。 ㊸夫：那。 ㊹也已矣：助词，表示限止语气。 ㊺何：为什么。也：助词，表示疑问语气。 ㊻为：治理。以：用，依靠。 ㊼让：谦让。 ㊽是故：因此。 ㊾唯：岂，难道。则：就。邦：国家。也与（yú）：助词，表示反问。 ㊿安：哪里。也者：助词，表示反问。 (51)何：什么。

【译文】

子路、曾皙、冉有、公西华陪孔子坐着。孔子说："因为我比你们年龄大几天，人家不任用我了。你们平时总说：'人们不了解我啊。'如果有人赏识你们，你们会怎么样呢？"

子路率先回答说："有一千辆兵车的国家，处在大国的夹缝中，受到战争的摧毁，再加上灾荒，我来治理它，等到三年头上，可以使百姓形成崇尚武勇的风气，并且懂得道义。"孔子微微地笑了一下。

孔子说："冉求，你怎么样？"冉有回答说："方圆六七十里或者是五六十里的地方，我来治理它，等到三年头上，可以使百姓丰衣足食。至于政治教化等事情，得等君子来兴办。”

孔子说：“公西华，你怎么样？”公西华回答说：“不是说我能做到，是愿意学着做。宗庙中的事情，或者是各国国君会面，我穿上玄端戴上章甫，希望当一个小的傧相。”

孔子说：“曾点，你怎么样？”曾皙弹瑟的节奏慢了下来，他“铿”的一声将瑟推开而直起身来回答说：“我比不上他们三位那样出色。”孔子说：“有什么妨碍呢？不过是各自谈谈自己的志向嘛。”曾皙说：“暮春三月，春天的衣服已经穿稳定了，相跟着五六个成年人，带领着六七个少年，到沂水中洗澡，再到舞雩上吹吹风，大家唱着歌在一起野餐。”孔子“唉”地叹了口气说：“我和曾点的想法一样。”

子路等三个人出去了，曾皙留在了后面。曾皙说：“他们三位的想法怎么样？”孔子说：“不过是各自谈谈自己的志向罢了。”曾皙说：“老师为什么笑仲由呢？”孔子说：“治理国家靠的是礼，他说话不谦让，因此我笑他。难道冉求说的就不是治理国家吗？哪见过方圆六七十里或者五六十里的地盘不是国家的呢？难道公西华说的就不是国家的事情吗？宗庙里和国君集会时的事情，不是诸侯的事情又是什么？公西华说他当小傧相，谁又能当诸侯的大傧相呢？”

【解读】

四个学生陪老师坐着闲聊，曾皙弹着瑟，给大家伴着点儿背景音乐。孔子出了个话题：我老了，从政没希望了。你们都有怀才不遇的感慨，如果遇到了伯乐，把你们放到要职上，你们能做出什么样的成绩来呢？

《礼记·曲礼下》："侍于君子，不顾望而对，非礼也。"郑玄注："礼尚谦也。不顾望，若子路帅尔而对。"这是说在公众场合回答地位高的人的问题，应该先"顾望"一下，也就是客气地请别人先回答。如果别人也谦让，自己就可以回答了。子路在四人中年龄最大，实际上大家让来让去也还是得他先发言，所以他往往率先回答老师的问题，可能是由于性格直率，想省掉一些客套。

子路设想了一个烂摊子：一个中等的诸侯国，是大国势力争相控制的对象，很难有独立的政治地位。受到战争的摧残，又发生了灾荒，可谓雪上加霜。子路说：把它交给我来管，三年以后，可以改变民众绝望的低落情绪，人人勇字当先，愿意为国家赴汤蹈火，并且还都懂得了道义。实现这样的目标，说明经济实力得到振兴，不吃饱肚子何来"有勇"？其次礼乐教化得到提高，不施行教化何来"知方"？子路将"有勇"放在第一位，看来他认为国民具有武勇的精神面貌最重要，这显然也是他自己崇尚武勇的原因。

孔子特别讲究礼仪得体，对子路不顾客套而率先回答问题的做法有点不适应，所以脸上露出了贬斥意味的微微一笑，子路自然会觉得尴尬。其他三位一看这阵势，谁也不肯接着说了，孔子只好逐个点名提问。

冉有的方案很有趣：还是子路的那张药方，只是将药种和剂量都减下来了：第一，是治理的地域变小了。千乘之国的领土往往方圆一百里，冉有说他能治理方圆六七十里。看看孔子的脸色没什么动静，索性再减点：或者是方圆五六十里。第二，是治理的难度模糊了。子路的治理方案，难度系数太高：摄乎大国之间，加之以师旅，因之以饥馑，要过这三关。冉有没有提这三件事，但也没有说自己过不了这三关。第三，是将治理的指标压下来了。子路说他能实现双丰收，冉有说只能实现经济的单丰收。冉有说礼乐教化我搞不了，谁能搞让谁搞。其潜台词是：有钱才是硬道理。他对孔子的学说一直持消极态度，大概和他这样的理念有关。

参照着子路的方案，冉有将治理的三项指标都做了减半处理，好像显得能力不如子路，这并不是他的真实想法。孔门有四科十哲的排行榜，在政事科中，冉有是排在子路前头的。他和子路同为季氏家臣，地位也高于子路。明明比子路能干，却在表述时把自己贬成了这样，谁信呢？其实原因很简单，都是孔子的一笑给吓出来的结果。孔子本来是笑子路率先说话，结果被理解成笑子路狂妄吹牛了，冉有怕孔子也笑自己，就照着子路自定的标准而层层递减，于是就搞成了这个样子。

冉有说完了，孔子不置可否，被点名的公西华心里更没谱了：冉有的标准已经降得很厉害，孔子怎么没有一点反应呢？是不是还嫌冉有估得高呢？索性就将自己的标准放到底。“非曰能之，愿学焉”，第一句话就将自己的才能先放到了零点上：目前还不认为自己具备了有关的才能，只是才有了有关的学习打算，想将来当一个穿戴着相关礼服和礼帽的小司仪。

大家发言时，曾皙一直边弹瑟边听着，当孔子问他时，他没有立即回答，而是边弹边思考着，所以瑟音便变得稀疏起来。他想好了回答的话，才停止了弹奏。曾皙要经过思考才回答，是因为他的志向和前面的三位同学的不是同一个类型，说出来不知道老师的态度会如何，也怕对其他同学有所冲击。他说“异乎三子者之撰”，这是委婉地推托，孔子说“何伤乎？亦各言其志也”，这是让他必须说出来。

曾皙的想法和其他三位同学的打算大相径庭，人家要参与政治，做狂风大浪中的弄潮儿，他是要隐居乡里，过安闲自在的日子。士人都想积极从政，管理社会，这正符合孔子培养学生的目的。曾皙想当隐士，是因为他看到了“滔滔者天下皆是也，而谁以易之”的现实，所以想洁身避世，过山水田园式的生活。子路等人激流勇进，而曾皙则急流勇退，这两种人的思想各有千秋，难判高下。大体上少壮者汲汲于进取，老成者则思退隐。避世思想对用世思想有一定的贬斥意味，所以曾皙不愿意讲出来。

孔子是主张积极用世的，但他经历坎坷，到处不得志，也会产生退隐的念头，《论语·泰伯》：“天下有道则见，无道则隐。”（8.13）这便是他思想深处观点的流露。当曾皙描述了自己向往的生活方式时，孔子便情不自禁地脱口而出：“吾与点也。”

曾皙向往避世退隐后安闲舒适的生活，是因为他对当时的社会政治状况持否定的态度，这一点前人是说得很清楚的。

孔子的一句“吾与点也”，必然使子路三人兴趣索然，便都出去了。曾皙博得了孔子赞许，自然兴致勃勃，非要听听孔子对其他三位同学的评价。其实，孔子在子路等人面前如此表态是失口的表现，他也知道是不应该的。当教师的要鼓励学生积极上进，慎言自己的一些实际想法，避免对学生产生负面影响。当曾皙追问“夫三子者之言何如？”时，孔子就不肯表态了，“亦各言其志也已矣”，意思是各有千秋，不具有可比性。对子路发笑，只是因为他说话不谦让。

孔门弟子都很自负，子路说能治千乘之国，应该算自谦了，从他的口气来看，即使晋、楚这样的几千乘之国，似乎也不在话下。冉有的表态看来剂量很小，但他一点也没有要比子路降格的意思。你能治方圆百里，我能治六七十或五六十里，在当时的情况下，反而是大国好治，让小国在竞争中存身更难。公西华也不含糊，在国君的宗庙中应对宾客，在各国诸侯的集会上担任司仪，这都是代表国家独当一面的工作行为，比起子路和冉有来并不逊色。子路提到了“国”字，由于孔子的一笑，冉有和公西华就刻意避开了这个字眼，但一个提到“方六七十如五六十”，一个提到“宗庙、会同”，都没有脱开国家的实质内容，还是表示自己属于治国之才，不过是在言语上做了点技术处理而已。孔子心里很清楚，这三个人的表述一个比一个矮一点，内容上却谁也不肯让谁半分。

颜渊第十二

为人须克己，复礼向治平。
一日能推广，归仁世道清。

视动俱循礼，言听不背之。
为仁恒在己，颜子志行斯。

役众同承祭，待人似遇宾。
己心诚不欲，勿以施于人。
在国无尤怨，居家绝忿嗔。
行能如是者，方向即趋仁。

君子其言讱，盖因践诺难。
于仁琴调远，适合对牛弹。

问心无愧疚，忧惧摒而除。
君子胸怀广，乾坤自在居。

死生由命定，富贵在天裁。
君子行仁义，辛勤植善荄。

谨严休放纵，循礼尚谦和。
四海皆兄弟，何忧友不多?

浸润谗言斥，虚浮愬告排。
既明而且远，行为可不乖。

政在多兵食，使民信任之。
去兵而舍食，民信不能移。

处世文犹质，为人质亦文。
去毛而睹鞟，虎与犬难分。

君子言谈谨，权衡尺寸宜。
遭人讥讽后，驷马亦难追。

年饥宜减税，薄敛以宽民。
百姓丰饶后，邦君始不贫。

君子行忠信，循方徙义途。
归仁为杰士，崇德作醇儒。

憎污期彼死，爱洁欲其生。
善恶同身具，是非惑定评。

君臣而父子，各囿礼之笼。
国政能如此，人间可至公。

景公咨孔子，复礼为邦谋。
民社承天重，却怀食粟忧。

片言能断狱，子路甚精明。
老吏难欺诳，公平息讼争。

仲由无宿诺，承应即施行。
君子坚持信，方能有所成。

治邦循礼法，听讼我犹人。
仁政能惇俗，风淳德有邻。

施政居无倦，行之必以忠。
官为民父母，勤勉建丰功。

君子成人美，违中则救之。
小人恒反是，弃义徇其私。

政者求其正，公卿率以成。
恩威皆所秉，孰敢不从行。

季孙忧盗物，孔子斥贪财。
苟汝能廉洁，赏之亦不来。

平民行似草，官吏品如风。
执政如求善，修身使德崇。

善人持政治，去杀倡归仁。
有道平无道，百年世俗惇。

质直欣仁义，察言睹面庞。
思谋能让众，必达在家邦。

外表趋仁义，行为实惑群。
坚持无改易，家国自能闻。

辛勤能敬事，得失岂萦怀?
崇德为君子，修身道不乖。

律己攻身恶，宽人赦彼非。
同行仁义道，修慝乃依归。

怀忿忘其身，牵连祸及亲。
妨其行孝悌，其惑害于仁。

君子崇仁道，根基在爱人。
富他斯利己，达众不穷身。

终身求智慧，其实学知人。
举直施诸枉，归仁德有邻。

舜汤天下主，选众任贤能。
伊尹皋陶举，不仁者兦惩。

友过宜忠告，诚心善导之。
不从当暂止，取辱以坚持。

文深能得友，友善共为仁。
君子怀天下，勤修道义身。

12.1 颜渊问仁，子曰："克己复礼为[1]仁。一日克己复礼，天下归[2]仁焉。为仁由[3]己，而由人乎哉[4]？"颜渊曰："请问其目[5]。"子曰："非[6]礼勿视，非礼勿听，非礼勿言，非礼勿动。"颜渊曰："回虽不敏[7]，请事斯[8]语矣。"

【注释】

①克：克制，约束。复：恢复。为：是。 ②归：回到。 ③为：实行。由：在于，靠。 ④乎哉：助词，表示疑问语气。 ⑤目：细目，详细的条款。 ⑥非：不符合。 ⑦回：颜渊自称其名。敏：精明。 ⑧请：请容许我。事：从事，实行。斯：此。

【译文】

颜渊问关于仁的问题，孔子说："人人克制自己，社会恢复礼制，这就是仁。一旦人人能克制自己而社会恢复礼制，整个天下就回归到仁的轨道上了。实行仁德靠自己，还能靠别人吗？"颜渊说："请问具体的做法。"孔子说："不符合礼的事情不看，不符合礼的话不听，不符合礼的话不说，不符合礼的事不做。"颜渊说："我虽然不精明，也会照这些话去做。"

【解读】

仁是人的品行和修养的最高境界，是社会教化所追求的终极目标。礼是人类社会一切行为的总则和细则，是仁的精神的具体规范。

人具有动物性和社会性两种属性，人的原始欲望大都是从其动物性出发的，往往会侵害他人的利益，破坏社会秩序，导致恶性竞争。为了遏制恶性竞争，社会提倡美德，美德都属于仁的范畴。

社会的发展一直就是在人的动物性和社会性的矛盾斗争中运行着的。所谓“克己”，就是要求节制人的不良欲望。所谓“复礼”，就是要求恢复被破坏了的社会秩序。

个人是社会的细胞，如果人人都能自觉地遵守礼，就能实现仁的境界了。颜渊愿意在视、听、言、动方面都合乎礼，往往能做到“三月不违仁”，因而成了孔门中的佼佼者。

12.2　仲弓①问仁，子曰：“出门如见大宾②，使民如承大祭③。己所不欲，勿施④于人。在邦⑤无怨，在家⑥无怨。”仲弓曰：“雍虽不敏⑦，请事斯⑧语矣。”

【注释】

①仲弓：冉雍。　②大宾：贵宾。　③使：役使。承：承当。大祭：重要的祭祀。　④施：施加。　⑤邦：指诸侯国。　⑥家：古代卿大夫有封地，也有自己的行政机构，叫作家。　⑦雍：仲弓自称其名。敏：精

明。 ⑧请：请容许我。事：从事，实行。斯：此。

【译文】

仲弓问关于仁的问题，孔子说："出门见了别人像见到贵宾一样尊敬，役使百姓像负责重要的祭祀一样谨慎。自己所不愿意的事情，不要施加到别人身上。当国君的臣不落下怨言，当大夫的臣也不落下怨言。"仲弓说："我虽然不精明，也要照这些话去做。"

【解读】

出门如见大宾，是说对任何人都不轻忽，要礼貌周到，能得到人们的好感。使民如承大祭，是说涉及百姓利益的政务要慎之又慎，不出丝毫差错，维护百姓的利益。《左传·僖公三十三年》："臣闻之，出门如宾，承事如祭，仁之则也。"可见这些观念是渊源有自的。

己所不欲，勿施于人，这是仁的基本精神。能事事为他人着想，不损害他人的利益，就是仁的出发点。

无论是给国君当臣，还是给大夫当臣，都能兢兢业业，尽职尽责不落下任何怨言，说明任职成功，事情都做得漂亮。

冉雍显然是任职的官员，所以孔子的回答侧重于待人接物和执行政务方面。

12.3 司马牛[①]问仁，子曰："仁者，其言也讱[②]。"

曰："其言也讱，斯谓之仁已乎③？"子曰："为④之难，言之得无⑤讱乎？"

【注释】

①司马牛：司马耕，字子牛，孔子的学生。②也：助词，起舒缓语势的作用。讱（rèn）：言语迟缓。③斯：就。谓之：叫作。已乎：助词，表示疑问语气。④为：做。⑤得：能，会。无：不。

【译文】

司马牛问仁的问题，孔子说："达到仁的境界的人，他们说话迟缓。"司马牛说："说话迟缓，就叫作仁了吗？"孔子说："做成事情很难，说话能不迟缓吗？"

【解读】

《史记·仲尼弟子列传》说司马牛"多言而躁"，意思是他爱表达，但说话常不在点子上，性格急躁或浮躁。这个学生没有什么突出的地方，似乎资质也不很高。

针对司马牛"多言"的表现，孔子告诉他："仁人们说话是迟缓的。"话到嘴边要停一停，考虑周全了再说出来，可以保证话的质量高一些。意思是说，你只要先改正了说话不假思索的习惯，就做到仁者的一个方面了，至少能减少许多因多言而造成的失误。

对于这样针对性很强的回答，司马牛并没有意识到它的重要性，他追问了一句："说话迟缓，就叫作仁了吗？"孔子说的只是仁的一个枝叶，在给司马牛对症下药，而他却不明白，非要孔子给他一个仁的答案，显得很不得体。孔子只好继续阐述：说话是为了将事情办好，将事情办好是很不容易的，所以说话要迟缓，迟缓是为了谨慎。说话谨慎了，失误就少了，事情也就容易办好。将事情都办得很好，不就是仁人了吗？孔子说“为之难”，就是告诉他重在行动，用反问的语气说出“言之得无讱乎？”，说明孔子已经有点烦了。

12.4　司马牛问君子，子曰：“君子不忧不惧①。”曰：“不忧不惧，斯谓之君子已乎②？”子曰：“内省不疚③，夫何忧④何惧？”

【注释】

①忧：担忧。惧：恐惧。　②斯：就。谓之：叫作。已乎：助词，表示疑问语气。　③内：内心。省（xǐng）：检点，反省。疚（jiù）：因有过失而感到惭愧痛苦。　④夫：他。何忧：忧何，担忧什么。

【译文】

司马牛问关于君子的问题，孔子说：“君子不担忧，不恐惧。”司马牛说：“不担忧，不恐惧，就叫作君子了吗？”孔子说：“能做到问心无愧，他还担忧什么？还怕什么？”

【解读】

《论语·述而》："君子坦荡荡，小人长戚戚。"（7.37）《论语·宪问》："君子道者三，我无能焉：仁者不忧，知者不惑，勇者不惧。"（14.28）这些材料体现的思想都和这里的"君子不忧不惧"相同。

司马牛有"多言"的缺点，受到孔子"仁者，其言也讱"的告诫。另外他还有"多忧"的缺点，本篇下一章云："司马牛忧曰：'人皆有兄弟，我独亡。'"孔子针对性地告诫他：君子不忧不惧。他没有意识到这个回答的用意，追问道："不忧不惧，就叫作君子了吗？"孔子只好进一步阐述：做到问心无愧，才能不忧不惧。每件事都做得很漂亮，没有任何遗憾，这还不是君子吗？谁能事事做到问心无愧？你能吗？

常言说"明人不必细讲，响鼓不必重打"，像司马牛这样的学生也确实是够笨的，还爱提些高层级的问题，听不明白弦外之音还要纠缠不休，搞得孔子总是不得不用反问句堵住他的口。

12.5　司马牛忧曰："人皆有兄弟，我独亡①。"子夏曰："商②闻之矣：死生有命③，富贵在④天。君子敬而无失⑤，与人恭而有礼⑥，四海⑦之内皆兄弟也。君子何患乎⑧无兄弟也？"

【注释】

①独：偏偏。亡（wú）：无，没有。 ②商：子夏自称其名。 ③有：

由，在于。命：天的安排，命运。 ④在：在于，由。 ⑤敬：严于律己，处世谨慎。失（yì）：放纵。 ⑥与：对待。恭：恭顺。礼：礼貌。 ⑦四海：古人将华夏民族周边的少数民族地区称为四海，不指海洋。四海之内指华夏民族地区。 ⑧何：哪。患：担心，不满足。乎：于。

【译文】

司马牛伤心地说："别人都有兄弟，唯独我没有。"子夏说："我听老师说过：死生由天决定，富贵也由天决定。君子严于律己而不放纵，对人恭顺而有礼貌，所有的人都是你的兄弟。君子怎么会担心没有兄弟呢？"

【解读】

家庭成员是人们情感和生活的依托对象，任何一种对象的缺失，都会导致相关依托的缺失，这种缺失是不可弥补和取代的。

司马牛没有兄弟，情感和生活的依托有缺失，自然羡慕有兄弟者。对于这类缺憾，可以用两种办法寻求解脱：一是排遣法，心胸开阔，理解和淡化有关的遗憾，就是所谓能想得开；二是转移法，通过兴趣和情绪转移的方式来寻找新的情感支撑点，以消减对这种遗憾的关注程度。司马牛资质不高，没有能力解脱，所以会十分忧伤。

子夏说"死生有命，富贵在天"，这是告诉他排遣法：没有兄弟的情况非人力所能改变，想也白想，忧也白忧，在这样的事情上想不开就是不聪明。子夏又让他严于律己，宽以待人，获得周围人的友爱，从而弥补没有兄弟之情的缺憾，这是告诉他转移法，良好的人际关系，也能获得情感和生活的依托。

子夏的观点是有道理的，对于消减司马牛的忧伤算是对症下药，虽然不可能根治，但对于弘扬儒家善待他人的仁爱思想却有非常重要的作用。

12.7 子贡问政①，子曰：“足食②，足兵③，民信④之矣。”子贡曰：“必不得已而去⑤，于斯三者何先⑥？”曰：“去兵。”子贡曰：“必不得已而去，于斯二者何先？”曰：“去食。自古皆有死，民无信不立⑦。”

【注释】

①政：政治事务。 ②足：使……充足。食：粮食。 ③兵：兵赋，向百姓征收的军费。 ④信：信任。 ⑤必：如果。已：不做。去：舍弃，去掉。 ⑥于：对于。斯：这。何先：先何，优先选哪个。 ⑦立：建树，生存。

【译文】

子贡问政治事务方面的问题，孔子说：“使粮食充足，使军费充足，使百姓对执政者信任。”子贡说：“如果实在没有办法而要去掉其中的一项，这三项中先去掉哪一项？”孔子说：“去掉军费征收。”子贡说：“如果实在没有办法而还要去掉其中的一项，剩下的两项中先去掉哪一项？”孔子说：

“去掉粮食征收。自古以来人都要死的，百姓对政府没有了信任，国家就立不住了。”

【解读】

古人将国家称作社稷，社是土地神，稷是五谷神，体现了粮食的重要，粮食储备是政治事务的重中之重。否则，人们为了不饿死，就会逃到外国去，使国家的劳力和兵员匮乏，实力下降。

人常说“春秋无义战”，当时列国之间的兼并和掠夺战争连绵不断，一派大鱼吃小鱼的混乱局面。在这种情况下，没有武备的国家是不能生存的。

国家需要百姓服役，如果统治者不被民众信任，人们就会离心离德，不肯为他们服务，出现“民逃其上”的局面。在这种情况下，即使有充足的粮食和军备，国家也会处于危机之中。要获得百姓信任，就得实现政治的合理化，变无道为有道。在孔子看来，这最后一条最为重要。

就理想的政治目标而言，这三条其实是不够的，但是在当时，诸侯国能做到这三条已经是奢望了，很多国家连一条也实现不了。子贡知道这三条不可能同时实现，所以他说“必不得已而去”，意思是在不能兼顾时，必须放弃一个最次要的目标。先免收军费，再免征粮储，永远不可失信于民，这是孔子的看法。统治者宁肯饿死，也不能失去民心。孔子的意见是合乎情理的，三者不能兼顾，只能先放弃军备，保证大家有饭吃。剩下的二者也不能兼顾了，宁肯先免征粮食，让百姓有饭吃，哪怕自己饿死。统治者能深得百姓信赖，人们才能和他们生死与共，维护国家的生存。

子贡是个好学生，善于刨根问底，把孔子的有关见识挖掘干净。他的学习活动堪称楷模，很值得人们细心体味。

12.8 棘子成①曰："君子质而已矣②，何以文为③？"子贡曰："惜④乎！夫子之说⑤君子也，驷不及⑥舌。文犹⑦质也，质犹文也。虎豹之鞟犹犬羊之鞟⑧。"

【注释】

①棘子成：卫国大夫。 ②质：底子，指人的品行、知识等内在的品质。而已矣：助词，表示肯定和限止语气。 ③何以：以何，为什么。以：因为。文：文饰，指人的风采、言谈等外在的表现。为：助词，表示疑问语气。 ④惜：可惜，惋惜。 ⑤夫子：对棘子成的敬称。说：谈论。 ⑥驷：四匹马拉着的一辆车叫一驷。及：追上。 ⑦犹：如同。 ⑧鞟（kuò）：革，去掉毛的皮。

【译文】

棘子成说："君子有质就行了，为什么还要文呢？"子贡说："可惜呀！您这样来谈论君子的问题，可谓一言既出，驷马难追。文就是质，质也是文。（如果只要质不要文）虎豹的革和犬羊的革看上去是没有什么区别的。"

【解读】

关于人的文与质的关系，孔子有过论述，《论语·雍也》："质胜文则野，文胜质则史。文质彬彬，然后君子。"（6.18）棘子成的意见很有代表性，不少人会认为多质少文总比多文少质要好。子贡不以为然，认为棘子成的话有损于自己的形象，应该追悔莫及。

在孔子的论述中，文和质毕竟还是两回事，子贡则将二者统一起来了，认为文是质的一种体现，质也有文的效应。

品德、知识、见解、技能等属于质的范畴，自然会导致其人举止得体，气宇不凡，所谓"腹有诗书气自华"。能言善辩属于文的范畴，全凭语言质量过硬，其基础则是言语技能娴熟，思想内容高雅，知识含量丰富，这些又都属于质的范畴。这都是质转化为文的表现，说"文犹质也"不是不可以。"文"的作用是使人们喜欢，而美好的"质"即使未经"文"的包装，同样能博得好感。从这个角度来看，说"质犹文也"同样有其道理。

子贡用了"虎豹之鞟犹犬羊之鞟"的比喻，将其观点表达得十分生动而准确。去掉了毛的虎皮豹皮和去掉了毛的狗皮羊皮放在一起，就分不出贵贱来了，这就说明了君子不可以忽视"文"的道理。兼济天下的君子是要和人打交道的，如果没有"文"的优势，就不能有效地利用自己的亲和力来实现目的。

12.9　哀公问于有若[①]曰："年饥[②]，用[③]不足，如之何[4]？”有若对曰：“盍彻[5]乎？”曰：“二，吾犹[6]不足，如之何其彻也[7]？”对曰：“百姓足，君孰与[8]不足？百姓不足，君孰与足？”

【注释】

①哀公：鲁哀公。有若：即有子。 ②年：粮食收成。饥：粮食收成不好。 ③用：财政用度。 ④如之何：怎么办。 ⑤盍（hé）：何不。彻：一种税率，收取农民收成的十分之一作为赋税，这里用为动词，是实行彻的税率的意思。 ⑥二：十分之二。犹：还，尚且。 ⑦如之何：怎么。其：可以。也：助词，表示疑问语气。 ⑧孰与：如何，怎么会。

【译文】

鲁哀公问有若说：“粮食收成不好，国家用度不够，怎么办？”有若回答说：“为什么不实行一成的税率呢？”哀公说：“收取两成，我都不够花销，怎么可以收取一成呢？”有若说：“百姓的用度够了，您怎么会不够？百姓的用度不够，您怎么会够？”

【解读】

“彻”的税率在过去实行过，看来鲁国当时已经将赋税增加一倍了。发生了灾荒，百姓交不起税，所以国家的用度不够了。鲁哀公问有若的意思，显然是让他给想办法，看怎样能把税催收上来。有若提出减税的建议，和哀公的初衷相反。有若的见解是：百姓的日子过好了，生产能力就会增强，国君就能有足够的钱花；百姓的日子过不下去，生产能力就会削弱，国君怎么能够有钱花呢？如果百姓为了活命而流亡到国外，国家的财政就更没有依靠了。在统治者和百姓的利益冲突方面，儒家总是希望统治者能照顾百姓的死活，采取富民政策，反对竭泽而渔。

12.11 齐景公问政①于孔子，孔子对曰："君君②，臣臣③，父父④，子子⑤。"公曰："善哉！信如⑥君不君，臣不臣，父不父，子不子，虽有粟，吾得而食诸⑦？"

【注释】

①齐景公：姓姜，名杵臼，齐国国君，死后谥为"景"。政：有关政治的问题。 ②君君：君主按照君主的规范行事。第二个"君"为形容词，表示有君主的风范。 ③臣臣：臣按照臣的规范行事。第二个"臣"为形容词，表示有臣的风范。 ④父父：父亲按照父亲的规范行事。第二个"父"为形容词，表示有父亲的风范。 ⑤子子：儿子按照儿子的规范行事。第二个"子"为形容词，表示有儿子的风范。 ⑥信：确实。如：像……一样。 ⑦得而：会，能够。诸：之，兼表反问语气。

【译文】

齐景公问关于政治的问题，孔子回答说："君主按照君主的规范行事，臣按照臣的规范行事，父亲按照父亲的规范行事，儿子按照儿子的规范行事。"景公说："说得好啊！真的要是君主不按照君主的规范行事，臣不按照臣的规范行事，父亲不按照父亲的规范行事，儿子不按照儿子的规范行事，虽然国家有粮食，我能吃到吗？”

【解读】

鲁昭公二十五年，鲁国内乱，孔子到了齐国，因而经常受到齐景公的咨询。

当时是乱世，到处都君不义臣不忠，父不慈子不孝。孔子提出了“克己复礼”的主张。要求人人都克制私欲，恢复礼的秩序，君臣父子各守各的规矩。“君不君，臣不臣，父不父，子不子”是社会的通病，“君君，臣臣，父父，子子”也是希望恢复正常秩序的一贯呼声。

孔子说“君君，臣臣”，本来也包括齐景公在内，但齐景公好像只认识到了“臣不臣”的后果是自己将被饿死，却不考虑自己“君不君”给国家带来的后果。人们往往都是这样，一谈到社会问题的责任，好像都和自己无关。

12.12　子曰：“片言可以折狱①者，其由也与②？”子路无宿诺③。

【注释】

①片言：打官司的双方中某一方的诉辞。折：评断。狱：诉讼。②其：应当，表示肯定性的推测。由：子路。也与（yú）：助词，表示商

询语气。 ③宿（sù）：迟延，搁置。诺：答应了别人的事情。

【译文】

孔子说："依据原告或被告单方面的陈述就可以判断诉讼案件的人，应当只有仲由吧？"

子路没有推迟履行诺言的情况。

【解读】

这一章所谈的两件事没有关联，应该分为两章。

法官要听取原、被告双方的辩论，再根据证据等各方面的情况做出评判。但子路往往只听了一方的陈述后就知道了其中的是非曲直。这说明他非常精明，具有丰富的办案经验，所以能明镜高悬，不等审判程序进行完毕就有了主见。史书上说子产治郑，民不能欺，就是因为他太精明的缘故。熟于世故的老吏，其目光是非常敏锐的。

子路重义气，讲信用，所以他答应了别人的事情会立刻去办，生怕办迟了让朋友不满意，有损自己的形象。

12.13 子曰："听讼吾犹①人也，必也②使无讼乎！"

【注释】

①听：处理，办理。讼：诉讼。犹：如同，和……一样。 ②必：一定。也：助词，表示强调语气。

【译文】

孔子说："处理诉讼，我和别人是一样的，最好是让诉讼根本不发生。"

【解读】

诉讼案件的发生率反映着社会政治状况的好坏。没有人来打官司，说明社会风气良好，政治状态正常。儒家重视德治和礼治，认为法治只是不得已的辅助手段。执政的目标不在于追求办案的效率，而在于通过教化而降低发案率。《论语·为政》："道之以政，齐之以刑，民免而无耻；道之以德，齐之以礼，有耻且格。"（2.3）靠官吏的明察和刑罚的惩处来治理百姓并不能治本，关键是要使人们都能有积极上进的精神风貌，这样就能消除种种不良现象的发生。没有了诉讼案件，衙门的大堂生出草来，才是治理社会的最佳境界。

12.16　子曰："君子成人之美①，不成人之恶②；小人反是③。"

【注释】

①成：促成。美：好的行为。　②恶：坏的行为。　③反：相反。是：这样。

【译文】

孔子说："君子会成全别人的好行为，不助成别人的不良行为；小人的做法和这相反。"

【解读】

君子要带领人们共行道义，所以对于他人积极向善的行为会积极促成，对于他人的不良行为则会诚心劝阻，这都是对他人负责的表现。

小人自私，和君子的选择不同。别人做好事他不会促成，怕耗费自己的时间和精力，也嫉妒别人的成功。别人做坏事他不会劝阻，一来是臭味相投，二来是盼别人倒霉，自己幸灾乐祸。

12.17 季康子问政①于孔子，孔子对曰："政者正②也，子帅以③正，孰敢不正？"

【注释】

①政：关于政治的问题。 ②正：合理，正确。 ③子：您，对人的敬称。帅：做出表率，带头。以：用。

【译文】

季康子向孔子问关于政治方面的问题，孔子回答说："政治的目标就是正确合理，您用正确合理的行为做出表率，鲁国上下谁的行为敢不正确合理？"

【解读】

“政”和“正”的读音相同，在意义上也有关系，在语言学上叫作“同源词”。为什么将管理国家和百姓的事务叫作“政”？就是因为你不“正”，所以要用相关的管理措施把你“正”过来。所以“政”的内容必须是“正”的，施政目的也是让人们由不“正”而变得“正”起来。

季康子是鲁国礼崩乐坏的总根源，孔子对他颇为反感，给他甩出了一句分量很重的话：你的行为如果是正的，整个鲁国谁还敢不正？这就等于说，凡是鲁国的不正现象，都是你自己不正的结果。

最高统治者的榜样力量至关重要，他们的行为对国人有导向作用和威慑作用。他们是君子，下边的人们就是装也得装出个君子的样子来。如果下边的人们反其道而行之，必然受到惩处。最高统治者贪得无厌，僭越放纵，这就给了小人胡来的机会。他们迎合当权者的胃口，在喂饱当权者的同时也塞满了自己的腰包。在全国官员一片贪的情况下，即使个别官员想清廉也很难了，会受到贪官们的排挤陷害。

孔子如此谴责季康子这样的权臣，显然是对他已忍无可忍，也体现了对邪恶势力的斗争精神。孔子年岁高，资格老，季康子还年轻，所以话重点没有关系。

12.18　季康子患盗①，问于孔子，孔子对曰：“苟子之不欲②，虽赏之不窃③。”

【注释】

①患：忧虑，担心。盗：盗贼。 ②苟：如果。子：您，对人的敬称。欲：贪婪。 ③虽：即使。赏：赏赐，奖励。窃：盗窃。

【译文】

季康子担忧盗贼，问孔子有什么办法，孔子回答说："如果你不贪婪，即使拿钱奖励，他们也不去你家偷东西。"

【解读】

《论语·先进》："季氏富于周公，而求也为之聚敛而附益之。"（11.17）可见季氏聚敛了巨额的财富，因而屡屡招来盗贼，想让孔子给他出些防盗的主意。孔子当过司寇，可能在预防和侦捕盗贼方面有经验。谁知孔子又给他甩出了一句分量很重的话，意思是说：你要是不贪婪就不会有钱，谁还会去偷？

盗贼偷东西是小罪过，而统治者贪婪却是大罪过。《礼记·大学》："一家仁，一国兴仁。一家让，一国兴让。一人贪戾，一国作乱。"说的就是统治者的行为对全国风气的影响。季康子作为执政大夫，贪婪聚敛，带坏了风气，搞得盗贼蜂起，应该对此负根本责任。

12.19　季康子问政于孔子曰："如杀无道以就有道①，何如？"孔子对曰："子为政②，焉用杀？子欲善而民善矣。君子③之德风，小人④之德草，草上之风必偃⑤。”

【注释】

①无道：指坏人。以：而。就：主动亲近。有道：指高层次的人。②为：主管。政：政事。 ③君子：指当权者。 ④小人：指民众。⑤上：在上面施加。偃（yǎn）：倒伏。

【译文】

季康子向孔子询问政治方面的问题：“如果杀掉坏人，主动亲近高层次的人，这种做法怎么样？”孔子回答说：“您管理政事，哪还用杀人？您喜欢正义，百姓就变好了。当权者的品行像风，民众的品行像草，风从草的上面刮过，草一定会顺着风的方向倒伏。”

【解读】

季康子想杀掉一些为非作歹的人来震慑局面，孔子说“子为政，焉用杀？”，季康子听了会很高兴，因为这是对他的肯定：那些低素质的人，才靠杀人来维持局面呢，您用得着这样吗？儒家反对严刑峻法，希望通过理想政治而“胜残去杀”。季康子有“就有道”的愿望，孔子就给他戴了顶高帽子。

“子欲善而民善矣”，和前面章节中提到的“子帅以正，孰敢不正”的思想异曲同工（12.17）。

古书上有个故事，和《论语》中的材料有关，很有意思。《南史·王绚传》：“绚字长素，早惠。年五六岁，读《论语》至'周监于二代'，外祖何尚之戏之曰：'可改耶耶乎文哉。'绚应声答曰：'尊者之名安可戏？宁可道草翁之风必舅？'及长，笃志好学，位秘书丞。"

古人有名也有字，其名和字的含义往往有联系和讲究，王绚的字是"长素"，其中的"长"表示排行。名绚字素，取的是《论语·八佾》"素以为绚兮"（3.8）的典故。

古人讲究名的避讳，尤其对于尊者的名，不能说出来，否则就是不礼貌。王绚小时候朗读《论语》，读到了"周监于二代"一句，下面是"郁郁乎文哉"，他卡住了，因为他父亲叫王彧，与"郁"同音，所以他不能将"郁"字念出来。这时外祖父何尚之正在旁边，对他说："你可以把下面的话改读为'耶耶乎文哉'。"当时称呼父亲为"耶"（后写作"爷"），既然你的"耶"叫"郁（彧）"，你就将"郁"都读成"耶"吧。这是在和王绚开玩笑，因为如果读成"耶耶乎文哉"，听起来就像今语"爹爹乎文哉"或"爸爸乎文哉"的效果了。

王绚的反应很敏捷，他说："尊者的名字怎么可以拿来开玩笑？难道能把《论语》中的某句话读成'草翁之风必舅'吗？"这里说的就是"草上之风必偃"。当时称呼外祖父叫"翁"，王绚的舅舅叫何偃。按照何尚之教给王绚读"郁郁乎文哉"为"耶耶乎文哉"的道理，推而广之，"草上之风必偃"就得读为"草翁之风必舅"了，因为外祖父和舅舅的名也是不能读出来的。由此可见，王绚对《论语》的熟悉程度非同一般。

12.22　樊迟问仁，子曰："爱人。"问知①，子曰："知②人。"樊迟未达③，子曰："举直错诸枉④，能使枉者直。"樊迟退⑤，见子夏，曰："乡也吾见于夫子⑥而问知，子曰'举直错诸枉，能使枉者直'，何谓⑦也？"子夏曰："富⑧哉言乎！舜有⑨天下，选于众⑩，举皋陶⑪，不仁者远⑫矣。汤⑬有天下，选于众，举伊尹⑭，不仁者远矣。"

【注释】

①知（zhì）：智慧。　②知：了解。　③达：明白，理解。　④举：提拔。直：指正直的人。错：措，安排。诸：之，他。枉：指邪恶的人。⑤退：从地位高的人面前离开。　⑥乡（xiàng）：在此以前，过去。夫子：对老师的敬称。　⑦何谓：谓何，说的是什么意思。　⑧富：有价值。　⑨有：享有。　⑩选：选拔。众：众人。　⑪皋陶（yáo）：舜的臣，主管刑狱事务。　⑫远：离开。　⑬汤：商代的开国君主。　⑭伊尹：汤的臣，担任相。

【译文】

樊迟问什么是仁，孔子说："仁就是要爱护别人。"又问什么是有智慧，孔子说："有智慧就是能了解别人。"樊迟没有明白，孔子说："提拔正直的人，将他们安排在不正直的人之上，能够使不正直的人也正直起来。"樊迟从孔子那里出来，见到了子夏，他说："刚才我见到老师，请教关于智慧的事，老师说'提拔正直的人，将他们安排在不正直的人之上，能够使不正直的人也正直起来'，说的是什么意思呢？”子夏说：“老师的这句话真有价值啊！舜当了天下的君主，从众人中选拔人才，提拔皋陶来管理刑狱，不仁的人就退走了。汤当了天下的君主，从众人中选拔人才，提拔伊尹来当相，不仁的人就主动退走了。”

【解读】

仁的精神是爱护别人，所以仁者要先人后己，这个纲领贯穿《论语》全书，其他的道理都是由这个源头派生出来的。

儒家思想一是讲修己，一是讲治人，修己也是为了能治人。治人就必须通达事理人情，知人善任，这是衡量执政者素质的重要尺度。乱世必有昏君奸臣，治世必有明君贤臣，这是历史的定律。

君主和大臣的品格是政治好坏的关键，他们的行为具有表率和威慑作用。他们贤明正直，下属就会积极表现，不敢为非作歹，这就是“举直错诸枉，能使枉者直”的道理所在。孔子讲过“政者，正也，子帅以正，孰敢不正”（12.17）的话，意思也是如此。

子夏为孔子的说法举出了两个典型例证，说明了正直的大臣对于政治空气的净化作用。但他说“不仁者远矣”，和孔子说的情况并不一致。正直的人在位，“能使枉者直”，也能使“不仁者远”，子夏的说法是对孔子说法的补充。

12.23　子贡问友[①]，子曰："忠告而善道[②]之，不可则止[③]，毋自辱[④]焉。"

【注释】

①友：交友。　②忠：用忠诚的态度……。善：用好的道理……。道（dǎo）：劝导。　③止：停止。　④毋：不要。辱：招来侮辱。

【译文】

子贡问交友的问题，孔子说："用忠诚的态度劝告朋友，用好的道理引导他，如果他不接受，就不要勉强了，不要自讨没趣。"

【解读】

对于朋友，态度要忠实而诚恳，如果他有错误，一定要善意地告诉他，尽到自己作为朋友的责任。如果非要逼人家接受自己的意见，就会伤人家的自尊，招致反感，将关系搞僵。所以话要说到位，但不可太坚持己见。

12.24　曾子[①]曰："君子以文会[②]友，以友辅[③]仁。"

【注释】

①曾子：曾参。　②以：用，靠。文：学问，知识。会：集会。　③辅：助成。

【译文】

曾子说："君子用学问结交朋友，靠朋友帮自己成就仁德。"

【解读】

人的成长离不开朋友的相助，朋友是靠学问的纽带联系起来的，这就叫"以文会友"。交友的目的是使自己进步，达到仁的境界。孔子门下人才济济，除了孔子的教导，还有同学之间互相激励和启发的作用。甚至孔子本人的进步也和他有这么多优秀的学生有直接关系。《论语·八佾》："起予者商也，始可与言《诗》已矣！"（1.15）《论语·先进》："回也非助我者也，于吾言无所不说。"（11.4）这些材料都能反映出孔门师生教学相长的情况。

子路第十三

敬事先僚属，奖褒众有成。
持之而不倦，民吏则上行。

宽宏容小过，识辨举贤才，
行政先诸属，和中养道荄。

贤才行卓异，君子自能知。
偶有疏遗者，他人亦举之。

礼崩乐坏政须更，孔子先施欲正名。
言顺事成兴礼乐，适中刑罚范民行。

仲由鄙野性张扬，每与其师动舌枪。
有此诤徒丘也幸，杏坛相长共高翔。

于言不可苟，名定必能行。
凡己无知者，阙如勿妄评。

樊迟询稼圃，孔子拒教之。
为士当从政，归仁乃可期。

好礼人皆敬，依仁众尽从。
己诚民亦信，负子共朝宗。

诵诗三百首，授政不能通。
出使难专对，居身废物中。

当路持身正，吏民志愿行。
名声如龌龊，虽令亦难成。

鲁卫同姬姓，政声伯仲间。
仲尼何所指，探讨步维艰。

财余称苟合，货积谓稍完。
富有欣臻美，子荆甚达观。

治国期民聚，人来则富之。
丰衣兼足食，庠序使从师。

仲尼如治国，期月状繁荣。
连续施仁化，三年政有成。

文明仁义布，礼乐圣贤传。
邦欲除残杀，善人治百年。

礼崩乐坏时，积习固难移。
王者今天出，归仁世以期。

苟正其身矣，服人则不难。
北辰居所在，政治自安澜。

仲尼虽不用，诸政与闻之。
琐事平庸者，无烦国老知。

片语能兴国，只言可丧邦。
为君诚不易，唯乐莫予撞。

政善邦人悦，国昌远者来。
文王方百里，勤勉育仁胎。

政成无欲速，俗改自须时。
当摒虚荣念，高楼始筑基。

休贪微小利，远大百年期。
复礼归仁事，持行志不移。

父子行包隐，家声事最崇。
平和求改过，正直在其中。

攘羊为恶小，处理自多方。
儿子公然证，岂能谓善良？

居处恒恭谨，待人必恕忠。
终身持事敬，夷狄亦尊崇。

行己能知耻，出邦不辱君。
德能皆俊杰，朝野尽知闻。

宗族称其孝，乡邻赞彼恭。
修身恒谨饬，接物则宽容。

言语能诚信，行为必责成。
硁硁持事业，亦列士之名。

今之从政者，筲斗鄙庸人。
不在衡量列，蓬蒿鸟雀伦。

不得中行与，退而欲狷狂。
洁身唯自好，进取奋翱翔。

人而无恒德，不可作巫医。
时或招羞耻，未占即已知。

君子行中道，小人弃至公。
和能弘礼义，同则害高崇。

小人攻彼事，君子好其行。
闾里能如此，方符正直名。

易事而难悦，使人则器焉。
反之求备至，违道乃攀援。

君子常舒泰，从来不纵骄。
小人恒动躁，逸放作猴跳。

木讷能持重，毅刚亦近仁。
修身须渐进，君子德为邻。

切切偲偲友，怡怡待弟兄。
如斯能谓士，处世得佳名。

即戎行大事，将士自须贤。
训练宜精细，善人历十年。

驱民行战事，训练自须精。
不习而操戟，斯为弃命征。

13.3　子路曰："卫君待子而为政①，子将奚先②？"子曰："必也正名③乎！"子路曰："有是④哉？子之迂⑤也。奚其⑥正？"子曰："野⑦哉！由⑧也。君子于⑨其所不知，盖阙如⑩也。名不正则言不顺⑪，言不顺则事不成，事不成则礼乐不兴⑫，礼乐不兴则刑罚不中⑬，刑罚不中则民无所错⑭手足。故君子名⑮之必可言也，言之必可行也。君子于其言，无所苟而已矣⑯。"

【注释】

①卫君：指卫出公，姓姬，名辄。待：留下。子：指孔子。为政：执政。　②奚先：先奚，先做什么。　③必：一定。也：助词，表示强调语气。正：匡正。名：名称，用语。　④是：这样。　⑤迂：迂远，不切实际。　⑥奚：怎么。其：可以。　⑦野：鄙野，见识浅陋。　⑧由：子路。　⑨于：对于。　⑩盖：则，就。阙（quē）：缺，空缺着。如：……的样子。　⑪正：规范，合理。顺：合理。　⑫兴：兴盛，情况良好。⑬中（zhòng）：合理，适当。　⑭错：措，放置。　⑮名：命名。　⑯苟：苟且，随便。而已矣：助词，表示肯定语气。

【译文】

子路说："卫国国君留您管理政务，您将先做什么事？"

孔子说："一定要规范人们的用语！"子路说："是这样的吗？您不切实际。怎么可以规范这些？"孔子说："浅陋啊！仲由。君子对于自己不知道的事情，就闭口不谈。用语不规范，说出来的话就不合理；说出来的话不合理，事情就办不成；事情办不成，礼乐教化就不能兴办起来；礼乐教化不能兴办起来，刑罚就会不适当；刑罚不适当，百姓任何事情都会不知所措。所以君子为事物命了名，就一定能合理使用；一旦说出来，就一定能够行得通。君子对自己的话，是不会苟且随便的。"

【解读】

鲁哀公六年，孔子从楚国又到了卫国。当时卫国国君是出公，他的父亲蒯聩在和他争夺君位。子路认为出公可能会用孔子执政，便想知道孔子新官上任会先烧什么火。孔子说要先纠正人们说话用词不当的现象，让子路感觉出乎意料：国家正处在政治斗争的旋涡中，指望你能有什么扭转乾坤的锦囊妙计，你却要开展语言文字的规范化运动，这不是瞎扯吗？子路心直口快，劈头就冒出一句"有是哉？子之迂也"，火辣辣的一个"迂"字，完全忘记了自己学生的身份，这可能是孔子受到的来自学生的最强烈的顶撞。

子路说孔子"迂"是很不得体的，但孔子训斥他"野"却并不过分，因为他是老师。其实他们之间的剑拔弩张只是一场误会。孔子所说的"正名"并不是一般意义上的纠正人们说话用词不当的现象，而是专指在政治领域和礼法有关的用词不当现象。还未容孔子说清楚，子路不明就里，张嘴就贬孔子，所以被孔子当头给了一棒子。

《韩诗外传》卷五：“孔子侍坐于季孙，季孙之宰通曰：‘君使人假马，其与之乎？’孔子曰：‘吾闻君取于臣谓之取，不曰假。’季孙悟，告宰通曰：‘今以往，君有取谓之取，无曰假。’孔子曰：‘正假马之言，而君臣之义定矣。’《论语》：‘必也正名乎！’”季孙氏是鲁国的执政大夫，专权跋扈，贪婪越礼，一直在削弱着国君的权力和财力。国君可能是因为打猎等事情而马匹不够，竟然派人来向季孙氏借马，大夫比国君还富有，这说明君臣之间的财富实力处于颠倒状态。国君来借马，季孙氏的家宰前来请示，其用语是“其与之乎”，可见以往这种情况下是或借或不借的。君主向大夫借点东西用，大夫可以想借就借，不想借就不借，这说明君臣之间的地位关系也处于颠倒状态。君臣秩序如此反常，其政治危机也就可想而知了。孔子认为国君从臣民手里要东西叫作“取”，不能叫“借”。说成“取”，就意味着东西虽然在大夫手里，但国君可以随便取用，这样的君臣关系是正常的。说成“借”，就体现出君臣秩序失衡的明朗化和问题的严重性。季孙氏当然明白这个道理，立刻命令下属：以后凡是国君来借东西，从咱们嘴里不能说“借”，要说成“取”。不管实际的内容怎样，至少听起来不刺耳了。要求将“借”说成“取”，这就是“正名”，是对礼崩乐坏现象的一种形式上的挽救。

春秋时期的“名不正”和“言不顺”现象，是礼崩乐坏的僭越体现。孔子提倡克己复礼，需要由小到大一步步地实施，所以他先要匡正涉及君臣关系的用语，反对僭越和失礼。这是要恢复政治秩序的合理化，其选择不能算“迂”。孔子没有急于求成，想先治标后治本，循序渐进，但毕竟大厦将倾，一木难支，季孙氏将“借”说成了“取”，在形式上给国君留了点面子，却不会改变其巧取豪夺的贪婪本性。

“君子于其所不知，盖阙如也”，自己不懂的事情，最好三缄其口，当一个老实人。强不知以为知，夸夸其谈，会令人讨厌。

“君子于其言，无所苟而已矣”，对于自己的口头语言和书面语言要一丝不苟。古人云“文章千古事”，白纸黑字，一言既出，驷马难追。如果不负责任地随口乱说，其负面作用会很严重。

13.4　樊迟请学稼①，子曰：“吾不如老农。”请学为圃②，曰：“吾不如老圃③。”樊迟出，子曰：“小人哉！樊须也。上好礼则民莫敢不敬④，上好义则民莫敢不服，上好信则民莫敢不用情⑤。夫如是⑥，则四方之民襁负⑦其子而至矣，焉用稼？”

【注释】

①稼：种庄稼。　②为：经营。圃：菜园。　③圃：种菜的农民。　④上：执政者。莫：没有人。敬：办事谨慎认真。　⑤信：诚实。用：表现出。情：真实的内心。　⑥夫：助词，表示提起议论。是：这样。　⑦襁

（qiǎng）负：用襁背着。襁：背小孩用的宽带子。

【译文】

樊迟请求学习种庄稼，孔子说："我不如老农。"樊迟又请求学习经营菜园，孔子说："我不如种菜的老把式。"樊迟出去了，孔子说："小人啊！樊须。执政者崇尚礼制，百姓就没有人敢办事不认真谨慎；执政者崇尚道义，百姓就不敢不服从；执政者崇尚诚实，百姓就不敢不讲真话。能做到这样，四方的百姓就会背着他们的孩子投奔过来，哪还用自己种庄稼？"

【解读】

孔子小时候贫穷卑贱，因而会种粮种菜，否则樊迟不会向他提出这样的学习要求。他说自己不如老农和老圃，是拒绝教樊迟的借口，不见得是真教不好。

樊迟要学种粮种菜，显然不是要当农民，他可能是要当个精通专业的管理者。作为官员，管理的对象是农民，自己就应该是农业专家，才能将工作做细做好；甚至可以种试验田，探索栽培技术，从而提高生产能力。

古代的统治者有从事农耕的光辉事迹。舜亲自耕作，其美德教化了一方百姓。后稷教百姓种植，其技术转化成了巨大的生产力。樊迟要学习农耕，未尝不是想以舜与后稷之类的圣贤人物为榜样，有一番新的作为。

樊迟忽略了两个事实：第一，是舜处在德治时代，所以他的行为能够对淳朴的民众发挥影响。春秋时期是乱世，人们如狼似虎，礼制都不能奏效了，要靠刑法维持统治，舜的做法已经不适用了；第二，是后稷处在农业技术的开发时期，一项新技术的推广，立刻就能推动生产能力大幅度提高。春秋时期的农业技术已经趋于成熟，不可能再有影响巨大的技术创新了，想靠技术来推动农业进步是不切实际的。

不过，樊迟想学农技并没有错，就算益处不大，总归不会有害。孔子不肯满足樊迟的要求，却也不能当面批评，如果理论起来，孔子恐怕还不占理。等樊迟出去了，孔子才谈了自己的想法：执政者只要崇尚礼制、道义、诚信，百姓就能心悦诚服而尽职尽责地劳作，国家政治局面和经济状况就会变好。如此一来，其他诸侯国的百姓都会前来投奔。人口多起来了，土地都能被开垦。执政者自己种地，累死累活，又能多打几颗粮呢？孔子认为搞好政治才是高效率的管理，亲自种地的想法是幼稚浅陋的。

战国时的农家提出统治者要种地，吃百姓种出来的粮食是剥削。《孟子·滕文公上》对农家思想进行了批判。孟子认为统治者是劳心者，民众是劳力者，劳心者劳心的成果是管理绩效，劳力者劳力的成果是物质产品。劳心者享用劳力者提供的物质产品，孟子认为这不是剥削，只是脑力劳动成果与体力劳动成果的一种交易。拿禹的事迹为例，他受命治水，八年在外，对工作十分负责，但说到底他也是个劳心者，他出现在治水工地是去勘察设计，而不是挥着铁锹挖土。由于他的劳心，北方治理了黄河水系，南方治理了长江水系。禹劳心的绩效是让全国的人都有了饭吃，他用这样大的功绩从劳力者那里换来自己的一口饭，这能算是剥削吗？如果按照农家的主张，让禹种出自己要吃的粮食，他还有精力领导治水吗？是让禹专心致志地劳心治水好呢，还是让他劳力种地好呢？

樊迟的观点受到孔子的否定，农家代表人物许行的观点受到孟子的否定，二者的性质不同，但孔、孟的意见有共同的成分，就是认为执政者的脑力劳动属于管理范畴，是高效益的劳动，而亲自种地的体力劳动属于执行范畴，是相对低效益的劳动。所谓将不在勇而在谋，说的就是这个道理。如果执政者能像禹那样兢兢业业地劳心，一个有效的决策就能使大多数人获得大益。周代先王让劳心者不得淫心，让劳力者不得舍力，其见解是很有道理的。

13.5 子曰：“诵《诗》三百①，授之以政不达②，使于四方不能专对③。虽多，亦奚以为④？”

【注释】

①诵：念诵。《诗》：指《诗经》。三百：今本《诗经》有305篇，称“三百”是取其整数而言。 ②授：交付。政：政事。达：明白，通晓。③使：出使，从事外交。四方：指外国。专：独立自主地……。对：应对，应付。 ④奚：何，什么。以：用。为：助词，表示疑问语气。

【译文】

孔子说：“念了《诗经》的三百篇诗，把政事交给他，他不通晓；派他出使外国，他不能独立应对。虽然读得多，又有什么用处呢？”

【解读】

《诗经》是古代贵族的必修课，无论是管理政事还是在外交场合，都是非常重要的工具。

都读了同样的书，经历了同样的培养程序，结果却不一样。例如都读了大学，有的人文笔很漂亮，有的人却连请假条也写不通顺。这种情况很普遍，原因在于勤奋还是懒惰。

懒惰分两种：一种是行为懒惰，在学习上不求甚解，不求会用。老当观众，没有意识到现在看戏是为了将来要唱戏。到头来什么戏都看过，就是一折也唱不了。如果能看到什么就试着做什么，其结果可能就会好一点。还有一种是思维懒惰，盲目读盲目听，不思考不分析，会背书不会讲书。这种人老是停留在凭简单的感觉而做出判断的思维阶段，没有进步到凭丰富的学理而做出穷尽分析的思维阶段。面对一件事情，他只会说对或不对，却说不出对的原因有甲乙丙丁，不对的原因有子丑寅卯。甚至当别人告诉他书上说的什么话不对、理由有八条时，他听了半天都理不出个头绪来。因为接受外界事物的思维模式不同，所以影响到资质和能力的提高。

行为懒惰和思维也懒惰的人，自然不能学以致用，就会成为“授之以政不达，使于四方不能专对”的废品。

13.9　子适卫①，冉有仆②，子曰："庶矣哉③！"冉有曰："既庶矣，又何加④焉？"曰："富之⑤。"曰："既富矣，又何加焉？"曰："教之。"

【注释】

①适：到，前往。卫：卫国。　②仆：驾驭马车。　③庶：人口众多。矣哉：助词，表示感叹语气。　④加：施加，指实行进一步的治理措施。　⑤富之：使他们富起来。

【译文】

孔子到了卫国，冉有为他驾着车，孔子说："人口真多啊！"冉有说："人口已经多起来了，该再做什么事情呢？"孔子说："让人们都富起来。"冉有说："已经富起来了，该再做什么事情呢？"孔子说："教育他们。"

【解读】

人口少，劳力和兵员就匮乏，国家实力就弱。国家人口众多，就具备了政治和经济发展的条件。在人口多起来的基础上，孔子主张先要富民，然后教民。

对百姓实行先富后教的政策，这是古代政治家们的共识。《孟子·滕文公上》记载，远在尧、舜时代，其治国步骤就是让禹先治水患，让益先治草木禽兽之患，然后让后稷发展农业生产，在人们饱食暖衣之后，才让契对百姓推行人伦教化。《管子·治国》："凡治国之道，必先富民。"《管子·牧民》："国多财则远者来，地辟举则民留处，仓廪实则知礼节，衣食足则知荣辱。"物质生活有了基本保障，才能讲求精神思想的进步，这是人类社会的必然规律，在贫困的情况下，任何精神层面的追求和建设都会是空中楼阁。

13.11 子曰："'善人为[1]邦百年，亦可以胜残去杀[2]矣。'诚哉是[3]言也！"

【注释】

①善人：贤良的人。为：治理。 ②胜：遏制，去除。残：残暴，指各种肉刑。去：免除。杀：杀戮，指死刑。 ③是：这。

【译文】

孔子说："'贤良的人治理国家一百年，也就能够废除肉刑和死刑了。'这话确实是对的。"

【解读】

古代的刑罚颇为严酷，有各种各样的肉刑和死刑，经常会出现"屦贱踊贵"的情况。儒家反对酷刑，提倡宽以待民，主张靠教化来使人民进步，减少犯罪，从而降低刑罚的使用频率和层级，最终废除肉刑和死刑。《论语·颜渊》："季康子问政于孔子曰：'如杀无道以就有道，何如？'孔子对曰：'子为政，焉用杀？子欲善而民善矣。'"（12.19）这是主张用德政替代暴政。《论语·颜渊》：“听讼吾犹人也，必也使无讼乎！”（12.13）这是主张用管理手段降低发案率。

“善人为邦百年，亦可以胜残去杀矣”是别人说过的话，孔子在此引用，表示对这一观点的认可。这一叙述表明，犯罪受刑的是百姓，责任却在统治者。百姓犯罪，都是统治者管理不善造成的。例如统治者横征暴敛，逼迫百姓为活命而盗窃抢夺；统治者不注重教化，不能使百姓明白事理，因而犯罪等等。可见百姓犯罪体现的是统治者的失职，如果统治者是贤良的人，其善政能不断延续，民风就会不断改善，最终能实现胜残去杀的文明局面。

13.17 子夏为莒父宰①，问政，子曰：“无欲速，无见②小利。欲速则不达③，见小利则大事不成。”

【注释】

①为：当，担任。莒（jǔ）父：县邑名。宰：县一级的长官。 ②见：指贪图。 ③达：实现目标。

【译文】

子夏担任了莒父的邑宰，问政治方面的事情，孔子说：“办事不要急于求成，不要贪图小利益。急于求成反而不能实现长远目标，贪图小利就办不成大事。”

【解读】

初出茅庐的执政者，表现欲很强烈，新官上任三把火，总想使政局出现新面貌。他们往往急于求成，在条件不具备的情况下动快刀，下猛药，不但实现不了目标，反而会毁坏了以后工作的基础，这就叫“欲速则不达”。

执政者必须有长远的规划，力戒靠面子工程等短期行为来哗众取宠。高楼万丈平地起，其实是从地底下开始建设的。如果为了显示政绩而热衷于盖些鸡窝狗窝，自然就耽误了盖起高楼的大工程。这就叫“见小利则大事不成”。

官员们急于求成，贪图小利，是因为见识低下，没有成就大事业的理想，再加上性格浮躁，缺乏务实精神，所以难成大事。

13.18　叶公语①孔子曰：“吾党有直躬②者，其父攘羊而子证③之。”孔子曰：“吾党之直者异于是④。父为子隐⑤，子为父隐，直在其中矣。”

【注释】

①语（yù）：告诉。　②党：家乡，乡邻。直：正直。躬：人名。③攘：把从别人家跑来的家畜家禽等占为己有，比窃取之罪轻。证：告发。　④异：不同。是：这。　⑤隐：隐瞒。

【译文】

叶公告诉孔子说：“我的乡邻有个正直的人，他的父亲把从别人家跑来的羊占为己有，他揭发了这件事。”孔子说：“我家乡正直的人和他不一样。父亲为儿子隐瞒，儿子为父亲隐瞒，这中间就包含着正直的道理。”

【解读】

父亲侵害他人利益，儿子予以揭发，叶公认为这是正直的表现。孔子没有说揭发父亲攘羊的行为不算“直”，但认为这种“直”的层次不高。他提出了一种貌似不“直”而“直”在其中的表现，那就是“父为子隐，子为父隐”。父子之间互相包庇和隐瞒过失，怎么可以说“直在其中”呢？这是一般人所不能理解的。

像“攘羊”这样的不良行为，社会上十分普遍，其性质并不严重，属于法律可管可不管的临界处。儿子揭发父亲攘羊，可以算是以公理而废私情，算不上“大义灭亲”，有点“小义灭亲”的味道。

儿子揭发父亲攘羊，其后果是父亲名誉扫地，家庭形象受损，家庭生活的味道也因之而大变。通过儿子揭发父亲攘羊这件事，人们会知道其父子情感淡漠，甚至会认为儿子是靠出卖父亲而求取名誉。从功利效果来看，儿子这样做显得偏激，得不偿失。大义灭亲是无奈之举，应该被理解和肯定，至于“小义灭亲”，恐怕就值得斟酌了。对人们的小过要宽容和赦免，攘羊不算严重过失，当儿子应该采用告发以外的其他方式来对待。

“隐”是为了维护家族声誉，所谓家丑不可外扬。父子互“隐”虽然有碍公理，却是事理人情的自然趋向，要求人们大义小义都灭亲，显然不切实际。尤其是在小过的范畴内，更有通过法治解决问题和通过情治解决问题的区别。

儒家主张为父母“隐”过，并不是主张对父母之过视而不见，子女对父母有谏的责任。家丑虽不外扬，在家庭内部却是要依理解决的。

父母有过失，子女便有失谏的责任。子女平时对父母之过不失其谏，便可以降低父母之过的频率和程度。父亲攘羊，平时必有贪利的表现，儿子应当谏阻。攘羊的事实已经形成，儿子还可以再谏，哪怕谏到“父母怒，不说，而挞之流血”的地步，如果能妥善处理，也总比告发要好。

告发父亲攘羊，这是一种偏激而简单的正直。“父为子隐，子为父隐”的做法貌似不直，但如果纳入儒家的思想体系中，确实有“直在其中”的道理可言。“直”的结果应该是追求最大程度的合理化。许多能在家庭和亲情这一特殊的机体内自我调节和消弭的矛盾，非要都诉诸法律，是不应该提倡的。儒家主张德治、礼治、情治，这些思想对社会问题所能发挥的干预作用，绝不是一个现代意义上的法治思想所能包办的。

13.21 子曰：“不得中行而与①之，必也狂狷②乎！”狂者进取，狷者有所不为也③。

【注释】

①中行：指符合正道要求的人。与：和……在一起，交往。 ②必：

一定要……的话。也：助词，舒缓语势节奏。狂：好积极进取的人。狷（juàn）：洁身自好的人。 ③狂者进取，狷者有所不为也：这两句应当是人们为“必也狂狷乎”所做的阐释，后来被误当成了《论语》的正文。

【译文】

孔子说：“得不到与符合正道要求的人进行交往，一定要选择的话，就和狂者和狷者在一起吧！”狂者指锐意进取的人，狷者指拒绝污浊的人。

【解读】

能够合乎道的要求，是做人的理想境界，这样的人当然是值得交往的，但在社会上不容易见到，退而求其次，就选择和狂者交往。狂者志向远大，但其行为却与志向有差距。这种人虽然有缺憾，但有锐意进取的精神，总还是在不断进步着的，和这样的人交往也不错。孔子的学生中，子路、子贡、子张等人都可以算这一类。另外还可以和狷者交往。狷者洁身自好，拒绝污浊的行为，是“有所不为”的人。孔子的学生中，原宪、闵子骞、曾皙等人都具有这样的特点，他们往往表现出愤世嫉俗的清高思想。

13.23 子曰：“君子和而不同①，小人同而不和。”

【注释】

①和：追求合理适当。同：无原则地附和。

【译文】

孔子说："君子追求事情的合理适当，不会无原则地附和别人。小人会无原则地附和别人，不会追求事情的合理适当。"

【解读】

君子处世出以公心，以道义为标准，不会无原则地附和他人的不合理做法。这需要将个人利益置之度外，因为坚持原则往往会得罪他人，给自己带来不利。小人为了讨好他人，明知不合理，却也违心地附和，不敢坚持原则，都是出于自私的考虑。

齐国的晏婴认为，所谓"和"就是要求臣民对君主拾遗补阙，要求君主能听取合理的反对意见，以求政治的合理，君子坚持"和"是出于道义的责任。所谓"同"就是无原则地和君主的意见保持一致，小人持"同"的态度是出于私利的考虑。

13.27　子曰："刚①、毅②、木③、讷④近仁。"

【注释】

①刚：刚直，倔强。　②毅：坚韧，坚强。　③木：质朴。　④讷（nè）：少言寡语。

【译文】

孔子说："刚直、坚韧、质朴、不好多言的性格，接近于仁的要求。”

【解读】

“刚”指宁折不弯的正直性格。《论语·公冶长》：“子曰：‘吾未见刚者。’或对曰：‘申枨。’子曰：‘枨也欲，焉得刚？’”（5.11）常言说“无欲则刚”，就源于孔子的这个说法。

“毅”指不屈不挠的坚韧性格，《论语·泰伯》：“士不可以不弘毅，任重而道远。仁以为己任，不亦重乎？死而后已，不亦远乎？”（8.7）士人要承担起仁的重任，必须有坚韧的毅力，可以参看那里的分析。

“木”指质朴无华的性格，表现得有质而无文。只有文而没有质是不可以的，但如果有质而无文，虽然不够完美，却可以被肯定。

“讷”指话语不多，不好表现。孔子主张言行一致，尤其赞赏行在前而言在后，反对只说不做或言过其实。

“刚、毅、木、讷”虽然也有负面因素，但其中的积极因素是志士仁人不可或缺的。要养成这些性格，需要有健康的价值观和人生情趣。光有它们还不能算仁者，可以算是具备了仁者的一些条件，所以说“近仁”。

13.30　子曰：“以①不教民战，是谓弃②之。”

【注释】

①以：用。 ②是：这。谓：叫作，等于是。弃：抛弃，弃掷。

【译文】

孔子说："用不经过教化的百姓去打仗，这就等于是将他们抛弃了。"

【解读】

军队经过教育和训练，打仗取胜的可能性才大。未经教育和训练的军队容易打败仗，会牺牲或被俘，这就等于统治者将活生生的大批民众丢弃了。发生这样的惨剧，是因为统治者不肯花成本对百姓进行教育和训练。使用"弃"字，是在谴责统治者对百姓的生命不珍惜。

宪问第十四

时清邦有道，束带立朝堂。
政治如昏暗，为官渎五常。

克伐皆无迹。怨贪尽不行。
人诚难及此，仁则未臻盈。

士以仁为任，胸襟远大期。
怀居凡俗辈，不足议驱驰。

身逢邦有道，正直励言行。
世浊朝堂暗，施端语酌情。

德高言必美，言美德难臻。
仁者恒能勇，勇徒或不仁。

羿奡非其死，恢宏禹稷功。
仲尼诚得体，无语告南宫。

贵族违仁义，如毛满世堆。
平民臻圣道，未见有其才。

爱人施惠劳，忠职诲仁行。
既欲民财富，亦求俗化成。

裨谌初稿创，世叔酌其宜。
子羽行修改，郑侨润色之。

子产褒称惠，彼哉叹子西。
春秋人物众，评价有高低。

贫穷当息怨，富贵则无骄。
心态须恒定，人生竞远标。

优为三晋老，滕薛大夫难。
易理强邦政，艰当弱邑官。

君子须多智，临财性不贪。
施仁心勇敢，理事艺娴谙。
礼乐为冠冕，当朝政治堪。
成人须备此，方可立无惭。

世道陵夷日，衡量自别论。
临危而授命，见利则思仁。
处约能从道，居穷可勉惇。
如斯行事者，亦可谓成人。

诚乐方生笑，适时乃出言。
符仁而后取，庄雅众不烦。

臧纥求为后，以防胁鲁君。
名声虽未损，善恶尚区分。

晋文行谲者，称霸不持端。
盟主齐桓正，其功尚可观。

齐桓威逼鲁，子纠不能存。
召忽从而死，夷吾则背恩。

九合诸侯事，兵车未出巡。
夷吾谋划力，孔子谓如仁。

齐国匡天下，于民有大恩。
周朝微管仲，华族盖难存。

夫妇之为谅，沟渠乃自经。
岂如齐相壮？千古大功铭。

昔时为主仆，今则共承君。
孔子生嗟叹，诚宜谥曰文。

君主虽无道，诸臣品格贤。
庙堂诚似此，其国亦能全。

言语如豪壮，行为即谨勤。
假如成笑柄，讥责便纷纭。

陈恒弑简公，孔子忿心中。
据义求征讨，周旋独显忠。
鲁君难作主，三子拒行戎。
尽职宜如此，当时道已穷。

事君不可欺，触犯则行之。
诤谏为天职，不因惧罚疑。

君子通高义，是非必固持。
小人矜鄙理，利己即为宜。

终身勤学习，君子美其身。
亦有虚荣者，唯图炫向人。

贤明蘧伯玉，寡过欲修齐。
远胜凡庸士，为人境界低。

问候寒暄语，答言却甚奇。
主人思寡过，使者识诚稀。

申明君子道，三者尽无能。
子贡言其实，仲尼乃自矜。

方人诚鄙趣，君子不为之。
修己恒无已，辛勤圣哲期。

人之未己知，君子不忧思。
当虑无才干，难承远大期。

未逆人欺诈，无防彼不诚。
先知其有异，素质实精明。

孔子栖栖者，非求炫口才。
乃因人甚固，疾恶欲除荄。

骥不称其力，循良在德贤。
人才求勇智，更以品为天。

人施吾以怨，我待彼为方。
如果承其善，则思报予良。

白雪阳春和者稀，仲尼贤圣莫能知。
上通下学唯天晓，怀怨尤人我不思。

兴废皆由命，公寮可奈何？
季孙疑子路，不劳景伯唆。

浊乱危贤者，存身谨避之。
求安逃世地，言色察机宜。

明知其不可，勉力尚为之。
精卫思填海，仲尼志不移。

仲尼鸣以磬，抒发莫能知。
荷蒉而过者，讥其识鄙卑。

涉河深则厉，如浅即提裳。
水浊濡吾足，流清润我吭。

天子居丧日，百官冢宰司。
三年期届满，自古尽如斯。

执政能崇礼，民皆易服从。
上能循正道，下可蹑其踪。

修身而敬事，君子所持行。
善己民人戴，舜尧尚未成。

幼时无逊悌，长大惰其行。
至老犹存世，堪称恶贯盈。

童子司传命，先生与并行。
诚非求益者，乃欲速其成。

14.1 宪问耻①，子曰："邦有道②，谷③。邦无道谷，耻也。""克④、伐⑤、怨⑥、欲不行⑦焉，可以为⑧仁矣？"子曰："可以为难矣，仁则吾不知也。"

【注释】

①宪：原宪，字子思。耻：耻辱。 ②有道：指政治状况合理。③谷：指官员的俸禄，这里用为动词，是当官而领取俸禄的意思。 ④克：争强好胜，嫉妒。 ⑤伐：矜伐，居功。 ⑥怨：怨恨，怨天尤人。 ⑦欲：贪婪。行：指表现出来。 ⑧为：谓，算是。

【译文】

原宪问关于耻辱的问题，孔子说："国家政治清明时，就当官而领取俸禄。国家政治黑暗时当官而领取俸禄，那就是耻辱。"原宪又说："争强好胜、居功自夸、怨天尤人、贪得无厌这些毛病都没有，这样的人可以算仁人了吗？"孔子说："成为这样的人可以算是不容易了，至于说算不算仁人，我不知道。"

【解读】

原宪品行优秀，家境比较贫寒。从"宪问耻"的说法来看，这条材料应该是原宪记录下来的。不将他称为“原宪”、“原思”或“子思”，而单称“宪”，是自称时的习惯。

《论语·泰伯》：“邦有道，贫且贱焉，耻也。邦无道，富且贵焉，耻也。”（8.13）和这里的“邦有道，谷。邦无道谷，耻也”异曲同工，可以参看那里的分析。

“克”是争强好胜，处处想占上风，这种心理是不健康的。君子追求上进，目的是完善自我，为大众谋利。他们的胸怀是“尊贤而容众，嘉善而矜不能”，不会争名夺利，更不会争风斗气。

“伐”是居功，自己有功绩，要让别人知道，不肯当无名英雄。君子的风范是不居功，更不会夸耀功绩或以功邀赏，可参看《公冶长》篇（5.26）所做的分析。

“怨”是对他人、对环境有不满情绪，但儒家人格的标准却是达到一种“不怨”的境界，可参看《学而》篇（1.1）所做的分析。

“欲”指关于名利方面的私欲。仁的核心精神是爱人，就不能因为私欲而损害他人和社会的利益。

“克、伐、怨、欲”都是人之常情，做到“不行”是难能可贵的，其做人的层级在现实社会中可谓无与伦比。但“仁”是人的美德的总和，克服了“克、伐、怨、欲”还不是“仁”的全部，所以孔子不肯让“仁”和“克、伐、怨、欲不行”画等号。否定意见往往用“不知”来委婉地表述，这是孔子的习惯。

14.4　子曰："有德者必有言[1]，有言者不必有德。仁者必有勇，勇者不必有仁。"

【注释】

①言：指具有格言、名言性质的言语。

【译文】

孔子说："有道德的人一定会有名言，说出名言的人却不一定有道德。仁人必定有勇敢的性格，勇敢的人却不一定是仁人。"

【解读】

高层次的道德不会孤立地存在，需要有相应的知识、智慧、经验的支撑。人们在其品德层次升级的过程中，会有许多思考，其思考的精华就会体现为名言。名言是经验的产物，是德与智结合的成果。

有的人聪明，其思维模式从简单的感觉判断型上升到了多维的理性解析型，因而能推导出道理，归纳为名言。名言的提出者有可能是无德之人，甚至是老奸巨猾。高层次的道德不能脱离智慧而存在，但聪明却可以不依赖道德而存在。

人生应该追求立德、立功、立言，对社会做出贡献。《论语·卫灵公》："君子不以言举人，不以人废言。"（15.23）有言者未必有德，所以不能根据话说得漂亮而轻易重用其人。无德者的话未必就不合理，所以不应该以人废言。

仁人以天下为己任，以道义为准绳，以利人精神为根本，是最高层级的卫道士，所以会锻炼出勇敢的品格。《论语·卫灵公》："志士仁人，无求生以害仁，有杀身以成仁。"（15.9）仁者无私，所以其勇敢的品格是高层次的。"仁"是认识与实践的统一体，仅仅懂得仁的道理而不予实践的人不能算仁者。没有勇的支撑，就不可能贯彻仁的精神，所以孔子讲"仁者必有勇"。

"勇"和"智"一样，是可以不依附于仁的独立品格。人都会争强好胜，往往崇拜强者，喜欢英雄主义精神，产生勇敢的品格。仁者是强者，而一般意义上的强者却未必都是仁者，强盗也有尚勇的精神。《庄子·胠箧》："故跖之徒问于跖曰：'盗亦有道乎？'跖曰：'何适而无有道邪？夫妄意室中之藏，圣也；入先，勇也；出后，义也；知可否，知也；分均，仁也。五者不备而能成大盗者，天下未之有也。'"跖所说的"圣、勇、义、知、仁"是强盗圈中的品德讲究，可以说明勇是能单独存在的精神，所以孔子说"勇者不必有仁"。

《论语·阳货》："君子有勇而无义为乱，小人有勇而无义为盗。"（17.23）不受仁义制约的勇，对个人和社会都会有害。

14.5　南宫适①问于孔子曰："羿②善射，奡荡③舟，俱不得其死然④。禹、稷躬稼而有天下⑤。"夫子不答。南宫适出，子曰："君子哉若⑥人！尚⑦德哉若人！"

【注释】

①南宫适（kuò）：字子容。 ②羿（yì）：夏代有穷国的君主，善于射箭，取代了夏朝君主相的地位。他不理政事，好打猎，权位被他的臣寒浞（zhuó）篡夺，后被自己的部下杀死。 ③奡（ào）：寒浞的儿子，被封为过国国君，据说很有力气，能够在陆地上行舟。荡：摇荡，指划动船只。 ④死：指正常死亡。然：焉，助词，表示肯定语气。 ⑤稷：姓姬，名弃，尧时的大臣，精通农业技术，主管国家的农业事务，被称为后稷。躬：亲自。稼：种庄稼。有：获得，拥有。后稷并没有成为天下的君主，是他的后代建立了周朝。古人认为后人昌盛是因为继承了祖先的德业，因而可以说后稷获得了天下。 ⑥若：这。 ⑦尚：崇尚。

【译文】

南宫适问孔子说："羿擅长射箭，奡能在陆地上行舟，他们都不得好死。禹和后稷亲自种地，最终拥有了天下。"孔子没有吭声。南宫适出去了，孔子说："这人真是个君子啊！这人真崇尚道德啊！"

【解读】

羿擅长射箭，奡力气很大，凭着这些特长而不修德，不勤政，荒淫享乐，侵略兼并，是因为残暴荒淫而亡国丧身的典型。禹治洪水，后稷教民耕作，都为社会做出了杰出贡献，是典型的贤臣。

羿、奡品行恶劣而不得善终，禹、后稷勤政爱民而获得了天下，南宫适可能认为这会不会体现了冥冥中存在着善有善报、恶有恶报的规则，想听听孔子的态度。古人确实认为存在着因果报应，其终极的裁判是天。

孔子是相信天神的，自然也就认可“皇天无亲，惟德是辅”的观念，但他对天的问题保持着非常谨慎的态度。《论语·述而》：“子不语怪、力、乱、神。”（7.21）并不是孔子懂得天道而不传授，而是他自己将信将疑，所以不肯传播。《论语·雍也》：“伯牛有疾，子问之，自牖执其手曰：‘亡之，命矣夫！斯人也而有斯疾也！斯人也而有斯疾也！’”（6.10）伯牛是善人，却得了不治之症，“斯人也而有斯疾也！”既是对伯牛的惋惜，也可以说是对天道的质疑。

孔子不讲天道，南宫适可能不甘心，所以他拿出具体的事实来试探。这对孔子来说是个难题：认可南宫适列举的事实是天道的体现，则无法解释坏人得意而好人遭殃的历史事实；对天道提出质疑，他也没有充分的根据；于是采取了一个颇为有意思的做法：不答。

孔子的“不答”很耐人寻味，如果他说自己在天道问题上疑惑不定，势必引发学生们对这个问题的探讨热情，导致对天道的怀疑，这就离否定天道仅一步之遥了。孔子其实更倾向于天道的存在，他不愿意看到学生们对这些无法证实的事情予以太多的关注，还是希望学生能“敬鬼神而远之”就行了。他的“不答”给学生们留下了悬念：老师心中未必没有明确的答案；老师反对学生关注和提出这样的问题。一个“不答”，避免了今后的许多麻烦。

南宫适想从孔子这里印证天道的存在，其主观愿望是积极的。孔子对他本来就十分器重，曾经称赞他“邦有道不废，邦无道免于刑戮”，将侄女嫁给了他。南宫适持身严谨，以《诗经》中的“白圭之玷，尚可磨也；斯言之玷，不可为也”为座右铭，确实是一个尚德的君子，所以孔子对他做出了高度的肯定。

14.6 子曰：“君子而不仁者有矣夫①，未有小人②而仁者也。”

【注释】

①君子：指贵族。矣夫：助词，含有感叹语气。 ②小人：指平民。

【译文】

孔子说：“贵族而没有仁德的情况是有的，平民而具备仁德的情况还没有过。”

【解读】

“仁”是一个理想而完备的道德规范体系，是处于极限地位的美德。这一体系只是理论上的存在，个人只能无限地接近它的要求，不可能全部满足它的要求。孔子认为当时的社会没有一个仁人，连颜渊也只能做到“其心三月不违仁”。

要具备“仁”这样综合性的美德，必须有相应的知识、见识、阅历等支撑。在当时，贵族可以受到良好的文化教育，有参与上层社会活动的资格，具备了成为仁人的基本条件。虽然有优越的条件，却未必都能成为仁人，因为仁人还有其他的条件要求，所以孔子说“君子而不仁者有矣夫”。

平民不能普遍接受文化教育，也没有参与上层社会活动的机会。少数人进入了士的阶层，实际上有了“准君子”身份，处在贵族和平民的中间状态，不能算是严格意义上的平民了。平民生活困苦，更制约了其精神生活向高层次发展。没有相应的物质条件，就不具有全方位追求精神成就的基础。平民向善，可以具有孝、忠、信、义等美德，但这些美德只是仁的组成部分，部分地具有了这些品德和整体地具有了仁的基本要素，两种情况不处在同一层级上。从孔子评价管仲“如其仁”的情况来看，似乎仁者还有功业成就方面的要求，这更是平民所无法企及的。在教育基础低下和物质生活贫困的平民中，可以产生一般意义上的好人，却不可能产生孔子心目中的仁人，所以他说“未有小人而仁者也”。

14.7　子曰：“爱之，能勿劳①乎？忠焉②，能勿诲③乎？”

【注释】

①劳（lào）：对劳苦的人施以恩惠和救助。　②忠：在道义的原则下诚心维护他人的利益。焉：之，他。　③诲：教诲。

【译文】

孔子说："既然爱他们，能不对他们的劳苦予以关怀和救助吗？既然对他们负责，能不教诲他们吗？"

【解读】

在儒家的思想体系中，理想的官民关系应该类同于父母与子女的关系。父母对子女有深厚的感情，会无微不至地关怀和帮助他们。父母对子女高度负责，不会放任自流，而是会不断施以教诲。

儒家提倡仁，仁的精神是爱人。作为官吏，就必须像父母爱子女一样地爱护百姓，关心和救助百姓的疾苦，同时要忠于职守，对百姓的事务高度负责，积极教诲百姓，提高他们的素质。《孟子·滕文公上》："分人以财谓之惠，教人以善谓之忠。"孔子也谈到过对百姓实行先富后教的政策。不但能救民，而且能教民，这样的官吏才是合格的民之父母。

14.10 子曰："贫而无怨难，富而无骄[1]易。"

【注释】

①骄：骄纵，骄横。

【译文】

孔子说："穷人做到没有怨气很难，富人做到不骄横却容易。”

【解读】

穷人承受着生活的压力，其心理状况容易失衡，会产生对他人和环境的不满。这种情况很正常而普遍，其怨气也常常是合理的，但孔子还是主张“贫而无怨”。

穷人有怨气虽然无可厚非，从理智的角度看却不可取。第一，怨气对贫穷的现状和导致贫穷的因素不产生任何影响，不会因为埋怨而财富就增加起来。第二，改变贫困需要的是对现状理智的分析和冷静的应对，牢骚太盛无济于事，还有碍于心态的正常。第三，对贫困现状满腹牢骚，说明对“利”的关注程度十分强烈，其人生价值观的层级不高。

面对贫穷，人们会有不同的表现：贫而多怨，贫而无谄无怨，贫而乐道。其间的差异，就是品行、知识、见识、性格、胸怀和价值观之间的差异，是对事物的解释和驾驭能力的差异。知识是改变贫穷的力量，是正确面对贫穷的力量，也是消除不良心态的力量。君子心胸宽广，不会因为贫穷而苦恼，能够坦然面对逆境。孔子讲“君子坦荡荡，小人长戚戚”，说的就是这个道理。

儒家主张以义求利，主张安贫乐道，不认可道义之外的富贵。“邦有道，贫且贱焉，耻也。邦无道，富且贵焉，耻也”。贫穷的责任不在自己，不但无须懊丧，而且还是荣耀。颜渊能“一箪食，一瓢饮，在陋巷，人不堪其忧，回也不改其乐”，子路能“衣敝缊袍，与衣狐貉者立而不耻”，都是这种见识的体现。能够做到贫而无怨，贫而乐道，体现着综合素质的超脱，很不容易，所以孔子说“贫而无怨难”。

富贵人没有生活压力，会有轻松和优越感。所谓“仓廪实而知礼节，衣食足而知荣辱”，往往会将兴趣更多地转移到精神追求方面来，使其道德和修养的状况得到改善。尽管也有为富不仁和恃“财”傲物的情况，但毕竟是少数，所以孔子说“富而无骄易”。如果能再进步到“富而好礼”，那就是更高的境界了。

14.16　子路曰：“桓公杀公子纠①，召忽死之②，管仲③不死。”曰：“未④仁乎？”子曰：“桓公九合⑤诸侯，不以兵车⑥，管仲之力⑦也。如⑧其仁，如其仁。”

【注释】

①桓公：齐桓公。公子纠：齐桓公的哥哥，名纠，是齐僖公的儿子，所以称“公子”。　②召（shào）忽：公子纠的师傅。死之：为之而死，指自杀。　③管仲：字夷吾，死后谥为“敬”。曾经是公子纠的师傅，后来担任齐桓公的相。　④未：不能算是。　⑤九：多次。合：集合起来举行盟会。　⑥以：用，靠。兵车：战车，代指武力。　⑦力：作用。　⑧如：乃，就是。

【译文】

子路说：“齐桓公杀死了公子纠，召忽为了公子纠而自杀了，管仲不自杀。”接着说道：“管仲不能算合乎仁吧？”孔子说：“齐桓公多次主持诸侯的盟会，不依靠武力，都是靠了管仲的作用。这就是管仲的仁德，这就是管仲的仁德。”

【解读】

齐襄公荒淫无道，他的弟弟们怕遭祸害，纷纷逃往国外。公子纠带着师傅管仲和召忽逃到了鲁国，公子小白带着师傅鲍叔牙逃到了莒国。后来齐襄公被公孙无知杀死，公子纠和公子小白争着回国当国君，小白获胜，就是后来的齐桓公。齐桓公当上国君后，逼鲁国杀死了公子纠，并要求鲁国将管仲和召忽交给齐国处置，其实是看中了这两个人才，想重用他们。按照古人的观念，主人被杀害，属下如果没有能力报仇，就应该自杀，叫作“殉”。召忽自杀了，管仲没有自杀，回国后反而当了齐桓公的相，这是为了活命和功名利禄而背叛原来的主人，被视为极端无耻的行为。但是管仲执政，使齐国成了最为强大的诸侯国，使齐桓公成了诸侯的霸主，使周朝混乱的局面得到了控制，是一个有功于天下的治世能臣。

子路认为管仲不肯像召忽一样壮烈地牺牲，反而投靠了主人的敌人，既无勇又不义，后来还有奢侈和僭越礼制的表现，所以觉得他不能算仁者。

孔子将“仁”看得非常崇高，不肯轻易用它来肯定人物。他将这顶桂冠戴在管仲头上，在于管仲的施政纲领和效果。齐国是诸侯霸主，没有为自己谋利，还做出了许多牺牲，努力维护天下的稳定，多次使用盟会的方式处理诸侯事务，不滥用武力，这些做法很受孔子赞赏。齐国尊王攘夷的旗号和盟主体制的管理方式，对稳定天下秩序起到了重要的作用。孔子是有远大抱负的政治家，有其施政蓝图，管仲的经验为孔子做出了榜样。

管仲是个复杂的人物，他的品行有很多污点，但施政功绩却很辉煌。从道德标准看，管仲很糟糕，从功利标准看，他给整个天下做出了巨大的贡献。

孔子评价管仲的这些材料，对于探讨孔子的思想体系具有非常重要的意义。可以认为，孔子是以社会功利为奋斗目标的，道德只是实现功利目标的工具。在评价管仲时，孔子采用了功利优先的原则。

这个问题具有重要的研究意义和普遍的借鉴意义。道德至上的观念具有非常深广的社会基础，往往能忽略对人对事的功利评价，形成并不合理的处置结果。品行良好的人未必能将工作做好，有的品行有瑕疵的人却有很强的工作能力，管仲可以算一个典型的例子。

仁是美德的总和，并没有人能达到十全十美的境界，所以仁还可以有相对的标准。孔子说管仲“如其仁”，是从相对的意义上做出评价的，并不是说管仲就是完美的仁人了。

14.17　子贡曰：“管仲非仁者与①？桓公杀公子纠，不能死，又相②之。”子曰：“管仲相桓公，霸诸侯③，一匡④天下，民到于今受其赐⑤。微⑥管仲，吾其被发左衽[7]矣。岂若匹夫匹妇之为谅[8]也，自经于沟渎而莫之知[9]也？”

【注释】

①与（yú）：助词，表示商询语气。关于这一章内容的理解，可以参看上一章的注释和讲解。 ②相（xiàng）：辅佐。 ③霸诸侯：当诸侯的霸主。 ④一：全面，全部。匡：匡正。 ⑤赐：好处，恩惠。 ⑥微：如果没有。 ⑦其：将要。被（pī）发：头发自然散垂着，不扎束。被：披散。左衽（rèn）：衣襟向左侧开。衽：衣襟。被发左衽是当时少数民族的习惯，华夏民族的头发要扎束成髻，衣襟向右侧开。 ⑧匹夫匹妇：平民男女。为：施行，做。谅：诚信，守信。 ⑨经：上吊自杀。沟渎：沟渠。莫之知：莫知之，没有人知道他们。莫：没有人。

【译文】

子贡说：“管仲不是个仁人吧？齐桓公杀了公子纠，管仲不能为公子纠而自杀，反而又辅佐齐桓公。”孔子说：“管仲辅佐齐桓公，当了诸侯的盟主，全面挽回了天下的乱局，百姓至今还在享受着他给予的恩惠。如果没有管仲，我们将会成为夷狄之人了。哪像那些平民男女为了表达忠诚，在沟渠边吊死而没有人知道他们的名字？”

【解读】

子贡对管仲的评价和子路一样，都认为管仲背叛了主人，是个不忠的人。孔子仍然强调管仲的贡献：强大了齐国，稳定了天下，为百姓减轻了痛苦，使华夏民族摆脱了少数民族的威胁，他的成就具有历史性意义。

如果管仲也为公子纠而自杀，对公子纠的事情无所补益，对自己和他人也没有什么实际的好处，只不过能得到一个忠臣烈士的空名头。在当时，这种殉主、殉夫之类的事情经常发生，人们司空见惯，这样的牺牲确实没有意义。平民男女可能会有一些“不求同生，但求同死”之类的誓约，一方死了，另一方便履行诺言，到沟渠边找棵树上吊自杀。当时可能使小范围的人们为之慨叹，但最终的结果是“莫之知”，历史会将这些事情遗忘掉。

孔子并不否认殉主、殉夫之类的行为是“谅”的表现，但这种“谅”的层级太低，是匹夫匹妇的价值观。管仲如果当初自杀了，就不会有后来的辉煌成就。自杀而获得“谅”的名声，忍辱负重而成就巨大的功业，孔子认可后者，对前者表示了极大的轻蔑。孔子对“信”非常重视，但他又注重做出牺牲的功利价值的权衡。在评价管仲时，孔子采取了弃小“信”而取大“功”的态度，这是他比弟子们高明的地方。

14.20　子曰：“其言之不怍①，则为之也难②。”

【注释】

①其：如果。怍（zuò）：惭愧。　②为：做，实行。难：谨慎认真。

【译文】

孔子说："如果信誓旦旦地做了保证，那么做起来就要谨慎认真。"

【解读】

人应该言行一致，多做少说，讷于言而敏于行，不可以言行不一，只说不做，否则就会失去人们的信任。

人们具备了有关的能力，说话时会胸有成竹，底气很足，爱打包票，这时做事尤其要谨慎认真，保证不出差错，说出来的话一定要兑现得很好，否则就会给人留下吹牛的感觉。

《大戴礼记·曾子立事》："是故君子出言以鄂鄂，行身以战战，亦殆勉于罪矣。"此处"出言以鄂鄂"犹云"言之不怍"，"行身以战战"即犹云"为之也难"。

14.21　陈成子弑简公①，孔子沐浴而朝②，告于哀公③曰："陈恒弑其君，请讨④之。"公曰："告夫三子⑤。"孔子曰："以吾从大夫之后⑥，不敢不告也。君曰'告夫三子'者⑦！"之⑧三子告，不可⑨，孔子曰："以吾从大夫之后，不敢不告也。"

【注释】

①陈成子：陈恒，齐国执政大夫，死后谥为"成"。弑：臣杀死君主和子杀死父母。简公：姓姜，名壬，齐国国君，死后谥为"简"。齐简公重

用监止，引发了陈恒与监止的争斗，陈恒杀死了监止和齐简公。 ②沐：洗头发。浴：洗身体。见君主前进行沐浴，表示郑重。朝：在早晨去拜见君主。 ③哀公：鲁哀公。 ④讨：讨伐。 ⑤夫：那。三子：指季康子、孟懿子、叔孙武叔，是当时鲁国最有权势的三家大夫。 ⑥以：因为。从大夫之后：跟随在大夫的后边，这是客气的说法，实际含义是相当于大夫。孔子不是大夫，但因为是国老，受到优待，实际地位相当于大夫。 ⑦者：助词，表示慨叹语气。 ⑧之：到，往。 ⑨可：答应，同意。

【译文】

陈成子杀害了齐简公，孔子特意洗了头发和身体，在早晨去拜见国君，告诉哀公说："陈恒杀害了他的君主，请出兵讨伐他。"哀公说："你去告诉季孙、孟孙、叔孙那三个人吧。"孔子说："因为我相当于大夫，这样的大事不敢不报告，国君却说'告诉那三个人'啊！"孔子到那三家去报告，他们都不同意出兵，孔子说："因为我相当于大夫，这样的大事不敢不报告。"

【解读】

按照当时的观念，臣民杀死国君是最大的罪恶，其他诸侯国应该出兵讨伐，以维护礼制的严肃性。陈恒杀死了齐简公，孔子要求出兵讨伐，他洗了头发和身体才去上朝，是表示对这件事情的重视。在当时，鲁国的政务由季孙、孟孙、叔孙三家大夫把持，出兵对抗齐国这样的大事，鲁哀公根本做不了主，所以他让孔子去告诉这三家大臣。一起出兵讨伐强大的齐国，要付出很大的代价，三家大夫是不会同意耗费钱财而做这样的事情的。

孔子当然清楚这些情况，事情的结果他也能预料到，但他还要非常郑重严肃地将这一建议程序走完，这是典型的“明知不可而为之”。对于这一点，应该做些具体分析。

第一，齐国出了这样的大事，鲁国袖手旁观是不道义的，鲁哀公无动于衷，大夫们就有责任提醒，他们却没有人出头。孔子的身份相当于大夫，不愿意尸位素餐，所以他说：“以吾从大夫之后，不敢不告也。”该建议时不建议，就是失职。

第二，鲁哀公不过是个傀儡，孔子要真想办成这件事，就必须去找三家大夫。《论语·季氏》：“陪臣执国命，三世希不失矣。天下有道，则政不在大夫。”（16.2）鲁国当时就是“政在大夫”，属于“无道”。孔子还是要按正常的程序办事：他向国君提出建议，由国君决策，然后命令三家大夫执行。如果他绕过鲁哀公去找三家大夫，就意味着认可了“政在大夫”的荒谬现实。孔子不去找能办成事的三家大夫，还是要去找不能办事的鲁哀公，就是刻意显示自己的政治立场。事情虽然细微，意义却十分重大。

第三，孔子向鲁哀公建议讨伐齐国，这给鲁哀公出了个难题。他如果命令三家大夫出兵，他们肯定不同意，会碰个软钉子，等于自取其辱。他将皮球又踢给了孔子，让孔子去找他们，等于公开承认了自己是傀儡，放弃了自己的权力，所以孔子非常诧异而惋惜地说：“君曰‘告夫三子’者！”他应该是将三家大夫召来走走商量的程序，宁肯碰钉子，也不能主动示弱。

第四，孔子应该知道，自己去找三家大夫，结果会比鲁哀公出面更糟糕，一定会碰个硬钉子。明知如此，孔子还是去找了一遍，这是因为鲁哀公说了让他去找，他必须执行君主的命令。尽管鲁哀公已经是个傀儡，孔子还是要将他当作国君对待，体现出为臣的节操。

总的来看，孔子的这次举动，就是想刻意地张扬一些是非原则，体现的是正义和公理的精神与扭曲的现实之间的抗争。

14.22　子路问事君，子曰："勿欺也，而犯①之。"

【注释】

①犯：抵触，反对。

【译文】

子路问如何侍奉君主，孔子说："不要欺骗他，但可以当面反对他。"

【解读】

君主的主张不合理，臣民应该进行劝阻。"勿欺也，而犯之"，就是主张对君主要忠诚。不欺骗君主是忠诚的表现，当面反对君主的错误主张更是忠诚的表现。

儒家所讲的忠，是依据道义而对他人负责。君主的言行关乎国家和民众的利益，对君主忠诚，就是对国家和民众利益负责。不能忠实地执行君主的合理主张，不能抵制君主的不合理主张，都是不道德的。

对君主犯颜直谏是不得已的做法，一般情况下，对君主要讲礼数，照顾君主的尊严。当规劝不起作用时，才可以“犯之”。在大是大非问题上，如果“犯之”也不起作用，孔子就主张辞去职位而表示不合作的态度了。

14.24 子曰：“古之学者为己，今之学者为人①。”

【注释】

①人：他人。

【译文】

孔子说：“古代学习的人是为了提高自己，现在学习的人是为了向别人炫耀。”

【解读】

人们的性格和志趣不同，对待学习的态度就有所不同。有的人学习是为了提高自己，越是学到融通的境界，越是懂得礼义的精神，为人处世会越来越得体，从而能够和任何层级的人们和谐相处。还有的人性格比较浮躁，志趣比较低俗，喜欢炫耀，往往将学习视为获取炫耀资本的手段，一旦学有所得，就会在人前卖弄，哗众取宠，使人感到可笑和厌烦。

学习是为了更好地为社会服务，不可以将知识作为炫耀和骄傲的资本。对于不如自己的人，越要爱护和帮助，不要在有意或无意之中因为知识水平的差异而伤及他们的自尊。

其实古代也有“为人”的学习者，现在也有“为己”的学习者，人们的层级差别都是相对而言，不会因为时代的推移而改变。前人总拿古人和今人比，并且往往得出今不如古的结论，原因很复杂，不能一概而论。有个事实应该注意到：流传到今天的古人事迹，都经过了历史的加工和筛选。无论是口头还是书面流传的东西，人们都会有意无意地进行“典型化”的加工处理。不具备典型性要求的东西都没有流传价值，大多被历史淘汰了。人们在谈论问题时所引据的古人，往往是古人中的精英，拿这些精英和后代的大众比较，就容易造成今不如古的印象。

14.25　蘧伯玉①使人于孔子，孔子与之坐而问焉，曰：“夫子何为②？”对曰：“夫子欲寡③其过而未能也。”使者出，子曰“使乎！使乎！”

【注释】

①蘧（qú）伯玉：蘧瑗，字伯玉，卫国大夫。　②夫子：指蘧伯玉。何为：为何，做什么。　③寡：减少。

【译文】

蘧伯玉派人到孔子这里来，孔子和他坐下而问他说：“先生最近在做什么？”使者回答说：“先生老想着减少自己的过失，却还是有遗憾。”使者出去了，孔子说：“使者啊！使者啊！”

【解读】

看来蘧伯玉律己非常严格，能经常检点自己，不断上进。《庄子·则阳》：“蘧伯玉行年六十而六十化，未尝不始于是之，而卒诎之以非也。”可见蘧伯玉曾经以不断更新自己而闻名于当时。人们的认识在不断深化着，回过头来看自己的经历，往往能产生“觉今是而昨非”的认识。勇于否定自己，坚持改过，是十分可贵的品格。

作为使者，总要为主人争取最大的利益，也要让自己的表现尽量完美，力求“使于四方，不辱君命”。孔子和蘧伯玉交往甚密，对蘧伯玉了解很深，询问“夫子何为”，不过是句普通的客套话，而使者的回答却出乎意料的高明。他没有列举蘧伯玉近日的行为琐事，也没有借这个话题将主人海夸一番，而是说主人“欲寡其过”，还没有能完全做到。自谦和诚实的味道很浓，没有夸耀的痕迹，却将蘧伯玉的人格层次推到了极致。这样的应对体现了使者出色的外交才干，也体现了他不凡的见识层次，为主人和自己都争得了荣誉。

孔子对这位使者的表现非常惊异，“使乎！使乎！”体现出非常强烈而复杂的感慨，这是对这位使者的高度肯定，也感叹当好一个使者的不易。

14.28　子曰："君子道①者三，我无能②焉。仁者不忧，知③者不惑，勇者不惧。"子贡曰："夫子自道④也。"

【注释】

①道：指表现。　②无能：不足。　③知（zhì）：智，聪明。　④自道：自己说自己的情况。

【译文】

孔子说："君子的表现有三个方面，我没有做到。具备仁德的人不忧虑，有智慧的人不迷惑，勇敢的人不惧怕。"子贡说："老师在说自己的长处呢。"

【解读】

君子是正义的化身，是儒家追求的人格目标。作为君子，首先应该有仁的品格，这决定着一个人善恶的根本性质。其次应该具备智慧的素质和勇敢的性格，这关系到一个人承担社会事务的能力。智慧和勇敢可以给仁插上双翅，让仁飞得更高更远，从而实现君子的价值。《论语·子罕》："知者不惑，仁者不忧，勇者不惧。"（9.29）可以参看那里的分析。

子贡说"夫子自道也"，说明孔子在仁、智、勇方面的表现很突出，但孔子却说了个"我无能焉"，这可能是孔子的一种教学技巧：故意将自己做得好的方面用这种方式讲出来，提醒学生注意这些问题。学生会想到：孔子已经做得那么好，还说“我无能焉”，可见自己的差距更大，必须加倍努力。

14.29 子贡方人[①]，子曰：“赐也贤乎哉[②]？夫我则不暇[③]。”

【注释】

①方：评论。人：他人。 ②赐：子贡，姓端木，名赐。也：助词，用在单音节人名之后，调整语势节奏。乎哉：助词，表示疑问语气。 ③夫：若，像。不暇：没有工夫。暇：空闲。

【译文】

子贡评论他人，孔子说：“你自己就做得很好了吗？像我可没有工夫做这些事。”

【解读】

闲谈中对他人品头论足，打分排队，是常有的情况。这样做没有什么积极的意义，反而使闲话传来传去，引发负面效应。这样评论他人，是修养欠缺的表现。子贡比较出色，难免骄傲自满，容易有这样的毛病。儒家主张待人宽，责己严，己所不欲，勿施于人，对他人的不足之处要宽容、谅解、同情，子贡的做法当然是不可取的。孔子讲“夫我则不暇”，意思就是要将注意力转向自身，努力提高自己，不可以花时间去做“方人”这样无聊的事情。

14.33　子曰：“骥不称[1]其力，称其德也。”

【注释】

①骥（jì）：骏马的一种名称。称：称赞，赞美。

【译文】

孔子说：“对于骏马，不是称赞它的力气，而是赞美它的品格。”

【解读】

在孔子的时代，马都用来拉车。好马的标准是多方面的，例如对身材、毛色、行走风采的讲究，对爆发力和耐力状况的讲究，对聪明程度的讲究，对服役态度的讲究，等等。许多对于人的品评标准，都能用在马的身上。

好马的身材要高大健壮，各部分的比例要适当，其毛色要纯正油亮。马走路时的风采也很重要，如果垂着头很懒散，就不好看；如果挺胸昂首而步伐矫健，左顾右盼，摇头甩尾，一副气宇轩昂的样子，就很神气。

好马要有好的耐力，能承担超常的劳动强度，还要求有好的爆发力，例如当马车陷入泥坑中时，一经鞭打，就能奋力将车拉动起来。

好马要十分聪明，能够理解劳动要求和主人的指挥意图。常言说“老马识途”，其实真正的情况是好马识途。如果是走熟路，主人可以躺在车中睡觉，无论路况多么复杂，马都能将主人拉到要去的地方。

好马要有良好的劳动态度，累死也不偷懒耍滑，表现出对主人的高度忠诚。古代用在战车上的马匹，还有更高的要求。《左传·僖公十五年》："古者大事必乘其产。生其水土而知其人心，安其教训而服习其道。唯所纳之，无不如志。"可见战马还得"知其人心，安其教训"，驯服而勇敢，能为主人赴汤蹈火，实现主人的指挥目的。有句俗语叫"养马比君子"，说的就是驯马如育人的道理。对于马而言，人们除了看重它们的外观和力气之外，还有许多品德方面的要求。

人和马的关系，就像君和臣的关系一样。马以实现人的役使意图为良马，臣也以实现君的役使意图为良臣。人对马的要求不限于力气，君对臣的要求也不限于勇和智。"骥不称其力，称其德也"是个比喻，说明人才的首要标准是德，其次才是勇和智等其他内容。

14.34 或[1]曰："以德报[2]怨，何如？"子曰："何以报德？以直[3]报怨，以德报德。"

【注释】

①或：有人。 ②以：用。德：对人施以恩惠。报：应对。 ③直：正直。

【译文】

有人说："用施以恩惠的方式来回应别人的怨恨，这种态度怎么样？"孔子说："那该用什么方式来回应别人的恩惠呢？应该用正直的态度回应别人的怨恨，用施以恩惠的方式回应别人给予的恩惠。"

【解读】

对于反对或敌视自己的人，不同的人会有不同的态度：有的人会"以怨报怨"，导致冤冤相报；有的人能够宽容，一切从道义的标准出发，可以像晋国的祁奚举荐解狐一样，做到"内举不避亲，外举不避仇"，采取"以直报怨"的态度；有的人心胸宽广，会对攻击自己的人施以善意，要感化对方，变敌为友，这是"以德报怨"的态度。

孔子当然不主张以怨报怨，但也不提倡以德报怨，他认为对不同的人要有不同的态度。仇敌对你施以怨，你报之以德，朋友对你施以德，你还得报之以德，对仇敌和朋友就没有区别了。

"以德报怨"并不是不值得肯定，但是要求普通人这样做不太现实。如果有人愿意这样做，就不应该否定，而且还很值得钦佩，这毕竟是在格调上高于"以直报怨"的处世境界。就普通人而言，能做到"以直报怨"就难能可贵了。孔子是个注重实际的人，他不主张将处世原则拔高到人们不可企及的地步。

14.35　子曰："莫我知也夫[①]！"子贡曰："何为

其[②]莫知子也？”子曰：“不怨天，不尤[③]人，下学而上达[④]。知我者其[⑤]天乎？”

【注释】

①莫我知：莫知我，没有人理解我。莫：没有人。也夫：助词，表示感叹语气。 ②何为：为什么。其：会。 ③尤：责怪。 ④下学：向低层的人们学习。上达：懂得了高层次的道理。 ⑤其：应当。

【译文】

孔子说：“没有人理解我啊！”子贡说：“为什么会没有人理解您呢？”孔子说：“不埋怨天，不责怪别人，向低层次的人们学习，懂得了高层次的道理。能理解我的应当只有天吧？”

【解读】

从思想境界和行为表现来看，孔子确实达到了“前无古人，后无来者”的层次，在当时也没有能和他并驾齐驱的人物。

高层级的人可以理解低层级的人，而低层级的人却很难理解高层级的人。孔子处在思想境界的巅峰，所以会有“莫我知也夫”的慨叹。

孔子身通六艺，品行和学问超群，却一生颠沛奔波，不能得志，造成这种情况的原因，他能够理解和接受，所以能理性地做到不怨天也不尤人，将心境调整到平和的状态。

孔子达到的层级已经很高，但他还在不停学习着。《论语·子张》："文武之道未坠于地，在人。贤者识其大者，不贤者识其小者，莫不有文武之道焉。夫子焉不学？而亦何常师之有？"（19.22）这则材料可以用来解释这里的"下学而上达"的含义。人们的身上或多或少地保有着"文武之道"，孔子则像只蜜蜂，从常人身上采集和提炼各种道理，最终集腋成裘，编织着自己的思想体系，再现"文武之道"的辉煌面目。

一般人做不到"不怨天，不尤人"，也做不到"下学而上达"，孔子提到这些问题，有孤芳自赏的心理。

尽管孔子说"不怨天，不尤人"，但感觉到"莫我知也夫"，认为只有天才能理解自己，这就说明他有孤独感，有怀才不遇的情绪。这样的心境很正常，无可厚非，毕竟孔子是人而不是神。

14.38　子路宿于石门①，晨门②曰："奚自③？"子路曰："自孔氏。"曰："是知其不可而为之者与④？"

【注释】

①宿：住宿。石门：曲阜的外城（古代叫郭）上的一座城门。　②晨门：负责开闭城门的人。　③奚自：自奚，来自哪里。奚：哪里。　④与（yú）：助词，表示疑问语气。

【译文】

子路住在了石门外，管理城门的人说："你从哪里来的？”子路说：“从孔家。”管理城门的人说：“就是那个明明知道做不成却还要去做的人吗？”

【解读】

孔子周游列国在外，派子路回鲁国办事，当子路到达曲阜的石门外时，城门已经关了，他便住在了那里。第二天一早城门开了，子路进城，便发生了和守门人的这段对话。

在黑暗的现实面前，孔子想力挽狂澜，拨乱反正，他到处奔波游说，却始终没有人肯给他一块施行仁政的试验田。作为堂堂的鲁国司寇，突然离职而去，带着一帮门徒周游列国，宣传自己的政见，这些举动在当时形成了很大的影响，不少人对他予以关注和评价。看来“知其不可而为之”是人们对孔子普遍的看法，以至于连管理城门的小卒都知道了。

有人认为“知其不可而为之”的评价含有嘲贬意味，相当于不识时务，迂腐固执。对于这个问题，应该进行具体的分析。

第一，孔子当时抛弃鲁国司寇的职位，带领学生外出谋求发展，说明他认识到自己的理想在鲁国已经没有实现的可能，这是他最早的“知其不可”。既然在鲁国“不可”，他当然要去尝试外面的世界。

第二，外面的世界没有将孔子视为稀世珍宝，但也对他并不排斥。在齐国时，齐景公曾经想对孔子“以季、孟之间待之”。在卫国时，卫灵公对孔子“致粟六万”。在陈国时，陈闵公也待孔子为贵宾。楚昭王曾经发兵去接孔子，要封孔子为大夫。这都说明孔子外出谋职的举动并不是盲目乱闯，而是预见到一定的可行性。他多年在外，所在之国也很优待。《论语·学而》：“夫子至于是邦也，必闻其政。”（1.10）说明孔子在外并非一无所获，他有参政与议政的资格。客观地看，孔子能得到这样的待遇已经很体面了。从常人角度看，他应该算是比较成功了。有人说孔子周游列国“到处碰壁”，并不符合事实。

第三，孔子在诸侯之间跑来跑去，是在不停地“跳槽”。他的目标是主政，不甘心于参政和议政，这说明孔子的追求是高层次的。他谋求官职不是为了名利，而是要实现自己的政治理想。孔子的目标没有实现，其中有很多复杂的原因，都是可以理解的，并不是因为孔子的主张不合理，也不能说明孔子是失败者。

第四，在经历了多年的努力之后，孔子已经有了“知其不可”的认识了。《论语·微子》：“君子之仕也，行其义也。道之不行，已知之矣。”（18.7）在看清了“道之不行”的现实之后，一直想替天行道的孔子仍然是别无选择，只能继续“行其义”，这就形成了“知其不可而为之”的结果。这一结果是事理逻辑的必然，除此之外，任何选择都不是孔子所能接受的。人们为什么不肯“行义以达其道”？就是因为无道现象“滔滔者天下皆是也”，认为个人的努力犹如杯水车薪，精卫填海。孔子是志士仁人，摆在他面前的只有“知其不可而为之”一条路可走，如果走了别的路，就偏离仁的目标了。例如在贪腐现象极度泛滥的社会背景下，人们都认识到谁廉洁谁倒霉，总不能因此而要求人们放弃廉洁的操守吧？

“知其不可而为之”是志士仁人的必然归宿。仁的境界总是超前于社会的发展步伐的，个人的努力是为了社会的美好，今天的努力是为了明天的美好。如果是“知其不可”而不“为之”，其做人的格调就低一个层次了。在一般人看来，“知其不可而为之”是迂腐，在当事人看来，这正是其值得自豪的品质。

14.39 子击磬①于卫，有荷蒉②而过孔氏之门者，曰：“有心哉，击磬乎！”既而③曰：“鄙④哉，硁硁乎⑤！莫己知⑥也，斯己而已矣⑦。深则厉⑧，浅则揭⑨。”子曰：“果⑩哉！末之难⑪矣。”

【注释】

①击：指演奏打击类乐器。磬（qìng）：编磬，一种打击乐器，状如曲尺，用玉、石制成，成排地悬挂在架上。 ②荷（hè）：肩扛着，担着。蒉（kuì）：用草编的装粮食的器物。 ③既而：事后不久。 ④鄙：鄙陋，低俗。 ⑤硁（kēng）硁：指击打磬时发出的声音。乎：……的样子。 ⑥莫己知：莫知己，没有人理解自己。莫：没有人。 ⑦斯：就是，只是。而已矣：助词，表示限止语气。 ⑧厉：穿着衣服涉过深水。⑨揭（qì）：提起衣服走过浅水。《诗经·邶风·匏有苦叶》：“匏有苦叶，济有深涉。深则厉，浅则揭。” ⑩果：坚决。 ⑪末之难（nàn）：末难之，没法批评他。末：不能，没办法。难：责难。

【译文】

孔子在卫国时，有一次在击磬，有个人扛着蒉经过孔子的门口，说道："有感慨啊！敲磬呢。"过了一会儿又说："见识鄙陋啊，磬声硁硁地响着！意思是说没有人理解自己，也就是说自己怀才不遇而已。如果水深，就穿着衣服走过去；如果水浅，就提起衣服蹚过去。"孔子说："真坚决啊！没有办法和他辩论。"

【解读】

孔子精通音乐，会演奏乐器，在用磬来抒发自己的情绪。这个荷蒉的人听懂了磬声中流露出来的郁闷，知道孔子抒发的是怀才不遇的感慨，也知道孔子诉说的是自己在混浊的社会现实面前的无奈。他对孔子的思想状况持否定的态度，并且表达了自己的主张。

河水浅的时候，人们就提起衣服蹚过去，既过了河，也湿不了衣服。这是比喻社会状况正常，正人君子可以正常行事。河水深的时候，人们就穿着衣服走过去，为了过河，不惜弄湿衣服。这是比喻社会无道，要想出人头地就不能洁身自好，否则寸步难行。孔子想当官，又不肯与黑恶势力同流合污，就像想涉过深水而怕湿了衣服，自然会觉得进退两难。

荷蒉者有很深的音乐造诣，能听懂孔子的磬声。他引用《诗经》来表述意见，说明有很高的文化素养。他还能对孔子这样的人物予以否定，提出自己独特的见解，说明他对人对事已经有了高层级的评价体系。凭着这样的条件，他完全可以有很高的地位，却扛着蒉在街上行走，是平民身份，这说明他是主动“避世”的隐士。“深则厉，浅则揭”不是他自己的人生信条，而是给像孔子这样想积极入世的人提出的建议，言语之间表达了对孔子的鄙视和嘲笑，“深则厉”的选择是被他自己所摒弃的。

隐士又称为高士，其隐居行为被认为是最为高尚的选择，体现了对黑暗现实的摒弃，也体现了个人节操的坚贞。隐士们都是以居高临下的姿态看待世人的，他们和汲汲于名利的求仕者存在着人生价值观上的根本冲突，很难处于同一个对话平台上。孔子虽然是一个特殊的求仕者，但在隐士的眼里就显得更加可悲和可笑。对于这样的人，孔子知道说什么也是白搭，甚至会自取其辱，所以孔子说：“果哉！末之难矣。”

14.43　原壤夷俟①，子曰：“幼而不孙弟②，长而无述③焉，老而不死，是为贼④。”以仗叩其胫⑤。

【注释】

①原壤：孔子的朋友。夷：坐在地上，两腿向前平伸，这种坐姿称为“箕踞”，被视为倨傲无礼。俟（sì）：等待。　②孙（xùn）弟（tì）：对尊长敬重服从。　③述：对学问的继承和发扬。　④是：这。为：是。贼：祸害。　⑤以：用。仗：拐杖。叩：敲打。胫（jìng）：小腿。

【译文】

原壤伸开两腿坐在地上等着孔子，孔子说："小时候不敬重尊长，长大后没有建树，到老了还不死，这就是祸害。"说着用拐杖打他的小腿。

【解读】

原壤是孔子的朋友，《礼记·檀弓下》记载，他母亲去世了，孔子去帮着办丧事，他却站到棺材上唱歌，孔子装作没有听见。随从的人劝孔子不再管他的事，孔子还是没有和他计较。

古人的"坐"是双膝跪地，臀部压在脚后跟上。见到客人时，应该站起来，至少应该臀部离开脚跟，直起腰来致意。孔子拄着拐杖，说明年纪不小了，他去看原壤，原壤用"箕踞"的坐姿在那里等着，非常倨傲无礼，所以被孔子一顿臭骂，小腿上还被敲了一拐杖。从孔子骂他的话来看，原壤从小就不敬重尊长，一辈子也不做学问，无所建树。

原壤的表现，与儒家的人生价值观大异其趣，有《庄子·大宗师》中孟子反、子琴张的影子，似乎是有道家思想的人。《论语》中的这则材料，最早记载了儒、道两家人物的交锋，可以看出孔子对道家人物的态度。

从儒家的人格规范来看，原壤的表现可谓一塌糊涂。孔子主张"无友不如己者"，却一直没有断绝和原壤的来往。原壤倨傲地会见孔子，是故意地发起挑衅，孔子对他又打又骂，是依据儒家规范对他进行回击。但这是朋友之间的争端，正好体现了他们关系的直来直去，不拘形迹。

孔子和原壤一直保持着朋友关系，以这样特殊的方式交往，是很值得分析探讨的事情。从理性的角度看，思想认识方面的敌手，其实是一种特殊的朋友，双方可以在冲突中发展自己。这种朋友无论是和一般的酒肉朋友比，还是和志同道合的朋友比，其存在的意义都是不可同日而语的。

卫灵公第十五

卫灵公问陈，孔子遂辞行。
兴国须崇礼，不当恃战争。

在陈从者病，粮绝莫能兴。
子路心怀愠，仲尼责任承。

君子穷时固，小人则滥焉。
行仁须勉励，弘毅是根源。

常人多读学，努力识于心。
孔子非如此，持绳以贯金。

人生多被动，甚少用心思。
于德之原委，确诚无所知。

南面而恭己，无为世治平。
古贤推帝舜，百代颂英明。

言语当忠信，施为笃敬之。
蛮邦虽鄙野，人亦共追随。

子张施所问，孔子作叮咛。
即刻书诸带，成为座右铭。

史鱼称鲠直，如矢性刚强。
即使邦无道，依然凛若霜。

朝廷如有道，伯玉仕明时。
邪恶横行后，卷而匿隐之。

君子交谈不可随，施言与否并当知。
失人及语皆为过，智者权衡得所宜。

害义求生非志士，杀身卫道是仁人。
每临大节皆坚定，自可雄豪对鬼神。

工欲成其业，必先砺器锋。
仁人居是国，事友并中庸。

夏时殷辂周之冕，韶舞宫廷放郑声。
疏远佞人亲正直，为邦成例是非明。

为人无远虑，必有近时忧。
智者明规划，前途具善谋。

展禽贤德具，臧仲实明知。
不与相当职，因遭窃位疑。

律身宜甚重，薄责予他人。
自可离尤怨，同仁使俗惇。

攀登须学识，总虑奈之何。
懵懂无疑者，圣人慨叹多。

群居终日语，不及义之畴。
唯好行微智，诚难入此流。

修己仁为质，礼行逊出之。
促成宜以信，君子永坚持。

君子终身奋，期垂百代名。
老来声寂寞，遗憾乃充盈。

君子求诸己，小人责向人。
是非均涉道，美恶总关身。

矜庄而守正，凡利尽无争。
和众能同事，不违道结盟。

勿因人废语，不以语崇人。
实事而求是，贤能贵在真。

修为须重恕，一字守终身。
己所推排者，即休给予人。

仲尼无诋毁，君子秉持高。
亦不轻夸赞，难能用贬褒。

仲尼如有誉，必已验其情。
三代斯民在，均能直道行。

史书文空缺，孔子尚经之。
烈马求人乘，今时则不垂。

巧言能乱德，孔子甚排之。
便佞宜遭斥，真诚众望期。

胸怀须理智，凡事忍当先。
接物迎纷乱，大谋必保全。

众人皆厌恶，吾必察其情。
如果俱欣悦，亦将考彼诚。

君子能弘道，非求以利私。
归仁天下治，青史圣名垂。

人孰能无过？知而改正之。
因循仍旧贯，与道更相离。

日夜空思索，终无进益成。
不如开卷读，知识渐充盈。

君子谋忧道，不萦食与贫。
事耕恒冻馁，为学禄滋身。

智可为官吏，其仁不足持。
虽能成所欲，以后必逢危。

智及仁能守，尚须莅以庄。
反之民不敬，施政费周章。

智及仁能守，亦恒莅以庄。
动之皆据礼，政绩自兴昌。

小知难识虎，大受勿先猫。
良匠能知木，安排栋与椽。

视仁犹水火，不肯蹈而亲。
行义诚稀见，依归勉士民。

当仁须奋勇，不必让于师。
君子唯崇义，礼仪可次之。

君子须持正，唯遵道义纲。
不宜拘执谅，因小使宏伤。

事君先敬职，不计禄丰微。
民社如天大，为仁众所归。

生民多类别，三级各三阶。
教化施行后，天渊即等侪。

由于道不同，宜免互相攻。
各自行其是，听天任命中。

言辞求达意，尚朴不须文。
雕琢其形美，或淆玉椟分。

师冕为盲瞽，仲尼相助周。
文明诚典范，绅士美风留。

15.1 卫灵公问陈[①]于孔子，孔子对曰："俎豆之事[②]则尝闻之矣，军旅之事未之学[③]也。"明日遂行[④]。

【注释】

①陈（zhèn）：阵法，战斗队形。 ②俎（zǔ）豆之事：礼仪方面的事情。俎和豆都是祭祀或宴会时盛肉食的器皿，这些场合最讲究礼仪。③军旅：军队。未之学：未学之。 ④明日：第二天。遂：就。

【译文】

卫灵公问孔子军队的阵法，孔子回答说："礼仪方面的事倒是曾经听到过，军队方面的事没有学习过。"第二天就离开了卫国。

【解读】

春秋时期社会动荡，诸侯之间恃强凌弱，兼并掠夺，统治者都崇尚武力，不行仁政。孔子主张恢复礼制，实行仁政，反对不正义的战争。

卫灵公是个无道的君主，他问阵法，显然有穷兵黩武的心思。孔子主张靠仁政使国家强大起来，而卫灵公则想靠军事来壮大自己，相当于战国时期王道和霸道的区别。"俎豆之事则尝闻之矣”，这是在提醒他注重礼乐之治的事情。“军旅之事未之学也”，这是提醒他不应该有实行霸道的念头。孔子并非不懂军事，他教学生礼、乐、射、御、书、数，其中的射、御就都是军事内容。在齐国与鲁国的一次作战中，学生冉求是一支军队的主帅，樊迟是战车上的武士。《论语·述而》：“子路曰：‘子行三军，则谁与？’子曰：‘暴虎冯河，死而无悔者，吾不与也。必也临事而惧、好谋而成者也。’”（7.11）可以看出孔门上下并不乏军事人才，孔子说“未之学也”，是拒绝回答的一个托词。

卫灵公碰了软钉子，对孔子就冷淡了，和孔子谈话时心不在焉，孔子只好离开卫国而去了陈国。

15.2 在陈绝①粮，从者病②，莫能兴③。子路愠④见，曰：“君子亦有穷⑤乎？”子曰：“君子固⑥穷，小人穷斯滥⑦矣。”

【注释】

①陈：陈国。绝：断绝，没有了。 ②从者：跟随的人。病：指饿得很厉害。 ③莫：没有人。兴：起来。 ④愠：怀着怨气。 ⑤亦：也。穷：困窘。 ⑥固：坚持而不动摇。 ⑦斯：则，就。滥：突破约束，放弃原则。

【译文】

在陈国时断了粮食，跟随的人们都饿坏了，没有人能站起来。子路满怀怨气地来见孔子，对孔子说："君子也会遇到困窘吗？"孔子说："君子在困窘的情况下仍然能坚持自己的节操，小人遇到困窘就放纵自己了。"

【解读】

孔子住在蔡国，楚国派人来聘请他。陈国和蔡国的大夫们怕孔子被楚国重用之后对自己不利，于是派人将孔子围困在路上。孔子和学生们断粮七天，靠野菜维生。

学生们跟着孔子，多年来仕途一无所获，反而落到如此困窘的境地，子路认为孔子应该为此负责，就气呼呼地来发难了：你说仁的力量如何的无敌，君子能如何的发达，结果怎么样？君子难道也会困窘到这样的地步吗？

关于"君子亦有穷"和君子为什么会遭遇窘境，子路不会不知道，他是要追究孔子没有带好路的责任。这中间的原委虽然很复杂，但把大家带到了这一步，孔子当然是有责任的。君子嘛，什么事情不应该办好？

君子在逆境下能够保持节操，小人自私，没有坚定的操守，"穷"的时候就会为私利而伤害公理。《论语·先进》："从我于陈、蔡者皆不及门也。"在经历了这场困厄之后，好多学生都离开孔子了，这说明他们作为君子的火候还很欠缺。

15.3 子曰："赐也[1]，女以予为多学而识之者与[2]？"对曰："然[3]。非与？"曰："非也。予一以贯[4]之。"

【注释】

①赐：子贡。也：助词，表示呼唤。②女（rǔ）：你。以：认为。为：是。识（zhì）：记住。与（yú）：助词，表示疑问语气。③然：是的。④一以：以一，用一个基本思想……。以：用。贯：贯穿，整合在一起。

【译文】

孔子说："赐啊！你认为我是学了很多东西而把知识都记住的人吗？"子贡回答说："是的。不是这样的吗？"孔子说："不是的。我是用一个基本的思想将自己的学习行为贯穿起来的。"

【解读】

人的一生都在当学生，但是学习的效果却有差别。孔子成了多才多艺的哲人，而不少人却无所成就，这是因为学习模式有所不同。

"多学而识之"就是对知识贪多务得，要将书本上的东西都从眼里过一遍，甚至要都记住。常听说某人要通读《十三经注疏》，某人能将《说文解字》倒背如流，某人是"活字典"，某人将什么大书手抄了几遍，等等。耗费的精力很多，却未必能在学业上有大的贡献。大家都读了一辈子古书，不少人在训诂和校勘上一无所见，而王念孙、王引之父子却写出了《读书杂志》《经义述闻》，发现和解决了大量的训诂和校勘问题，其间的道理很值得探讨。

孔子在学习上有“一以贯之”的诀窍。所谓“一”，指的是知识所体现的原理，就是科学的方法和精神。顾炎武在《日知录》中说：“岂非天下之理殊途而同归，大人之学举本以该末乎？”知识是无穷的，但其间的道理却是类同的。读书不是要记住书中所说的事情，而是要通晓它们所体现的道理，掌握其方法和精神。掌握了方法和精神，就能够以简驭繁，触类旁通。

有个师傅教着两个徒弟，他给每人一笸箩花生，说道：“你们明天早上回答我：是不是每颗花生仁都由粉衣包着。”一个徒弟通宵不睡，剥开了每一粒花生，证明每颗花生仁都由粉衣包着。另一个徒弟只用了一会儿时间，他从花生中挑出了大的、小的、饱的、瘪的各五个，剥开看过之后，也断定每颗花生仁都由粉衣包着。

这个故事说明，学习要重视方法，能够提炼出万事万物所蕴含的原理，从而利用这些原理进行高效的学习，而不是那种“剥完每一颗花生”的学习。《论语·学而》：“赐也始可与言《诗》已矣，告诸往而知来者。”（1.15）《论语·述而》：“举一隅不以三隅反，则不复也。”（7.8）这些材料都体现出孔子在教学活动中对原理的重视。《论语·子罕》：“吾有知乎哉？无知也。有鄙夫问于我，空空如也，我叩其两端而竭焉。”（9.8）这是孔子利用原理由无知而变为有知的经验。机械地“多学而识之”的做法是不可取的。

孔子并不是机械地反对博览和记忆，而是主张还要融会贯通，思考提炼。《论语·述而》：“多闻，择其善者而从之，多见而识之，知之次也。”（7.28）学习活动也得“多见而识之”，但还得“择其善者而从之”。如果不“多学而识之”，则“一以贯之”就要落空了。程树德《论语集释》引用了《反身录》的一则材料：“刘文靖谓邱文庄博而寡要，尝言：‘邱仲深虽有散钱，惜无钱绳贯钱。’文庄闻而笑曰：‘刘子贤虽有钱绳，却无散钱可贯。’”出现“虽有散钱，惜无钱绳贯钱”和“虽有钱绳，却无散钱可贯”的情况都不好，将二者结合起来，既要不停地搜集散钱，也能将这些散钱科学地“一以贯之”，就能步入科学地学习的境界了。

15.6　子张问行①，子曰：“言忠信，行笃敬②，虽蛮貊之邦③，行矣。言不忠信，行不笃敬，虽州里④，行乎哉⑤？立则见其参于前也⑥，在舆则见其倚于衡⑦也，夫⑧然后行。”子张书诸绅⑨。

【注释】

①行：行得通，能被接受。　②行：行为。笃：扎实，程度深。敬：认真谨慎。　③虽：即使。蛮貊（mò）：指少数民族。蛮：南方的少数民族；貊：北方的少数民族。邦：国家。　④州里：指本乡地面。二千五百家为州，二十五家为里。　⑤乎哉：助词，表示质问语气。　⑥立：站

立。其：指忠信、笃敬的要求。参：罗列，树立。 ⑦舆：车厢。倚：靠着。衡：车辕前端的横木，上边缚着轭，以驾马而拉车。 ⑧夫：这样。⑨书：书写。诸：之，指孔子说的话，就是“言忠信，行笃敬”。绅：束在腰间的大带，一端从腰间垂下来。

【译文】

子张问怎么样才能行得通，孔子说：“说话忠恳诚实，行为扎实认真，即使到了少数民族国家，也能行得通。说话不忠恳诚实，行为不扎实认真，即使在本乡地面，能行得通吗？站着时好像看到这两则信条就树在自己面前，在车厢中时好像这两则信条就靠在衡上，做到这样，就行得通了。”子张把这话写在了自己的腰带上。

【解读】

“忠”与“信”的含义相类，指对别人负责和诚实。“笃”与“敬”的含义相类，指对涉及他人利益的事情认真和竭力。这两条原则是做好事情的保证，用这样的态度待人待事，自然就能得到人们的信任，自己也就行得通了。“立则见其参于前也，在舆则见其倚于衡也”，就是处处都能用这两条原则警示自己。子张将这话写在腰带上，是要将它作为座右铭，以规范自己的言行。

15.10 子贡问为①仁，子曰：“工欲善②其事，必先利其器[3]。居是[4]邦也，事[5]其大夫之贤者，友[6]其士之仁者。”

【注释】

①为：实施，推行。②工：工匠。善：做好。③利：本指刃具锋利，引申为便利、性能好的意思。器：指工具。④居：在。是：这个。⑤事：侍奉，为……做事。⑥友：主动与……结交为朋友。

【译文】

子贡问怎样推行仁道，孔子说：“工匠要做好事情，总是先使工具锋利。到了所在的国家，要谋求在贤明的大夫手下供职，要和有仁德的士人成为朋友。”

【解读】

君子以仁为己任，要在整个天下推行仁。孔子认为靠自己单枪匹马是不行的，磨刀不误砍柴工，首先得组建起一支良好的队伍。

大夫和士人具有较高的社会地位和办事能力，他们上可以影响国君，下可以影响民众，其中的贤者和仁者是仁的担当者和推广者，所以是推广仁的“利器”。能主动“事”他们，“友”他们，就可以结成一个志同道合的团队。

15.12 子曰：“人无远虑[1]，必有近忧[2]。”

【注释】

①远：长远的。虑：打算，谋划。 ②近：眼前的。忧：祸患。

【译文】

孔子说："人没有长远的谋划，必然会在近期内遭遇祸患。"

【解读】

对有关问题有长远的谋划和准备，才能保证自己的安全，保证目标的实现。所谓未雨绸缪，有备无患，说的就是这个道理。如果懵懵懂懂，不能审时度势，必然经常会很被动。机会是属于有准备的人的，即使不为应对祸患，也应该有目标、有计划、有准备地生活。

15.15 子曰："躬自厚而薄责①于人，则远②怨矣。"

【注释】

①躬自：自己。厚：深刻地，很重地。薄：程度轻。责：责备，要求。 ②远：使……远去，指消除，减少。

【译文】

孔子说："多责备自己，少责备别人，就可以消除人们的不满了。"

【解读】

厚责于己就是严于律己，要在各方面都做得很好。薄责于人就是宽以待人，对别人要理解和宽容，态度友善。这样就能获得人们的好感，消除不满。

通过良好的表现，树立良好的形象，力求得到支持，目的是让人们能接受自己的主张，改造环境，并不是为自己谋利。

15.18　子曰："君子义以为质①，礼以行②之，孙以出③之，信以成④之。君子哉！"

【注释】

①义以：以义，把道义……。以：把。为：作为。质：本体，内容。②礼以：以礼，凭借礼。以：凭借，靠。行：实行。　③孙（xùn）：谦逊。出：指说出。　④信：诚实。成：促成。

【译文】

孔子说："君子把道义作为生活和工作的内容，依据礼义实行它，用谦逊的态度展现它，靠诚实的为人促成它。这样的人真是君子啊！"

【解读】

君子是道义的化身，其生活和工作的内容都成为道义的体现。君子还担负着使社会道义化的责任，要用道义来教化他人。“义以为质”是为社会树立了道义的榜样，礼义、谦逊、诚实既是道义的内容，也是推行道义的手段，是使人们能够接受自己的良好界面。

礼义是规范人际关系的种种理论、原则等，受到社会的普遍认可，谦逊和诚实是礼义的下位内容。虽然有“义”，如果没有礼、逊、信的界面包装，“义”的“行、出、成”仍然不能取得理想的效果。

15.20 子曰：“君子疾没世而名不称①焉。”

【注释】

①疾：不愿意。没（mò）世：死亡。名：名誉。称：被人称道。

【译文】

孔子说：“君子担心自己死后树不起被人称道的好名声。”

【解读】

财利与名誉是人们普遍的追求，名誉属于精神范畴，比财利追求的层级更高。随着人的品行和见解层级的提高，对于名誉的欲求也会相应地提高。“人过留名，雁过留声”，这话体现了人们对名誉问题的重视。

《论语·里仁》：“富与贵，是人之所欲也，不以其道得之，不处也。贫与贱，是人之所恶也；不以其道得之，不去也。君子去仁，恶乎成名？君子无终食之间违仁，造次必于是，颠沛必于是。”（4.5）这则材料体现了孔子对名与利问题的态度，可以参看那里的分析。

15.23 子曰：“君子不以言举①人，不以人废②言。”

【注释】

①以：根据。举：提拔。 ②废：不采纳，摒弃。

【译文】

孔子说：“君子不因为有的人说的话合理就提拔他，也不因为有的人品行不好就不采纳他的合理意见。”

【解读】

《论语·宪问》：“有德者必有言，有言者不必有德。”（14.4）合理的话，人们都会说，但不一定能照着去做，所以就会存在满嘴仁义道德而一肚子男盗女娼的人。任何人的言语都会高于他的行为，很难一致，所以要听其言而观其行，不可以片面地以言举人。

有的人品行不好，或者是见识愚昧，但不一定他说的话就都不合理，所谓“愚者千虑，必有一得。狂夫之言，圣人择焉”。对于人们的言和行都要理性地分析，不可以草率对待。

15.24 子贡问曰："有一言而可以终身行①之者乎？"子曰："其②恕乎！己所不欲③，勿施④于人。"

【注释】

①一言：指一个单音节词。行：实行，奉行。 ②其：应当，表示肯定性的推测。 ③欲：希望，愿意。 ④施：施加。

【译文】

子贡问："有一个字是可以终身奉行的吗？"孔子说："应当是恕吧！自己所不愿意的事情，不要施加到别人身上。"

【解读】

儒家关于人格修养的要求非常全面而系统，子贡想得到一个以简驭繁的诀窍，甚至想简单到一个字，就是要抓住整个系统的核心。孔子说这个字就是"恕"，并且用"己所不欲，勿施于人"做了阐述。这句话可以倒推回去表述，就是"己所欲者，先施于人"，也就是"己欲立而立人，己欲达而达人"（6.30）。《论语·里仁》："子曰：'参乎！吾道一以贯之。'曾子曰：'唯。'子出，门人问曰：'何谓也？'曾子曰：'夫子之道，忠恕而已矣。'"（4.15）这些材料所表达的含义是基本一样的，可以参看前面的分析。

15.27 子曰："巧言乱①德。小不忍则乱大谋②。"

【注释】

①巧言：好的言辞，这里指取悦于人的顺耳的话。巧：美好。乱：影响，损害。 ②忍：克制。谋：计划。

【译文】

孔子说：“花言巧语会迷惑人做错事情。在小的事情上不克制自己，就会影响实现大的计划。”

【解读】

巧言者善于诡辩，听话者会被迷惑而是非不分，因此而重用奸邪，迫害忠良，所以“巧言”会“乱德”。

君子的目标是“天下归仁”，在处世策略上讲究权衡利弊。《论语·子罕》：“可与共学，未可与适道。可与适道，未可与立。可与立，未可与权。”（9.30）孔子将“权”的层次放在最后，说明他对这一境界的推崇。在小事情上要求至清至洁，毫厘必争，会使人纠缠于琐碎的争执中，胜之不武，还会将人际关系恶化，影响到大目标的实现。自己的利益受到损害时保持相应的克制，对别人的错误要适当地容忍。除了重大的原则问题外，其余的事情就要当忍则忍。这样可以腾出时间和精力去做更为重要的事情，获得更大的功利效果。管仲如果在乎忠臣不事二主的信条，韩信如果不忍胯下之辱，就会死得默默无闻，不可能有后来的丰功伟业了。孔子认可智者的“临事而惧，好谋而成”，不认可“暴虎冯河，死而无悔”的匹夫之勇。

懂得“忍”的道理，具有“忍”的修养，需要有宏深的见解和坚韧的性格，是长期磨炼的结果，达到这样的境界很不容易。

15.29 子曰：“人能弘道①，非道弘人。”

【注释】

①弘：弘扬，张大。道：指正确的理论和做法。

【译文】

孔子说：“人能够弘扬正确的理论，但不是要借理论而标榜自己。”

【解读】

道是社会所认可的公理，靠人来总结、阐释、推广、弘扬。道存在于人类的历史和现实生活中，如果没有人研究、倡导和实行，就不能发扬光大，不能对社会产生影响，这就是“人能弘道”的道理。

仁者为道而努力，是出于对道的热爱，不是为了打着道的旗号谋取私利。人可以主动去弘扬道，道不能主动来干预人，但“弘道”的人会受到欢迎，自己的名誉和地位就能提高，从这个角度看，其实道也是能“弘”人的。尧、舜“弘道”，所以成了圣明的帝王；孔子“弘道”，所以成了伟大的哲人；这都是道能“弘”人的例证。《论语·里仁》：“仁者安仁，知者利仁。”（4.2）仁者因为“安仁”而弘道，其主观上不是为了利用道来“弘”自己。智者因为“利仁”而弘道，其主观上却正是要利用道来“弘”自己的。

人要做“安仁”的仁者，不做“利仁”的智者。如果弘道的目的就是让道来弘人，归根到底还是为了私利，孔子认为不可取，因为仁者和智者的人格层次毕竟是不一样的。

15.32　子曰：“君子谋道①不谋食。耕也，馁②在其中矣，学也，禄在其中矣。君子忧道不忧贫。”

【注释】

①谋道：想着道的问题。　②馁：饥饿。

【译文】

孔子说：“君子想着治理天下的理论和方法的问题，不想自己穿衣吃饭的问题。耕地就会挨饿，学习就能得到俸禄。君子为治理天下的理论和方法的问题而担忧，不因为贫穷而担忧。”

【解读】

在当时，教学的内容就是治理国家的道理和方法，培养的是管理政治的人才，他们学成以后就去做官。当官的人享受俸禄，其物质和精神生活的水平远高于种地的农民。当时农业生产的条件十分落后，赋税沉重，农民过着“乐岁终身苦，凶年不免于死亡”的悲惨日子，“耕也，馁在其中矣”，确实是当时的实际情况。

孔子认为君子应该选择求学从政的道路，为道而谋，为道而忧，即使自己身处贫困，也不可以为衣食而谋，因贫困而忧。靠种地不会摆脱贫困，当官吃俸禄才是脱贫的选择。

谋道与谋食，忧道与忧贫，显然存在着思想境界的高下之分。当官是劳心者、管理者，务农是劳力者、被管理者，其劳动的绩效也存在着高下之分。对于这个问题，可以参看《子路》篇（13.4）的分析。

15.36 子曰：“当①仁，不让②于师。”

【注释】

①当：在……面前。 ②让：谦让。

【译文】

孔子说：“在做仁义的事情的时候，不必考虑将美誉让给老师的讲究。”

【解读】

君主、父母、老师是尊者，臣民、子女、学生是卑者。卑者做一些有关的事情时要征得尊者的同意，以尊者的名义去实施，因此而获得的成绩和声誉属于尊者。如果擅自以自己的名义实施，使成绩和声誉归于自己，就叫掠美。老辈人往往还照顾着一些旧的做法，比如对乡邻馈赠或救助时，明明父母并不知道，却总是打着父母的旗号，俗话叫“有老不显小”，这是“让美”于尊者的做法。父母去世后，办事才以自己的名义出面，领受人们给予的赞誉和感谢。看来在当时不仅臣民要让美于君主，子女要让美于父母，学生也要让美于老师。

有时遇到突发的事情，需要立即实施仁义的举措，顾不上向尊者请示，就可以自作主张，因此而不得不领受人们给予的赞誉和感谢。孔子认为，只要是仁义事情，遇到了就应该做，不必考虑让美于师的讲究。

15.37 子曰：“君子贞而不谅①。”

【注释】

①贞：正，指本质正派。谅：固执而不知变通的诚实。

【译文】

孔子说：“君子追求本质良好，不拘泥于固执的诚实。”

【解读】

君子的目标是仁，所谓“贞”，就是要“义以为质”（15.18）。诚实是维护仁的手段，在仁的下位范畴，从属于仁这个核心。在具体的事情面前，要懂得“权”的道理，不能拘泥固执。尾生和一个女子约定在一座桥下相会，女子没有来，河水涨起来了，他为了守约，抱着桥柱不肯离去，被淹死了。尾生的这种表现就是“谅”，他固执于守约的信条而舍弃了生命。绝对服从昏庸的君主叫愚忠，尾生的这种做法是“愚信”，很愚蠢。

为了追求更大的功利价值，在不动摇仁的原则的前提下，必要时是可以“不谅”的。“善意的谎言”可以被认可，违背价值较小的诺言的行为也可以被认可。《论语·宪问》：“子贡曰：‘管仲非仁者与？桓公杀公子纠，不能死，又相之。’子曰：‘管仲相桓公，霸诸侯，一匡天下，民到于今受其赐。微管仲，吾其被发左衽矣。岂若匹夫匹妇之为谅也，自经于沟渎而莫之知也？’”（14.17）这条材料体现了孔子对于“谅”的态度，请参看那里的分析。

15.39 子曰：“有教无类[①]。”

【注释】

①教：教育，教化。类：指人的地位、职业、地域、贫富等类别。

【译文】

孔子说：“有了教育，因为地位、职业、地域、贫富等因素而产生的人格差异就会消失。”

【解读】

由于地位、职业、地域、贫富等因素的影响，人们会在文化素养、品行习惯等方面产生差异。在古代，大夫以上的人算一个类别，其下则是士、农、工、商，属于不同的职业类别，却是被当作四种等级类别来看待的。

教育不能直接改变人们的地位、职业、地域、贫富等类别，却可以提升人们的素质，直接改变人们的学识和品行的类别，使人们向高层级进步，这就是“有教无类”的道理。

“有教无类”的内部结构关系，类同于“有备无患”。

15.40　子曰：“道①不同，不相为谋②。”

【注释】

①道：指有性质差异的学说宗旨。　②为：进行。谋：讨论，商量。

【译文】

孔子说：“信奉的学说宗旨有矛盾，不在一起进行讨论。”

【解读】

人们之间一般性的不同见解，可以通过讨论分析、互相说服而达到一致。所谓“道”则是形成了思想体系的学说宗旨，有着深远的历史根源和相应的社会基础，内部有着相对完整的自我解释和证明体系，具有虔诚的受众群体和相当的抗攻击能力，对其他学说有强烈的征服倾向。不同的学说互相视为异端，党同伐异，甚至会演化为战争屠杀。

不同的“道”之间的同化努力是徒劳的，不会有实际的效果。儒家主张积极干预社会，道家主张放弃对社会的干预，公说公有理，婆说婆有理。《庄子》《墨子》中对儒家极尽贬低，孔子也受到过许多“道”不同者的嘲讽否定。他显然看清了这一问题的复杂性，所以提出了“不相为谋”的主张。

所谓“不相为谋”，就是井水不犯河水，和平共处，和平竞赛，听任历史的选择。这类问题也只能如此，论辩争执不会有什么积极的效果。

15.41 子曰：“辞达而已矣①。”

【注释】

①辞：言辞，言语。达：指实现意思的传达。而已矣：助词，表示限止语气。

【译文】

孔子说：“说话，能够表达出心中的意思就行了。”

【解读】

人们的言语有日常交际的自然语言，有经过修辞处理的文学语言。自然语言一般只追求表意准确，文学语言则要追求鲜明生动。孔子这里应该是就自然语言而言的，只要表意准确就行了，没必要刻意地修辞加工。就像是演员，不应该将自己在舞台上的表现运用到生活中。在日常交际中使用文学语言，自己会很累，别人听着也别扭。可能当时有人在日常交际中使用文学语言，有卖弄的成分，孔子不认可这一做法。

在应该讲究言语修辞的场合，孔子还是追求言语的典雅和生动的。《论语·述而》："子所雅言，《诗》、《书》、执礼，皆雅言也。"《论语·季氏》："不学《诗》，无以言。"（16.13）对于特殊场合和特殊用途的言语，不能局限于一个"达"的标准。

15.42 师冕①见，及阶②，子曰："阶也。"及席③，子曰："席也。"皆坐，子告之曰："某在斯④，某在斯。"师冕出，子张问曰："与师言之道与⑤？"子曰："然⑥，固相⑦师之道也。"

【注释】

①师冕：名叫冕，因为是乐师，按照习惯称为"师冕"。师：乐师，古代的乐师都由盲人担任。 ②阶：堂前的台阶。 ③席：座席。 ④某：某人。斯：这里。 ⑤道：方式。与（yú）：助词，表示疑问语气。⑥然：对，是的。 ⑦固：本来，确实。相（xiàng）：帮助。

【译文】

师冕来见孔子，走到了台阶前，孔子提醒他说："这是台阶。"到了座席跟前，孔子告诉他说："这里是座位。"大家都坐下之后，孔子告诉他说："某人在这里坐着，某人在那里坐着。"师冕出去以后，子张问孔子说："这是和乐师讲话的规矩吗？"孔子说："是的，这确实是帮助乐师的规矩。"

【解读】

师冕是盲人，孔子非常耐心细致地引导他走路，详细介绍在座的人的情况，尽量给他减少因为失明而带来的不便，体现了对残疾人的体贴照应。子张为此而发问，可见他没有这样的习惯，而且其他人也没有孔子做得好，孔子给他上了一堂社会公德课。《论语·子罕》："子见齐衰者、冕衣裳者与瞽者，见之，虽少必作，过之必趋。"（9.10）可以参看那里的分析。

季氏第十六

冉求扶季氏，兼并欲颛臾。
孔子连珠炮，揭穿不实徒。

享俸须陈力，不能则去之。
颠危宜救助，为相职扶持。

虎兕出于笼，玉龟毁椟中。
此为谁过也？主者遁词穷。

均财无寡者，循礼则民来。
安定邦难覆，国家可不颓。

远人如不服，修德以来之。
百姓安而富，家邦盛可期。

为政违仁道，分崩堕势成。
萧墙藏隐患，鲁国内相争。

政自诸侯出，稀能十世传。
大夫行五世，三代宰臣延。

至道行天下，政非在大夫。
庶民无议上，四海共欣愉。

鲁君权柄失，政逮大夫身。
无道难长久，三桓败必臻。

博闻兼直谅，交友益诚多。
如琢如磨后，同心共履和。

远离三损友，皆是自私人。
言色唯恭顺，不能使日新。

行为符礼乐，人善则称扬。
贤友偲偲众，依仁正道彰。

骄纵胸怀俗，佚游趣味庸。
狐朋邀宴乐，慎勿滥随从。

三愆皆习见，礼数自难周。
侍上诚多忌，动贻责罚羞。

少时宜慎色，壮岁戒于争。
迟暮休贪利，皆因血气情。

天命诚宜畏，大人自服从。
圣贤言至贵，君子敬而恭。

自古传尧舜，天生是圣贤。
仲尼遵至道，好古敏求旃。
困窘方知学，亦能日上迁。
处穷而不读，居下最堪怜。

为人励九思，凡事并求宜。
君子修身谨，齐平乃可期。

遇贤如不及，逢恶似探汤。
吾见其人矣，亦闻是语扬。

隐居求彼志，行义达其仁。
是语多闻矣，未曾见有循。

齐君千驷马，无德被称扬。
贫饿夷齐苦，至今耀光芒。

知礼方能立，习诗乃可言。
士人于处世，道艺作根源。

仲尼于孔鲤，疏远未依依。
庭立须趋过，退而奉不违。

君妻为匹配，称谓可观瞻。
制度恒常例，尊人亦自谦。

16.1 季氏将伐颛臾[1]，冉有、季路见[2]于孔子曰："季氏将有事[3]于颛臾。"孔子曰："求，无乃尔是过与[4]？夫[5]颛臾，昔者先王以为东蒙主[6]，且在邦域[7]之中矣，是社稷[8]之臣也，何以伐为[9]？"

冉有曰："夫子欲[10]之，吾二臣者[11]皆不欲也。"孔子曰："求，周任[12]有言曰：'陈力就列[13]，不能者止。'危而不持[14]，颠[15]而不扶，则将焉用彼相[16]矣？且[17]尔言过矣，虎兕出于柙[18]，龟玉毁于椟[19]中，是谁之过与[20]？"

冉有曰："今夫颛臾，固而近于费[21]，今不取[22]，后世必为子孙忧[23]。"孔子曰："求，君子疾夫舍曰欲之而必为之辞[24]。丘也闻有国有家[25]者，不患寡而患不均[26]，不患贫而患不安[27]，盖[28]均无贫，和[29]无寡，安无倾[30]。夫如是[31]，故远人不服则修文德以来[32]之，既来之则安[33]之。今由与求也相[34]夫子，远人不服而不能来也，邦分崩离析而不能守[35]也，而谋动干戈[36]于邦内。吾恐季孙之忧不在颛臾，而在萧墙之内[37]也。"

【注释】

①季氏：指季康子。颛（zhuān）臾：鲁国的附属国，在今山东费县

西北。 ②见：拜见。 ③事：指军事行动。 ④无乃：恐怕要，是否应该。尔是过：责备你。是：结构助词，连接提前的宾语和动词；过：责备。与（yú）：助词，表示商询语气。 ⑤夫：那。 ⑥昔者：过去。先王：指周王朝前代的天子。以为：让……担任。东蒙主：主持祭祀东蒙山的人。东蒙：即蒙山，在今山东蒙阴县南；主：主持祭祀的人。 ⑦邦域：国家领土。邦：国家。 ⑧是：此。社稷：国家。 ⑨为：助词，表示疑问。 ⑩夫子：对季康子的敬称。欲：想要。 ⑪者：助词，表示多数。 ⑫周任：据说是古代的一位史官。 ⑬陈力：施展出才力。就：走向。列：官列，职位。 ⑭危：将要倒，不稳当。持：护持住。 ⑮颠：跌倒。 ⑯将：还。焉：何必，哪。用：使用。彼：那。相（xiàng）：搀扶盲人的人。 ⑰且：况且。 ⑱兕（sì）：独角犀。柙（xiá）：关猛兽的笼子。 ⑲龟：龟甲，用来占卜。龟甲与玉器都是宝物。椟（dú）：匣子。 ⑳是：此。与（yú）：助词，表示质问语气。 ㉑固：指城郭坚固。费（bì）：即今山东费县，是季氏的封邑。 ㉒取：夺取。 ㉓为：成为。子孙：指季氏的子孙。忧：祸患。 ㉔疾：厌憎。夫：那。舍：不肯。必：总是。为之辞：为自己的行为辩解。辞：辩解，找借口。 ㉕丘：孔子自称其名。也：助词，用在单音节人名之后，调整语势节奏。有：享有，拥有。国：诸侯的领地。家：大夫的领地。 ㉖患：担心，忧虑。寡：当与下句中的“贫”字互换位置。寡，人口少。均：平均。 ㉗贫：财物少。安：安定。 ㉘盖：因为。 ㉙和：指政令适中，没有偏差。 ㉚倾：颠覆，垮台。 ㉛夫如是：像这样。 ㉜远人：远方的人，指国外的人。修：搞好。文德：礼乐与道德教化。文：治理国家的礼乐政治。来：招徕，使……来到。 ㉝安：安抚，保护。 ㉞相（xiàng）：辅佐。 ㉟分崩离析：四分五裂。守：维护。 ㊱干戈：指战争。干：盾牌。 ㊲萧墙：国君宫门内对着门的一面小墙，也叫作屏。萧墙之内即宫中，指国君鲁哀公。

【译文】

季氏将要攻打颛臾，冉求和子路来拜见孔子，对孔子说：“季氏将要对颛臾动武。”孔子说：“冉求，这是不是该责备你呢？那颛臾，过去先王让它的国君当主持祭祀东蒙山的人，况且已经在我国领土的范围内了，这是国家的臣，为什么要进攻呢？”

冉求说：“是夫子要这样做的，我们两人都不想这样。”孔子说：“冉求，周任有句话说：‘施展出你的能力来任职，如果不行就不任职。’盲人将要倒了也不去搀扶，已经跌倒了也不去扶起来，那还何必要用那专门扶他走路的人呢？况且你的话错了，老虎、犀牛从笼子里跑了出来，龟甲和宝玉在匣子中毁坏了，这是谁的过失呢？”

冉求说：“那颛臾，城郭很坚固，又靠近费邑，现在不夺取，后世一定会成为季氏子孙的祸患。”孔子说：“冉求，君子憎恶那种不肯说自己想得到它，却总是为自己找借口的行为。我听说拥有国家的国君和拥有封邑的大夫，不担心没钱而担心财富分配不平均，不担心人口少而担心上下关系不和睦，不担心失去权位而担心政治不安定，因为财富平均了就能消除贫穷，政令合理了人口就不会少，政治安定了国家就不会颠覆。如果能像这样，那么远方的人不驯服，就搞好礼乐教化而招徕他们；已经来投奔了，就安抚好他们。现在仲由和冉求你们两人辅佐夫子，远方的人不驯服，你们不能招徕，国家四分五裂，你们也不能维护，反而策划在国内发动战争。我担心季孙的祸患不在颛臾，而是在萧墙之内。”

【解读】

颛臾是个小国，其国君姓风。当初周天子分封颛臾，让它主管对东蒙山的祭祀，和鲁国毗邻，所以成了鲁国的附庸国，实际上相当于鲁国的一部分，产生的贡赋等利益属于鲁国国君。季氏是鲁国世袭的执政大臣，季康子很贪婪，侵夺属于国君的利益，与鲁哀公明争暗斗。季氏的封地在费，和颛臾邻近，他想把颛臾灭掉，扩大自己的领地，这就是从鲁哀公的碗里抢饭吃。冉求和子路都是季康子的家臣，冉求担任季氏的家宰，颇受器重，地位比子路高，兼并颛臾的主意很可能就是他给季氏想出来的。

孔子晚年在鲁国很受尊重，被称为国老，相当于政事顾问。季康子要夺取颛臾，孔子当然不会同意。冉求和子路是孔子的学生，做这件事情的时候，不能不考虑孔子的态度。他们来见孔子，就是给老师一个面子：我们来给你通风报信，征求你的意见。其目的还是想撇清自己，求得孔子的原谅。不管孔子的态度如何，总比先斩后奏强一点。

孔子的态度不言而喻：天子分封的国家你也敢打？国家管辖的地区你也敢夺？颛臾有什么过失呢？他将矛头指向冉求，将罪责安到了他的头上。冉求一向对孔子阳奉阴违，对季氏则忠心耿耿，为虎作伥。兼并颛臾的坏点子，除了冉求，没有人能想得出来。

冉求说："夫子欲之，吾二臣者皆不欲也。"他将责任推给了季氏，想撇清自己，这也就是他来见孔子的真正目的。这一辩解蒙不过孔子：你当着季氏的官，就得为他把好关，如果说话不管用，就辞去职务。再出了什么事，才可以说不是你的责任。你是季氏的辅佐，就像是扶着盲人走路的人，人家跌倒了你都不搀扶，要你这辅佐干什么？猛兽从笼子里跑出来伤害人，不能怪它们，是管理员的失职。龟甲和美玉在匣子中毁坏了，责任也不在它们，而是保管者的失职。你辅佐季氏，就像是专门引导盲人的相，就像是养虎兕的管理员和收藏龟玉的保管员。主人要犯错误了，你这管家能说没有责任？孔子引用名人名言，连用三个比喻，死死地钉住冉求不放。

冉求被孔子的连珠炮打得没有退路，只好为攻打颛臾找了个借口，说是怕将来威胁到季氏的子孙。孔子揭露了冉求"欲之"的本来面目，表明了对他不说实话的憎恶态度。

季氏要兼并颛臾，真正的原因有三点，其一是"患贫"，夺取了颛臾，那里的赋税就归自己了；其二是"患寡"，夺取了颛臾，能够役使的百姓就更多了；其三是"患倾"，怕自己的地位不巩固，领地扩大了，实力就增强了。孔子认为，国君和大夫要钱要人要保地位，不能靠掠夺，而要靠推行德政来实现。

儒家主张富民政策，认为百姓日子过得好，就不会逃亡，生产能力会增强，赋税才能得到保证，贵族们的财富才会增长。要想富民，就不能搜刮太重，就得将财富平均分配。财富能相对地平均享有，百姓就不会因为太贫困而影响其生产能力，这就是“均无贫”的道理。孔子在当时能明确提出均财的主张，确实是难能可贵的。

国家的政令合理，政治状况就会良好，民众就能安居乐业。如果其他国家的政治状况恶劣，民众生活在水深火热之中，他们就会举家逃亡，前来投奔王道乐土。孔子讲“……四方之民襁负其子而至矣”，孟子讲“信能行此五者，则邻国之民仰之若父母矣”，说的都是这种情况。靠德政而吸引民众来归附，这就是“和无寡”的道理。

春秋时期各国的政局时常出现动荡，原因是礼制崩溃，君不君，臣不臣，到处都是“虎兕出于柙”的混乱局面，利益争夺导致了国家、君主、大夫地位倾覆的现象频频发生。如果能君君、臣臣，上下之间相安无事，各自的地位也就稳固了，政局就会安定，这就是“安无倾”的道理。

原文云：“不患寡而患不均，不患贫而患不安，盖均无贫，和无寡，安无倾。”从文理的逻辑来看，可以怀疑这段文字的原貌应该是“不患贫而患不均，不患寡而患不和，不患倾而患不安，盖均无贫，和无寡，安无倾”，后三个短句子的意思分别和前三个长句子对应，符合一般的表述习惯。

季康子专权而贪婪，与国君的矛盾十分尖锐。鲁国三家贵族也互相争斗，国家政局存在着爆发动荡的隐患，季氏不能不为自己的地位担忧。在孔子看来，要消除与国君的矛盾，季氏应该安分守己，不再侵夺国君的权益，大家才能相安无事。季氏对鲁国政治负有重任，应该推行德政，招徕远人，改变鲁国政出多门的局面。季康子反而变本加厉，要兼并颛臾，明火执仗地打劫国君。如果国君忍无可忍，他们之间公开的厮杀就不可避免了。

冉求和子路不能用正道辅佐季氏，反而怂恿和纵容他倒行逆施，这是他们的失职。孔子提醒他们：季氏兼并了颛臾，住在萧墙之内的人（指鲁哀公）会怎么想？颛臾并不能给季氏带来祸患，而萧墙之内的人可就难说了。

16.4 孔子曰：“益者三友①，损②者三友。友直③，友谅④，友多闻⑤，益矣。友便辟⑥，友善柔⑦，友便佞⑧，损矣。”

【注释】

①益：有好处。友：朋友。 ②损：有害。 ③友：和……成为朋友。直：正直的人。 ④谅：守信用的人。 ⑤多闻：知识广博的人。 ⑥便（pián）辟（pì）：指用恭顺的举止讨好人的人。 ⑦善柔：指用柔和的表情讨好人的人。 ⑧便（pián）佞：指伶牙俐齿地讨好人的人。

【译文】

孔子说：“有益的朋友有三种，有害的朋友有三种。和正直的人交友，和守信用的人交友，和知识广博的人交友，对自己有益。和用恭顺的举止讨好人的人交友，和用柔和的表情讨好人的人交友，和伶牙俐齿地讨好人的人交友，对自己有害。”

【解读】

正直的朋友能为自己指出缺点错误，守信用的朋友能为自己树立榜样，知识广博的朋友可以为自己答疑解惑，这些人都是应该积极结交的益友。

刘宝楠认为，“便辟”者是“足恭”的人，对人十分恭顺。这种人与“直”相反，他们对人一味恭顺，看到错误也不犯颜直谏，会使人失去诤友之助。“善柔”者是“令色”的人，对人和颜悦色。这种人与“谅”相反，他们对人总是笑脸相迎，有不同意见也不讲，会使人听不到真实的批评。“便佞”者是“巧言”的人，只是能说会道，甜言蜜语，这种人与“多闻”相反，他们只会哄着人高兴，没有更多的知识给人以教益。这三种损友实际上是一类人，有三种不同的表现，都是对人顺而不逆的人，和他们交往不会受益，还可能被宠坏。

16.5 孔子曰：“益者三乐①，损②者三乐。乐节礼乐③，乐道人之善，乐多贤友，益矣。乐骄乐④，乐佚游⑤，乐宴乐⑥，损矣。”

【注释】

①乐：乐趣，所喜欢的事情。 ②损：有害。 ③乐：喜欢。节：节制，规范。礼乐：礼义和音乐。 ④骄乐：骄纵的乐趣。 ⑤佚（yì）游：无节制地游玩。 ⑥宴乐：安闲取乐。宴：安闲。

【译文】

孔子说："有益的兴趣有三种，有害的兴趣有三种。喜欢用礼乐规范自己的行为，喜欢称道别人的长处，喜欢交到更多的益友，都是有益的兴趣。喜欢骄纵的乐趣，喜欢无节制地游玩，喜欢安闲取乐，都是有害的兴趣。"

【解读】

礼乐是一个庞大的知识体系，关涉到社会人文的各个方面。人们靠礼乐修己，也靠礼乐治人。人进入了礼乐的范畴，可以获得一种"今是而昨非"的满足感，也可以获得一种不同流俗的优越感，能够激起学习和实践礼乐的更高热情，也就是进入了"乐节礼乐"的境界。"乐道人之善"是君子的风范。关于"乐多贤友"，请参看上一章的分析。这些乐趣有益于进步而成为君子。

富贵者往往扬扬自得，盛气凌人，这叫"骄乐"，是一种庸俗的情趣。打猎游玩，斗鸡赛马，这类活动容易上瘾，如果过度沉迷，就会玩物丧志，这叫"佚游"。沉迷于饮食男女之类的休闲取乐，叫"宴乐"，其害处也在浪费时间，消磨心志。这些乐趣格调低俗，有害无益，所以应该戒除。

16.6 孔子曰："侍于君子有三愆①：言未及之而言谓之②躁，言及之而不言谓之隐③，未见颜色而言谓之瞽④。"

【注释】

①侍：陪着。君子：指国君、大夫等地位高的人。愆（qiān）：过错，不得体的表现。 ②及：涉及。谓之：叫作。 ③隐：隐瞒。 ④颜色：表情态度。瞽：盲人，指没有眼色。

【译文】

孔子说："陪着国君或大夫时容易犯三种过错：没有涉及有关话题时却提起它，叫作急躁；谈到有关话题而不表态，叫作隐瞒；不看清人家的态度就发表意见，叫作没眼色。"

【解读】

当时的礼法讲究颇多，在上司面前有各种各样的礼数，说话要小心谨慎。要保证"君子"的话语权，让人家发表意见，自己拾遗补阙。"言未及之而言"有炫耀和抢功之嫌，是不能让美于"君子"。谈论到有关话题，该说话时不说话，必然是怕得罪人，这是对"君子"不忠。"未见颜色而言"是贸然发表君主反感的意见，导致尴尬，使双方都不好下台。

在保证"君子"话语权的前提下，要充分表达意见，还得注意方式方法，遵守相应的礼数。对"君子"礼貌尊重，也体现了下属的修养和品格。

16.7 孔子曰："君子有三戒：少之时血气未定①，戒之在色②；及其壮也血气方刚③，戒之在斗④；及其老也血气既衰，戒之在得[⑤]。”

【注释】

①少：年轻。血气：元气，精力。定：稳定，成熟。 ②色：女色。③方：正在。刚：强盛。 ④斗：争斗，打斗。 ⑤得：指得到利益。

【译文】

孔子说：“君子有三方面的事情要克制：年轻时血气还不稳定，不可以纵欲；壮年时血气方刚，不可以好斗；老的时候血气已经衰减，不可以贪恋权势和钱财等。”

【解读】

少年时元气精力尚不成熟稳定，要注意对性行为的节制，避免身体出问题。所谓“斗”，指争强好胜的争斗行为。往往为一口气而导致无谓的打斗，为一些毫无价值的事情闹出了大乱子。老年人血气已衰，贪财贪势就会为财势而劳累，已经老了，身体受不了。

16.8 孔子曰：“君子有三畏[①]：畏天命[②]，畏大人[③]，畏圣人之言。小人不知天命而不畏也，狎[④]大人，侮[⑤]圣人之言。”

【注释】

①畏：敬畏。 ②天命：天对人世间事情的意旨和安排。 ③大人：地位高的人。 ④狎（xiá）：轻慢，不尊重。 ⑤侮：轻慢，攻击。

【译文】

孔子说："君子有三个对象要敬畏：敬畏天的意旨和安排，敬畏地位高的人，敬畏圣人的话。小人不懂得天命而不敬畏，不尊重地位高的人，轻慢圣人说的话。"

【解读】

古人认为天是人世间的主宰，是正义的化身，其职能是惩恶扬善。在当时提倡敬畏天命，有其积极意义。

普通人往往只关心自己的利益，无暇关注天命问题，不知道天命的存在和厉害，所以也就不敬畏天命，会放纵自己，为私利而违背公理，违背了公理也就是违背了天意。

下级服从上级是一切社会的规则，但有的人为了私利，将"大人"不放在眼里，破坏社会的管理秩序，这也是违背公理的行为。这里的"大人"指正常状态下的管理者，是符合"君君、臣臣"规范的人。孔子并不主张对一切地位高的人都绝对地敬畏服从，对于无道的"大人"，当谏则谏，当逃则逃，可以采取不合作的态度，甚至要杀身成仁。对有道的"大人"，当然是应该"畏"而不可以"狎"的。

圣人之言是社会的正义和公理的结晶，是人类积极思想的表述，应该学习和遵从。有的人为了私利，会无视和破坏圣人讲的道理，这就是“侮圣人之言”。

16.9 孔子曰：“生而知之者上[①]也，学而知之者次也。困[②]而学之，又其次也。困而不学民，斯为下[③]矣。”

【注释】

①生：天生。之：指知识、道理、技能等。上：最上等的。 ②困：困难，困窘。 ③斯：则，就。为：最。下：最下等的。

【译文】

孔子说：“天生就懂得知识和道理的人是最上等的，通过学习而懂得知识和道理的人是次一等的。遇到困难才学习的人是更次一等的。遇到困难也不学习的百姓，则是最下等的。”

【解读】

知识、道理、技能等体现着人的素质，是划分人的层级的尺度，根据对“知”和“学”的态度，孔子将人们分为四种状况。

人不可能生而知之，但古人认为有这样的人。上古时期的一些杰出人物，当时的社会流传着他们生而知之的说法。在有神论思想笼罩的社会中，人们会将一些杰出人物逐渐神化，产生出生而知之的看法是很正常的。除了古人成说之外，孔子没有认定过当时有生而知之的人，他也不认为自己是生而知之的。《论语·述而》：“我非生而知之者，好古，敏以求之者也。”（7.20）连他这样的人都不能生而知之，所以虽然有生而知之的说法存在，也不会对人们产生太大的消极影响。

一般人要想“知之”就必须学习，对待学习的态度会影响到人们学习的质量：未雨绸缪而积极主动地学习自然能获得好的效果，遇到困难而被动地学习，其效率会打折扣。如果在生活中得过且过，没有学习的念头和行动，就不能进步，永远会处在最下的层级。

贵族子弟将来要当官，所以必须学习，国家对他们的教育有制度和机构的种种保障，对其学习内容有具体的要求。平民的学习活动只是自发的追求，由于生活所迫，能够从事学习的人只是极少数。平民中也不乏像颜渊、原宪这样在贫困中刻苦学习的优秀人物，贫困显然不是不学习的理由。除了虚拟存在的生而知之者外，孔子所说的学而知之者和困而学之者都可以从平民中产生。除此之外的困而不学者，就是最为下等的人了。由于贵族都得学习，所以困而不学者就只有平民中才会有。

16.10　孔子曰：“君子有九思①：视思明②，听思聪③，色思温④，貌思恭⑤，言思忠⑥，事思敬⑦，疑思问，忿思难⑧，见得思义⑨。”

【注释】

①思：想着，想到，指追求。　②明：看得清楚。　③聪：听得清楚。

④色：表情。温：温和。 ⑤貌：状貌。恭：恭谨，有礼貌。 ⑥忠：负责任，诚恳。 ⑦敬：严谨认真。 ⑧忿：发怒，气愤。难（nàn）：灾祸。 ⑨得：利益。义：道义。

【译文】

孔子说："君子常想着九个方面：观察事物要看得清楚，听人说话要辨析得准确，表情要温和，状貌要恭谨，说话要诚恳，办事要认真，有疑难要请教，气愤时要想到不引发严重后果，见到利益时要顾及道义。"

【解读】

君子追求事事办得理想妥当，所以要经常保持清醒的头脑。对事情要能透过现象看清本质，不被假象所欺骗。听人说话要能明辨真伪，不被假话所蛊惑。

表情温和，状貌恭谨，说话诚恳，可以树立起亲和的形象，营造出良好的交际界面，实现工作目的。

办事认真严谨可以高质量地做出成绩，有疑难多请教可以避免错误。气愤时克制情绪，想到一时冲动会引发的灾难性后果。在利益面前想着道义的约束，就可以避免因小失大而毁坏了前程。

所有这些都要求有高度的智慧和老成的经验，有博大的胸怀和高远的见识，有宏深的修养和远大的目标，必须通过学习和历练而使自己成为高素质的人。

16.13 陈亢问于伯鱼[①]曰："子亦有异闻[②]乎？"对曰："未也。尝独立[③]，鲤趋而过庭[④]，曰：'学《诗》乎？'对曰：'未也。''不学《诗》，无以言[⑤]。'鲤退[⑥]而学《诗》。他日[⑦]又独立，鲤趋而过庭，曰：'学礼[⑧]乎？'对曰：'未也。''不学礼，无以立[⑨]。'鲤退而学礼。闻斯[⑩]二者。"陈亢退而喜曰："问一得三，闻《诗》闻礼，又闻君子之远[⑪]其子也。"

【注释】

①陈亢（gāng），字子禽。伯鱼：孔鲤字伯鱼，孔子的儿子。②子：你。异：不同的。闻：指老师对学生的传授。 ③独：独自。立：站着。 ④趋：快步走，表示礼貌，在尊者面前走路，要求这种步伐。庭：庭院。 ⑤无以：不能。言：指交际言谈。 ⑥退：从尊者面前离开。 ⑦他日：改天，过了些时日。 ⑧礼：指礼学方面的知识。 ⑨立：立身，指在社会上获得认可。 ⑩斯：这。 ⑪君子：指孔子。远：疏远，保持一定的距离。

【译文】

陈亢问伯鱼说："你从父亲那里接受过与其他学生不同的教导吗？"伯鱼回答说："没有过。他曾经独自站在院中，我快步经过他面前，他说：'学《诗经》了吗？'我回答说：'还没有。'他说：'不学《诗经》，就不能在交际中与人交谈。'我就学起《诗经》来。一天他又独自站在院中，我快步从他面前经过，他说：'学礼的知识了吗？'我回答说：'还没有。'他说：'不学礼的知识，就不能在社会上立身。'我就学起礼的知识来。我从父亲那里听到的就这两点。"陈亢离开以后高兴地说："我问了一个问题，却有三个收获：知道了《诗经》和礼学知识的作用，还知道了孔子是和儿子保持距离的。"

【解读】

陈亢认为人们都会偏爱自己的儿子，孔子自然也会在教学上给孔鲤吃偏饭，所以想知道孔鲤学到了什么一般学生没有学到的东西。

从孔鲤的回答来看，他们父子的关系并不是陈亢想象的样子。第一，孔子没有给儿子增加其他学生没有的学习内容，《诗经》和礼学知识也是其他学生的必修课；第二，孔子只是对儿子的学习内容提出建议，儿子的学习以自学为主，他并不插手其中；第三，在自己家的院子里，只有父子二人，互相都闲居无事，孔鲤在父亲面前总是"趋而过庭"，孔子的建议简明扼要，孔鲤则是"闻斯行之"，他们之间不像是骨肉亲情的父子，倒像是礼法森严的君臣。这种情况出乎陈亢的意料，他从中发现了孔子的教子之道：远其子。

父母通过管教和养护而关爱子女，这种关爱是无私的，但又有自私的因素。他们往往将子女视为自身的延续，将实现自己愿望的任务分摊到子女头上。养儿防老是初级愿望，其次就是希望儿子有大出息，光耀门庭。

父母和子女之间是物质利益和荣誉利益的共同体，而且是情感利益的共同体，互相将对方视为依托，是爱欲宣泄的对象。父母要表达对子女的关爱，就会对子女很“近”，干预子女的事务，甚至到了无微不至的地步。距离的拉近还体现为关系的亲近，直至突破了尊卑界限，父母没有了父母的架子，子女没有了子女的样子。

父母对子女的施爱心理往往会膨胀而放纵，成为非理性的行为，将关爱变成宠爱与溺爱。他们往往放松管教，给子女不当有的享受和权利。这是在将子女当宠物来养，而不是当作人才来培养。宠爱会使子女放慢进步速度，延长成熟期限，助长不良习气，提高培养成本。这些都不是父母的初衷，原因在于对子女一味施爱，“近”得超过了限度。

父母要管教培养子女，他们之间其实是管理者和被管理者的关系。管理者要有威严，与被管理者应该保持距离。如果过分亲昵，被管理者就会不严肃认真地对待管理者的指令，影响到管理意图的实现。这一道理也适用于父子之间。在没有外人的场合，孔鲤在孔子面前也必须“趋而过庭”，这就是“远其子”的表现。孔子说了的事，孔鲤的反应是“退而学……”，这就是“远其子”的效果。

现在的人们很少能理解“远其子”的理念，更多地表现为“近”其子，惯坏了不少孩子，孩子成了温室中的花朵，自理和自立的观念日趋淡薄，“啃老族”和“败家子”增多，形成了严重的社会问题。

阳货第十七

陪臣持国命，阳虎示前途。
孔子委蛇对，始终不合污。

天性原相近，后因习染离。
循仁行正道，违善向邪歧。

上智如尧舜，贤仁万古垂。
下愚同桀纣，凶恶自难移。

言偃牛刀用，弦歌治武城。
仲尼虽首肯，未必改斯评。

平民从役使，权贵可行仁。
皆以能知道，世风日向惇。

公山于费召，孔子欲从之。
思借操刀力，东周局面移。

仲尼思涉险，子路辄持疑。
非以良徒谏，将来未可知。

信敏恭宽惠，行之可谓仁。
仲尼言五用，君子赖修身。

佛肸中牟叛，仲尼欲往从。
匏瓜终不食，圣者憾盈胸。

质坚磨不磷，色白涅难缁。
君子能坚白，不因处境移。

六言呈六弊，结果入歧途。
君子辛勤学，方能作大儒。

何莫学夫诗？兴观群怨资。
父君凭以事，多识广闻知。

周召二南诗，仲尼甚重之。
正墙而立者，皆以未凭资。

礼云非玉帛，言乐岂鸣钟?
其旨皆宣道，根源自有宗。

色厉而心荏，言行不一般。
其犹穿窬盗，处境实难安。

乡愿人皆悦，同污貌作清。
徇私常贼德，孔子斥狰狞。

在道闻传语，于途播与人。
不论真及伪，君子鄙其伦。

鄙夫忧得失，不可与同僚。
厉害攸关处，因私乃使刁。

古者民三疾，今皆变易之。
世风趋恶化，于道日相离。

郑声伤雅乐，紫色代朱红。
利口家邦覆，仲尼皆欲攻。

苍天原不语，时物自行生。
孔子思如是，门徒亦可成。

仲尼言至道，小子述其精。
转运修平理，儒家一脉成。

孺悲访仲尼，托疾命人辞。
鼓瑟而歌唱，唯求使彼知。

三年丧太久，礼乐或崩颓。
新旧相承续，周期即可哉。

闻音无快感，食旨不知甘。
居处难安逸，思亲痛久含。

子产三年后，离于父母怀。
持丧须等日，报此惠无涯。

平时唯饱食，无所用其心。
即使为棋弈，犹超此状深。

君子常为乱，小人则劫财。
不仁而有勇，违义祸根栽。

下流时讪上，人恶好称之。
有勇而无礼，果行理不知。
仲尼陈所厌，端木获其咨。
君子专称孔，唯吾得此奇。

徼而为己智，傲与勇同窥。
攻讦均于直，皆遭子贡卑。

妻妾诚难教，仆奴亦费神。
密亲而不逊，疏远则生嗔。

四十人犹恶，此生已可知。
必将无所树，终老自堪悲。

17.1 阳货欲见孔子[1]，孔子不见，归孔子豚[2]。孔子时其亡[3]也而往拜之，遇诸途[4]。谓孔子曰："来！予与尔言。"曰[5]："怀其宝而迷[6]其邦，可谓仁乎？"曰："不可。好从事而亟失时[7]，可谓知[8]乎？"曰："不可。日月逝[9]矣，岁不我与[10]。"孔子曰："诺[11]。吾将仕[12]矣。"

【注释】

①阳货：又称为阳虎，是鲁国季孙氏的家臣，在季桓子时把持着季氏的家政，联络了季孙氏和叔孙氏家的一些人，想分别取代季桓子、叔孙武叔、孟懿子的地位，最终失败而逃到了晋国。见（xiàn）孔子：让孔子来拜见。见：拜见。 ②归（kuì）：馈，赠送。豚（tún）：小猪，是做熟了的。 ③时：等待。亡：指外出不在家。 ④诸：于。途：道路。⑤曰：此下文句一直到"孔子曰"之前，都是阳货自己在说话。 ⑥怀：藏着。宝：指才干。迷：使……迷失方向。 ⑦从事：做事，指从政。亟（qì）：屡次，多次。失：失去，错过。时：时机，机会。 ⑧知（zhì）：智，聪明。 ⑨日月：时间。逝：过去。 ⑩岁：年岁。不我与：不与我，不给自己。 ⑪诺：好的，表示同意。 ⑫仕：做官。

【译文】

阳货想让孔子去拜见他，孔子不肯去，他让人送给孔子一只做熟了的小猪。孔子等他外出不在家的时候去拜谢，却在路上遇见了。他对孔子说："过来！我和你说话。"又说："不将自己的才干拿出来，国家政治有错误也不管，能算是有仁德吗？"接着说："不能。喜欢参政，却多次失去机会，能算是聪明吗？"继续说："不能。时间在流逝，岁月不等人啊！"孔子说："好的。我将出仕。"

【解读】

阳货把持了季孙的家政，权势大到能将季桓子囚禁起来。季孙是鲁国的执政大臣，阳货能左右他，就等于左右了鲁国的政治，这是典型的"陪臣执国命"（参见16.2）。鲁昭公三十二年，孔子从齐国回到鲁国，一直没有出仕，可能是看不惯阳货把持国政，有点"无道则隐"的意思。

孔子当时年近五十岁，在齐国时很受齐景公重视，政治才能已经显露。阳货在鲁国权势显赫，孔子回来后不肯当官，是不合作的态度，阳货会觉得没面子。如果能使孔子来拜见，由他来任命孔子当官，当然是很体面的事情。可能阳货向孔子传达过这样的意思，孔子却不肯接茬。

按照当时的礼俗，大夫馈赠给士人礼物，士人应该到大夫家去拜谢。阳货给孔子送熟的小猪，目的是逼孔子来见他。孔子不想见他，便找了个他不在家的时间前往拜谢，想既走完礼数的程序，又避免见面的尴尬。不巧的是他们在路上碰见了，想不对话也不行。阳货对孔子很不客气，一个“来”字显出了傲慢的气势，称呼孔子为“尔”也是不讲礼貌的刺耳之词。他指责孔子不顾国家利益是不仁，耽误个人前途是不智，也都在理，孔子不好反驳，恐怕也不敢反驳这个得志的小人。

孔子没奈何，只好先用“吾将仕矣”搪塞了一下，但最终也没有屈节于这个执掌着国命的陪臣。直到阳货作乱失败而逃走后，他才被鲁定公任命为中都的邑宰。看来他是要体面地给国君当臣，而不愿意给一个陪臣当臣。

17.2 子曰：“性①相近也，习相远②也。”

【注释】

①性：天性，本性。 ②习：习染，受环境的影响。远（yuàn）：拉开距离。

【译文】

孔子说：“人的天性是相近的，但会受到环境的习染而变得距离远起来。”

【解读】

人刚出生时，禀性品行相差无几，后来生活环境不同，逐渐形成了做人层级的不同。为了进步，儒家主张对生活环境进行选择、影响和改造，防止不良因素的习染。孔子总是提倡人们学习进步，改正过失，结交益友，选择好的存在环境。《论语·里仁》：“里仁为美，择不处仁，焉得知？”（4.1）可以参看那里的分析。《荀子·劝学》：“蓬生麻中，不扶而直。白沙在涅，与之俱黑。……故君子居必择乡，游必就士，所以防邪僻而近中正也。”这些论述都体现了古人要求排斥不良环境影响的认识。

17.3 子曰：“唯上知与下愚不移①。”

【注释】

①唯：只有。上知（zhì）：最聪明的人。知：智，聪明。下愚：最愚昧的人。移：改变。

【译文】

孔子说：“只有最聪明的人和最愚昧的人是不会改变的。”

【解读】

除了“上知”和“下愚”，人的品行都是会“移”的，向上移是进步，向下移是退步。这里的上知和下愚，前人认为指的是“生而知之”的人和“困而不学”的人。“生而知之”者都是古代的圣人，他们的见识达到了最高层级，已经向上移到了顶点。不学的人根本就不能进步，所以他们不会向上移。所谓“不移”，可能说的是不会自动改变，因为下愚者还是能够通过教化的外界因素来改变的。

17.4 子之武城①，闻弦歌②之声，夫子莞尔③而笑曰："割鸡焉用牛刀？"子游对曰："昔者偃也闻诸④夫子曰：君子学道⑤则爱人，小人学道则易使⑥也。"子曰："二三子⑦，偃之言是⑧也，前言戏之耳⑨。"

【注释】

①之：到。武城：在山东费县西南，鲁国的一个邑，子游在那里担任邑宰。 ②弦歌：指演奏乐器和歌唱。 ③莞（wǎn）尔：微笑的样子。尔：……的样子。 ④昔者：过去。偃：子游自称其名。也：助词，用在单音节人名之后，调整语势节奏。诸：于。 ⑤君子：指地位高的人。道：指治理社会的道理。 ⑥使：役使。 ⑦二三子：对数量不是很多的人们的敬称，等于说"诸位"。 ⑧是：对，合理。 ⑨戏：开玩笑。耳：助词，表示限止语气。

【译文】

孔子到了武城，听到有演奏乐器和歌唱的声音，他微笑着说："杀鸡何必用宰牛刀？"子游回答说："过去我听老师说过：当官的人学了治理社会的道理就会爱护别人，百姓学了治理社会的道理就容易被役使。"孔子对随行的学生们说："各位，言偃的话是对的，我刚才的话是同他开玩笑而已。"

【解读】

高雅的音乐可以陶冶人们的情操，其所配的歌词大多为《诗经》中的篇章，可以教给人们积极的道理。子游担任武城的邑宰，正在那里推行礼乐教化。孔子认为音乐这种治理手段比较适用于影响上层社会的人们，治理小县邑而用这样高端的措施，显得小题大做了。他主张对百姓“先富后教”，即使是教化，也是先推行直观而具体的道理宣传，像音乐熏陶这样的教化手段，一时很难在基层民众中收到明显的效果。

子游不认为自己的做法超前和迂远，他认为音乐的作用是让人们学道，对各种人都有益处。他引用了孔子以前的教导，说明了学道的重要性。从总体上讲，这一认识是合理的，所以孔子立刻肯定了他的意见。

虽然孔子在学生面前认可了子游的想法，但“割鸡焉用牛刀”显然反映了他的施政理念。在不同的范围和对象面前，施政措施应该有轻重缓急之分，还是应该考虑其实在的功利效果的。在这一问题上，孔子和子游可谓各有各的道理。孔子虽然说了“前言戏之耳”，但却未必就放弃了自己的理念。

17.5 公山弗扰以费畔①，召，子欲往。子路不说②，曰：“末之也已③，何必公山氏之之④也？”子曰：“夫⑤召我者，而岂徒⑥哉？如有用我者，吾其为东周⑦乎？”

【注释】

①公山弗扰：季孙氏的家臣，担任季氏的封地费邑的宰。以：利用。费（bì）：地名，在今山东费县西北。畔：叛，背叛。 ②说（yuè）：高兴。 ③末：勿，不要。之：往，前去。也已：助词，表示肯定语气。 ④公山氏之之：之公山氏，到公山氏那里去。前一个“之”为结构助词，连接提前的宾语和动词；后一个“之”为动词，到……去。 ⑤夫：他。 ⑥岂：难道。徒：白白地。 ⑦其：会，能。为：做，施行。东周：周平王时，将国都迁到了洛邑，就是今天的洛阳市。由于在其旧都城镐京的东面，所以此后的周王朝被称为东周。

【译文】

公山弗扰利用费邑而叛变，派人来叫孔子，孔子想前去。子路很不高兴，对孔子说：“不可以去，为什么要到公山氏那里去呢？”孔子说：“他来召唤我，难道会让我去吃闲饭吗？如果有重用我的人，难道我会将他那里搞成东周的局面吗？”

【解读】

公山弗扰叛乱，需要网罗人才来帮助自己。孔子从齐国回来以后没有出仕，很不得志，所以成了公山弗扰拉拢的对象。

公山弗扰背叛鲁国和季氏，不忠不义，其性质恶劣。子路对孔子要应聘的决定很不理解，提出了反对意见。孔子的意见是：他既然请我去，就会对我委以重任。我得到了权柄，就可以推行自己的政治主张，将这支叛乱的割据势力转化为推行仁政的正义势力，不会让那里搞成和东周一样的败坏局面。

孔子有远大的政治规划，要担当起在天下拨乱反正的重任。要实施这一理想，就必须获得自主施政的权柄。公山弗扰的出现给他带来了希望，孔子带着弟子们前去投靠，这一强大的执政团队就可以左右那里的局面，将那里建设成推行仁政的根据地，说不定最终会像周文王那样发展起来，扭转东周以来礼崩乐坏的混乱局面。

当初管仲辅佐齐桓公成为了天下霸主，孔子的评价却是“管仲之器小哉”。如果孔子去辅佐公山弗扰，他的目标自然会比管仲高得多。后来孟子也曾经游说诸侯，想找到一个推行仁政的根据地。他对时局的分析是：“饥者易为食，渴者易为饮。孔子曰：‘德之流行，速于置邮而传命。’当今之时，万乘之国行仁政，民之悦之，犹解倒悬也。故事半古之人，功必倍之，惟此时为然。”孟子的想法和孔子的见解如出一辙，都认为仁政的力量不可抗拒。

公山弗扰的叛变不会被舆论认可，孔子要去利用这股力量的想法是冒着风险的。一旦被鲁国镇压下去，孔子就会落下乱臣贼子的罪名。这是个“成则王侯败则贼”的赌博，权衡之下，孔子没有迈出这一步。

鲁定公八年，季孙氏的家臣阳虎（即阳货）联络了季孙氏和叔孙氏家的一些人，想分别取代季桓子、叔孙武叔、孟懿子的地位，最终失败而逃到了晋国。公山弗扰是阳虎的同谋，可能是行迹没有暴露，所以他没有出逃，仍然当着季孙氏的邑宰。为了自己的安全，他自然要将费邑经营成独立王国。从事理推测，他来聘请孔子是在这个时候。所谓“公山弗扰以费畔”，说的是阴谋、叛乱尚未公开。如果叛乱已经公开，则子路会反对得更加强烈，孔子也根本不会“欲往”了。

此后的四年中，公山弗扰自然会一直暗中壮大自己，但他只是希望能割据自保，没有打算公开叛乱。鲁定公十二年，孔子当了鲁国的司寇，他想削弱鲁国三家大夫的政治和军事实力，恢复国君的权威，提出要拆除季孙、叔孙、孟孙三家在其封地费、郈、成的城墙。三家大夫内心当然不会同意，但为首的执政大夫季桓子懦弱无能，他的封地费邑已经被公山弗扰据为己有，季氏没有收回控制权的能力。拆掉费邑的城墙，反而能减轻公山弗扰对鲁国和他自己的威胁，因此他同意孔子的主张。国君和季桓子都同意这样做，其他两家大夫就不敢公开反对了。

拆毁费邑的城墙，意味着公山弗扰的日子要不好过了，于是他断然行动，率领军队袭击鲁国，将国君、三家大夫和孔子都围困在了季氏家的一个高台上，结果功败垂成，逃到了齐国。从这些情况来看，公山弗扰之乱其实是孔子拆城墙的举措逼出来的。孔子提出这一主张，是知道公山弗扰控制下的费邑已非鲁国所有。如果费邑还在季氏的掌控之下，孔子当然是不敢提出这一主张的。最初想参加公山弗扰的阵营，后来又强公室而杜私门，孔子的这些选择为人们研究他的思想情况留下了意味颇深的思考空间。

17.6 子张问仁于孔子，孔子曰：“能行五者于天下为仁矣。”“请问之。”曰：“恭[1]、宽[2]、信[3]、敏[4]、惠[5]。恭则不侮[6]，宽则得众，信则人任[7]焉，敏则有功，惠则足以使人。”

【注释】

①恭：严肃庄重。　②宽：宽容大度。　③信：诚实。　④敏：勤奋。　⑤惠：给别人利益。　⑥侮：被人凌辱。　⑦任：被役使。

【译文】

子张问孔子关于仁的问题，孔子说：“能够在天下实行五种美德就可以算是仁人了。”子张说：“请问哪五种。”孔子说：“恭谨、宽厚、诚实、勤奋、让利给别人。自己恭谨就不会受到凌辱，为人宽厚就能得到拥护，待人诚实就能役使民众，工作勤奋就能做出成绩，给别人利益就能役使他们。”

【解读】

孔子提倡的五种美德，其中恭和敏都是要求严于律己，做出成绩，树立好形象。宽、信、惠则是要求善待人，搞好人际关系。宽和信针对一切人，惠针对的是比自己地位低的人。君子推行仁道，要发挥众人的力量，既要打铁自身硬，还得有调动一切人际资源的能力。

17.7　佛肸召[1]，子欲往，子路曰：“昔者由也闻诸[2]

夫子曰：‘亲于其身为不善者，君子不入[3]也。’佛肸以中牟畔[4]，子之往也如之何[5]？”子曰：“然[6]，有是[7]言也。不曰坚乎[8]？磨而不磷[9]。不曰白乎？涅而不缁[10]。吾岂匏瓜也哉[11]？焉能系而不食[12]？”

【注释】

①佛（bì）肸（xī）：晋国大夫赵鞅（即赵简子）的家臣，担任赵鞅的封地中牟的邑宰。赵鞅与晋国大夫范氏和中行（háng）氏有矛盾，带兵攻打他们，佛肸占据中牟而背叛赵鞅，投靠了范氏和中行氏。召：召唤，聘请。②昔者：过去。由：子路自称其名。也：助词，用在单音节人名之后，调整语势节奏。诸：于。 ③入：进入……地方。 ④以：利用，率领。畔：叛，背叛。 ⑤如之何：为什么。 ⑥然：是的，表示肯定。 ⑦是：这。 ⑧坚：坚硬。 ⑨磨：磨砺。磷（lìn）：变薄。 ⑩涅（niè）：一种黑色染料，这里用为动词，指用涅染东西。缁（zī）：变黑。 ⑪匏（páo）瓜：葫芦，嫩的时候可以当菜吃，老了以后不能再吃，会被挂在墙上闲置起来，有时锯开做瓢用。也哉：助词，表示质问语气。 ⑫系：用绳子挂起来。食：吃。

【译文】

佛肸派人来叫孔子，孔子想去，子路说：“过去我听老师说过：‘自己亲手做坏事的人，君子不到他那里去。’佛肸占据中牟而背叛了主人，您为什么要到他那里去？”孔子说：“对，是说过这话。不是说很坚硬吗？怎么磨也不会变薄。不是说很洁白吗？用涅也染不黑。我难道是老了的葫芦吗？怎么可以被挂起来而不食用呢？”

【解读】

佛肸背叛了赵鞅，和鲁国的公山弗扰背叛了季氏的性质类似，都是家臣背叛了卿大夫，不忠不义。他来召唤孔子，也是在危急的情况下需要人才帮忙。当时孔子在卫国，卫灵公不起用他，于是他想答应佛肸的招聘，受到子路的反对。孔子在鲁国时曾经想投奔公山弗扰，这时想投奔佛肸，后来还想在楚国的叶公手下做事，原因都一样：想获得推行自己政治主张的平台。请参看以前的分析（7.19、17.5）。

孔子用了两个比喻，说明自己与佛肸这样的人不是一路，不会跟着他干坏事。自己像是非常坚硬的东西，不会被磨损，也像是非常洁白的东西，不会被染黑。这些话倒不是狡辩，他是能做到居污泥而不染的。

投靠佛肸这样的人很不体面，孔子想蹚这浑水，原因被他说出来了：“吾岂匏瓜也哉？焉能系而不食？”孔子从一个孤儿成长为圣人，自然很不容易，眼看着日暮途穷，求职无望，担心自己会像老了的葫芦一样被挂起来，不能实现自身的价值而默默无闻地死去，所以不得已而出此下策。每当此时，都是子路出面反对，孔子没有走出这危险的一步，应该归功于子路的坚持。

17.8 子曰：“由也①，女闻六言六蔽矣乎②？”对曰："未也。""居[3]，吾语[4]女。好仁不好学，其蔽也愚。好知[5]不好学，其蔽也荡[6]。好信不好学，其蔽也贼[7]。好直[8]不好学，其蔽也绞[9]。好勇不好学，其蔽也乱[10]。好刚[11]不好学，其蔽也狂[12]。"

【注释】

①由：子路。也：助词，表示呼唤。 ②女（rǔ）：你。蔽：弊，弊病。 ③居：坐下。 ④语（yù）：告诉。 ⑤知（zhì）：智，聪明。 ⑥荡：像水乱流一样，指没有原则约束。 ⑦贼：造成祸乱。 ⑧直：直率。 ⑨绞：批评人的方式简单，不顾情面。 ⑩乱：引发祸乱。 ⑪刚：刚强，宁折不弯。 ⑫狂：狂放，任意。

【译文】

孔子说："仲由啊，你听说过六句话表述的六种弊病吗？"子路回答说："没有。"孔子说："坐下，我告诉你。喜欢仁义而不好学习，其弊病是会愚昧。喜欢智慧而不好学习，其弊病是办事会不讲原则。喜欢讲信用而不好学习，其弊病是容易做出违法的事来。喜欢直率而不好学习，其弊病是说话不得体而得罪人。喜欢勇敢而不好学习，其弊病是容易闯祸。喜欢刚强而不好学习，其弊病是会狂放而任意。"

【解读】

就像学生学习"偏科"一样，人们往往会对某一品德或境界表现出更多的热情。如果机械地恪守一些信条，不懂得融会和变通，就会被这些信条桎梏，走向极端。

只是喜欢仁义，想当好人，却没有知识，不但其“好人”的层级不会高，还往往会被人利用和愚弄。只是崇尚智慧，好表现自己的聪明，却没有奠定正确的价值观，其聪明往往会用错地方。“智囊”可以拿出好主意，也可以拿出坏点子来。一味地追求说话算数，不懂得权衡是非轻重，可能会为朋友报仇而行为过激，无视法律的底线。喜欢直率，不懂得交往艺术，往往会因为话语不得体而伤害别人。一味地崇尚勇敢，不懂得权衡利弊，不懂得深谋远虑，逞匹夫之勇，会闯出乱子来。一味地喜欢刚强，宁折不弯，知进不知退，往往会在判断上缺乏理性，一条路走到黑。消弭这些弊病的措施就是学习，获得知识和见解的支撑，才能保证行为的合理性，不会成为在价值观和性格方面畸形发展的人。

17.9　子曰：“小子何莫学夫《诗》①？《诗》，可以兴②，可以观③，可以群④，可以怨⑤。迩⑥之事父，远之事君，多识⑦于鸟兽草木之名。”

【注释】

①小子：老师对学生的称呼。莫：没有人。夫：那。《诗》：指《诗经》。　②兴：兴起，起家，指步入士人的行列。　③观：指观察事理人情。　④群：结成群体。　⑤怨：表达不满。　⑥迩（ěr）：近。　⑦识：认识。

【译文】

孔子说："学生们为什么没有人学习那《诗经》？《诗经》，可以利用它来起家，可以通过它来观察事理人情，可以靠它来结成交际网络，可以凭借它来表达自己对尊者的反对意见。从近的方面来说可以用它的道理侍奉父母，从远的方面来说可以用它的道理侍奉君主，能多知道些鸟兽草木的名称。"

【解读】

学生要读书，孔子认为《诗经》最适合作为士人起家的读物。比起其他书籍来，《诗经》的内容涉及面广，百科知识丰富，具有很强的文学性和通俗性，是很好的入门读物，这就是孔子认为《诗经》"可以兴"的原因。

《诗经》的内容包罗万象，反映各种事理人情，通过对它的学习，可以观察到古往今来的各种情况，获得人类道理的各种精华，成为一个见多识广的人才。

《诗经》是古代士阶层以上人士的必修课，在多种场合都有重要的使用价值，不熟悉《诗经》很难在上流社会立足。有了《诗经》的修养，就等于取得了进入上流社会的通行证，从而融入这个集体，形成自己的交际网络，这就是《诗经》"可以群"的道理。

古代社会的礼数讲究特别繁复和细腻，劝谏他人要讲究方式方法。对别人有不满，可以采用念诵《诗经》的方式来表达，也可以自己创作诗歌来表达。熟悉《诗经》的内容和具备诗歌的素养，就可以得体地向别人表达意见。

《诗经》中的篇章都直接或间接地含有积极正面的道理，是人类思想精华的宝库，可以作为人们为人处世的准则，在家侍奉父母能用到，在外侍奉君主也能用到。

士人要有广博的知识积累，一物不知，以为深耻。《诗经》能给人们提供大量的名物知识，都是读书人所应该积累的。

17.13　子曰："乡原①，德之贼②也。"

【注释】

①乡原（yuàn）：乡里中貌似正派而圆滑世故的伪善者。　②贼：祸害，敌人。

【译文】

孔子说："乡原，是道德的敌人。"

【解读】

《孟子·尽心下》："非之无举也，刺之无刺也，同乎流俗，合乎污世，居之似忠信，行之似廉洁，众皆悦之，自以为是，而不可与入尧舜之道，故曰'德之贼'也。"依照孟子的描述，"乡原"的特点就是不讲原则，与不良现象同流合污，装出一副忠信廉洁的面孔，骗取了人们的认可。他们不得罪坏人，又以伪善的面孔欺骗善良的人，左右逢源，八面玲珑，最容易成为地方上的“无冕之王”，是公众事务的“业余裁判”。

正人君子只是少数，他们坚持原则，其观念往往不被人们理解。在这种情况下，“乡原”总是以民众代言人的身份出面，能占上风，因而使善恶颠倒，是非混淆。

17.14　子曰：“道听而途①说，德之弃②也。”

【注释】

①途：道路。　②弃：被摈弃的东西。

【译文】

孔子说：“在道路上听到人们传说的事情，又立即在道路上传播给别人，这是道德所摈弃的坏习气。”

【解读】

路上听到的传言，不一定都真实，应该核实之后才可以相信。但人们出于好奇或好事的心理，喜欢散布这些传言，甚至添油加醋，愈传愈神，酿成三人成虎、曾子杀人的荒唐情况。君子情趣高尚，对热闹而无聊的事情不会有兴趣。道听而途说是不负责任的行为，也是低级趣味的表现，所以是君子所摈弃的。

17.19 子曰："予欲无言。"子贡曰："子如不言，则小子何述[①]焉？"子曰："天何言哉？四时行[②]焉，百物生[③]焉，天何言哉？"

【注释】

①小子：学生们。何述：述何，阐述宣传什么。述：引述，阐述。②四时：一年的四季。时：季节。行：运行。 ③百物：万物。生：生长。

【译文】

孔子说："我想不再说话了。"子贡说："您如果不说话，我们该阐述宣传什么呢？"孔子说："天说过什么呢？四季照样运行，万物照样生长，天说过什么呢？"

【解读】

孔子作为领袖，看来和学生们形成了一种存在模式：他在言，大家在述。他归纳出观点和道理，大家将他的话视为金科玉律，进行阐述宣传。

孔子停止了生产，学生们就没有了可推销的东西。子贡经常主动地向孔子请教问题，显然是催促孔子多出点产品。他又不遗余力地宣传孔子的价值，显然是在下功夫打造品牌，从而提高他们这个学术团队的竞争力。

学生们将孔子视为真理的策源地，这一认识并不对。《论语·述而》："述而不作，信而好古，窃比于我老彭。"（7.1）孔子的"言"，也都是对先王之道的"述"，所谓先王之道，都是人类社会共同创造的思想精华。即使孔子不述，别人也会述的。《论语·子张》：“文、武之道未坠于地，在人。贤者识其大者，不贤者识其小者，莫不有文、武之道焉。夫子焉不学？而亦何常师之有？”（19.22）正义和公理是维系社会的准则，社会越是黑暗，人们对正义和公理的呼唤也就越强烈，所以文武之道不会被社会抛弃，公道永远都在人心。无论是否有人做“述”的努力，正义和公理都永恒存在。社会的运行受到多方面条件的制约，不会因为有人述而更光明，也不会因为无人述而更黑暗。孔子可能意识到了这种情况，所以说“予欲无言”。许多道理不用讲人们也都知道，天是万物的主宰，不说一句话，但万事万物都在照天道运行。天虽然不说话，但天意是什么，人们都是知道的。《论语·述而》：“子以四教：文、行、忠、信。”（7.25）即使孔子不说话，从他的行为表现，还会推导不出他在具体问题上的立场吗？

17.20 孺悲①欲见孔子，孔子辞以②疾。将命者出户③，取瑟而歌④，使之闻之。

【注释】

①孺悲：鲁国的一个人。 ②辞：拒绝。以：用。 ③将命者：为主人和客人传话的人。户：房门。 ④瑟：一种像琴的弹拨乐器。歌：歌唱。

【译文】

孺悲想见孔子，孔子借口有病而拒绝了他。负责传话的人刚出房门，孔子就拿过瑟来边弹边唱歌，故意让等在外边的孺悲听到。

【解读】

孔子不想接见孺悲，原因不清楚。他让传话的人告诉孺悲说自己有病不能相见，孺悲可能会推测：或许孔子真的有病而不能见他，或许孔子这时不方便见他。如此一来，他以后还会来求见。孔子故意弹着瑟在房中唱歌，孺悲就清楚了：孔子拒绝见他。这无疑是给孺悲当头一棒，看来孺悲确实有让孔子不能容忍的什么事情。

借口有病，这是给孺悲留点面子，好让他不太尴尬。让他知道被拒绝接见，这是怕他误解。看来孔子的为人就是这样，既讲究处世的艺术，又直率磊落，是非分明。

17.21　宰我问："三年之丧①，期已②久矣。君子三年不为③礼，礼必坏④。三年不为乐，乐必崩⑤。旧谷既没⑥，新谷既升⑦，钻燧改火⑧，期可已矣⑨。"子曰："食夫稻，衣⑩夫锦，于女安⑪乎？"曰："安。""女安则为之。夫君子之居⑫丧，食旨不甘⑬，闻乐不乐⑭，居处⑮不安，故不为也。今女安，则为之。"宰我出，子曰："予⑯之不仁也！子生三年然后免于父母之怀⑰。

夫三年之丧，天下之通[18]丧也，予也有三年之爱于[19]其父母乎！”

【注释】

①丧（sāng）：子女为父母守孝。 ②期：期限。已：太。 ③为：从事。 ④坏：受损。 ⑤崩：溃散，不完善。 ⑥谷：粮食。既：已经。没（mò）：指吃完。 ⑦升：成，成熟。 ⑧钻：指钻木取火，因季节不同而选用不同的木材，据说春天用榆柳，夏天用枣杏，夏末用桑柘（zhè），秋天用柞（zuò）楢（yóu），冬天用槐檀等，每当季节更换，就改变一次取火的木材种类，所以叫改火。燧（suì）：木燧，取火的木制工具，用木钻在上面转动，能摩擦出火星来。 ⑨期（jī）：一周年。已矣：助词，表示限止语气。 ⑩衣（yì）：穿。 ⑪于：在。女（rǔ）：你。安：心安理得。 ⑫夫：那。居：在……之中。 ⑬旨：指美食。甘：香甜。 ⑭闻乐不乐：第一个“乐”读“yuè”，指音乐。 ⑮居处（chǔ）：日常生活。 ⑯予：宰予字子我，这里称呼他的名。 ⑰免：离开。怀：怀抱。 ⑱通：通行的，普遍的。 ⑲也：助词，用在单音节人名之后，调整语势节奏。于：从。

【译文】

宰我问道：“三年的守孝时间，期限太长了。君子三年不抓礼制的管理工作，礼制的秩序就会紊乱。三年不抓音乐的管理工作，音乐事务就会没有了章法。旧粮吃完了，新粮成熟了，一年四季都要钻燧改火，守孝一年就可以了。”孔子说：“一年之后，吃那白米，穿那绸缎，在你来说心里能安然吗？”宰我说：“能安然。”孔子说：“你要是能安然，就那样做吧。君子在守孝期间，吃好的东西觉得不香，听到音乐也乐不起来，过普通人的日子会内心不安，所以不那样做。如果你觉得心安，你就那样做吧。”宰我出去了，孔子说：“宰予真不仁啊！子女出生三年之后才能离开父母的怀抱。那三年的守孝时间，是普天之下都遵守的守孝期限，宰予可是从父母那里得到过三年慈爱的啊！”

【解读】

父母去世之后，子女要守孝三年。守孝期间要穿规定的孝服，不吃好的，不追求享受，不嫁娶生育，不娱乐，不做官，经常处于思慕和哀恸之中。按照孔子的叙述，这样做的根据是：父母死了，子女处于哀恸之中，哪还有心思做高兴的事情呢？谁做了这些事情，就说明他不孝。子女有三年时间在父母的怀抱中度过，于是就追思父母三年，这是确定守孝期限的根据。

百善孝为先，居丧三年是尽孝的表达方式，宰予对这一被人视为天经地义的事情提出了质疑，主张将期限缩短为一年，很出人意料。从实际情况来看，宰予的意见是合理的。古人为父母各守孝三年，还得根据亲疏为其他亲属守孝三个月至一年不等，规定在守孝期间必须处于悲伤状态，不得有任何享受娱乐，不得从政等，这确实违背事理人情，是对生命的浪费。亲人去世，规定居丧期限无可厚非，但三年的时间确实太长了。对父母的思念不一定非要通过守孝来表达，表面上在守孝的人，心里未必就悲伤，即使悲伤，也未必能延续三年之久。“三年不为礼，礼必坏。三年不为乐，乐必崩”，这是客观事实。很显然，三年之丧是一种不合情理的陋俗。

宰予的意见是理性而客观的，子女为父母守孝三年，影响了正常的生活，也影响了参与社会工作，会导致礼坏乐崩。子女在守孝一年后开始过普通人的日子，没有什么可愧疚的。

孔子对于宰予的主张非常恼火，却不能提出反驳的理由。君子三年不为礼乐确实对礼乐的维护和建设有影响，宰予只是希望缩短守孝时间，并没有要求取消守孝的礼制，他提出一年的期限，还有“旧谷既没，新谷既升，钻燧改火”这些自然规律和人类行为规则的佐证。对于这些见解，孔子只能默认，他只是在情感上不能接受而已。孔子论证了守孝礼制的设立理据，但父母抱养三年似乎不足以成为子女要守孝三年的根据，也不能面对“三年不为礼，礼必坏。三年不为乐，乐必崩”的质疑。他大骂宰予不仁，不过是情感因素在作怪而已。

在漫长的历史时期内，三年之丧的制度一直没有动摇，发生了许多荒唐的事情。有的人在守孝期间偷偷地吃喝玩乐，纳妾生子。有的人为了继续当官而隐瞒父母去世的信息。有的人为了博得孝的美誉，在守孝时不惜饿死。有的人则是陷入对父母的哀伤之中而三年不能自拔。因为守孝的事情，不少人被赞誉而得利，不少人被惩罚而受害，全都因为这一规定和它所代表的被夸张了的价值评判标准。

宰予的主张很珍贵，他勇于思考和善于思考的精神更珍贵。《论语》中的宰予是个反面角色，总是成为孔子的对立面，但他是个实事求是的人，是个在思维和行事方面大胆而理性的人。尽管他老对孔子发难，孔子骂他“朽木不可雕”，骂他“不仁”，但他们的师生关系似乎并没有因此而破裂，他还是孔门言语科的高才生，其间的道理颇值得人们玩味。

17.23　子路曰：“君子尚①勇乎？”子曰：“君子义以为上②。君子有勇而无义为乱，小人有勇而无义为盗。”

【注释】

①君子：指地位高贵的人。尚：崇尚。　②义以：以义，将道义……。为：作为。上：最重要的。

【译文】

子路说：“地位高贵的人崇尚勇敢吗？”孔子说：“地位高贵的人应该将道义作为最重要的准则。高贵的人有勇敢的性格而没有道义的约束，就会犯上作乱；普通人有勇敢的性格而没有道义的约束，就会盗窃抢劫。”

【解读】

道义是儒家思想的核心价值，勇和智都是人所追求的素质，可以脱离道义而存在。道义统驭下的勇和智能够使人做出更大的业绩，不道义的勇者和智者会给社会带来更大的危害。

不道义的人唯利是图，有地位者会犯上作乱，普通人会偷盗抢劫，这样的人越有勇和智，越容易走向反面。子路是“义以为上”的人，但他对“勇”情有独钟，所以孔子提醒他注意“义”和“勇”的主从关系。

17.24 子贡曰：“君子亦有恶①乎？”子曰：“有恶。恶称人之恶②者，恶居下流而讪③上者，恶勇而无礼者，恶果敢而窒④者。”曰：“赐也⑤亦有恶乎？”“恶徼以为知⑥者，恶不孙⑦以为勇者，恶讦以为直⑧者。”

【注释】

①君子：指孔子。亦：也。恶（wù）：憎恶。 ②称：称道，传播。恶（è）：过错。 ③居：处于……。下：低的地位。流：前人证明这个“流”字不应该有，是唐代以后多出来的。讪（shàn）：诋毁。 ④果敢：勇敢而有决断。窒（zhì）：执拗，不通情达理。 ⑤赐：子贡。也：助词，用在单音节的人名之后，调节音节节奏。 ⑥徼（jiāo）以：以徼，把徼……。徼：袭用别人的观点而说成是自己的观点。为：当作。知（zhì）：聪明。 ⑦孙（xùn）：恭顺，礼貌。 ⑧讦（jié）：揭发或攻击别人的隐私、过错等。直：直率。

【译文】

子贡说：“您也有憎恶的事情吗？”孔子说：“有憎恶的事情。憎恶宣扬别人的过错的人，憎恶卑者诋毁尊者，憎恶勇敢却不受礼法约束的人，憎恶果敢却不通情达理的人。”孔子说：“你也有憎恶的事情吗？”子贡说：“憎恶将别人的高明观点说成是自己的而自以为聪明的人，憎恶将不恭顺的行为当作勇敢的人，憎恶将攻击别人当作直率的人。”

【解读】

仁的精神是善待他人，对于他人的过失，应该善意地批评，不可以幸灾乐祸地宣扬。要尊重尊者，可以劝谏，不应该诋毁。《礼记·少仪》：“为人臣下者有谏而无讪，有亡而无疾。”讲的就是对待尊者的正确态度。《论语·泰伯》：“勇而无礼则乱，直而无礼则绞。”（8.2）可以参看那里的分析。性格果敢是优点，但执拗而不通情理，反而会犯错误，别人想救也救不了。孔子憎恶的四种人，都属于品行和见识的层级相对低下的人。

有的人喜欢扮演高明的角色，将别人高明的观点当作自己的观点而贩卖，博取人们的赞许，有点像写作方面的抄袭。这些人尝到了甜头，会认为是找到了诀窍。有的人对谁都桀骜不驯，连一般的礼貌也不讲，不认为是没有修养，反而认为是勇敢，有骨气。有的人喜欢揭他人的短，攻他人的错，以此来标榜自己直率。子贡憎恶的这三种人是对孔子意见的补充，孔子讲的都是本色的低层级的人，子贡讲的则是刻意地自我修饰的低层级的人，其共同特点都是虚荣心在作怪，而且其手段都不高明，给人以弄巧成拙的感觉。

17.25　子曰："唯女子与小人为难养[①]也，近之则不孙[②]，远[③]之则怨。"

【注释】

①女子：指妻妾。小人：指奴仆。为：最。养：教养，管理。　②近：亲近。孙（xùn）：恭敬，礼貌。　③远：疏远。

【译文】

孔子说："只有妻妾和奴仆是最难教养的，对他们亲近了，他们就会不恭敬。对他们疏远了，他们就会埋怨。"

【解读】

当时家长都是男性，妻妾和奴仆处于被管理地位，所以会涉及对他们的教养问题。

家庭中除奴仆之外的男性成员有受教育、参与社会活动的机会，所以素质都相对较高，家长教养他们是容易的。妻妾和奴仆一般没有受教育和参与社会活动的机会，素质相对较低，也就显得难以教养。

男主人与妻妾和奴仆的关系比较特殊，朝夕相处，接触频繁而紧密。他们既是主人的奴仆，也是亲人，主人对他们不能疏远。如果在情感和待遇方面过于疏远，他们自然就会有怨气，关系不能和谐。如果和他们过于亲近，他们就可能忘记礼数的讲究，甚至反仆为主，对主人嬉戏顶撞，显得很没家教家风。在家庭中对于妻妾和奴仆确实是远不得近不得，其度很难把握。

当时的礼法讲究颇为细密，家庭中的尊卑礼数十分繁复。要让受教育程度和见世面程度很低的妻妾和奴仆们自觉地处理好和主人之间的关系，理解主人的负担，尊重其体面，伺候其起居，扮演好奴仆和亲人的双重角色，显然是不容易的。孔子谈到这个问题，可能是想强调家教和家风的重要性，提倡家长要处理好和家庭成员之间的关系，保持一定距离，以防出现“怨”和“不孙”的情况。

这里的“女子与小人”都指家庭内部的妻妾和奴仆而言，所谓“养”也指的是家长对家庭成员的教养，不可以将这些概念做泛化的理解。古代男女授受不亲，任何男性和别人家的女子都不存在“养”的问题，也谈不到“近”与“远”的问题。执政者对平民实施管理，无论是“远”还是“近”，平民对他们也不敢“不孙”，他们也不在乎平民是否“怨”。

微子第十八

时当昏纣世，殷室有三仁。
启去箕囚禁，比干谏舍身。

直道为臣下，何方不黜摈？
违仁从势要，岂去祖宗邦？

景公留孔子，许以二桓间。
后曰难行用，仲尼遂复还。

齐人赂女乐，季氏受而观。
三日无朝会，仲尼弃鲁官。

接舆求避世，嘲凤德之衰。
从政其危殆，将来尚可追。

问津遭鄙视，儒隐不同途。
天下滔滔乱，仲尼欲力扶。

隐儒行异趣，格调共翔翱。
处世相排斥，为人则互高。

君臣存大义，拒仕则违之。
洁己逃其任，非儒所欲知。

精卫填沧海，仲尼挽纪纲。
已知道不行，无可易其方。

志旨终无降，未尝辱己身。
夷齐千古颂，高尚过于人。

言语符伦理，行为合酌斟。
辱身而降志，持禄忍污侵。

隐居言语放，律己颇清廉。
取舍权衡中，行为亦可瞻。

俊逸分三级，其评首伯夷。
仲尼非等是，可否尽无之。

击磬襄居海，太师挚适齐。
宫廷音乐散，其解已成迷。

亲属遭遗弃，大臣怨失权。
一人而责备，故旧忽于捐。
施政皆宜戒，先王律例沿。
周公谆谓子，谨继祖宗贤。

八士周朝俊，当时各有成。
后来无影响，沉寂失名声。

18.2　柳下惠为士师①，三黜②。人曰：“子未可以去③乎？”曰：“直道而事④人，焉往⑤而不三黜？枉道⑥而事人，何必去父母之邦⑦？”

【注释】

①柳下惠：姓姬，名获，字禽，又字季，死后谥为“惠”；“柳下”可能是其封地名，鲁国大夫。士师：掌管司法的官员。　②三：多次。黜（chù）：被降职或免职。　③子：您。去：离开，指到外国去谋职。④直道：正直的做法。事：侍奉。　⑤焉往：到哪里。　⑥枉道：不正直的做法。　⑦父母之邦：祖国。邦：国家。

【译文】

柳下惠担任士师，多次被降职或罢免，有人说：“您不可以离开鲁国吗？”他回答说：“正直地给别人当下属，走到哪里不会多次被降职或罢免？如果不正直地给别人当下属，何必要离开自己的祖国呢？”

【解读】

天下乌鸦一般黑，正人君子在哪里也吃不开，谁要行“直道”，谁就必然被“三黜”。既然如此，何必要背井离乡地到外国去自找“三黜”呢？待在本乡本土，总还能享受到故土因素带来的安慰。

18.5　楚狂接舆歌而过①孔子曰：“凤②兮凤兮！何德之衰③？往者不可谏④，来者犹可追⑤。已而⑥！已而！今之从政者殆⑦而！”孔子下⑧，欲与之言，趋而辟⑨之，不得与之言。

【注释】

①狂：疯子或行为狂放的人。接舆：可能是位隐士。歌：唱歌。过：经过。　②凤：凤凰，喻指孔子。　③何：为什么，怎么。衰：退步。　④往者：过去的事情。谏：劝阻。　⑤来者：未来的事情。犹：仍然。追：挽回，赶上。　⑥已：停止。而：助词，表示感叹。　⑦从政：从事政治。殆：危险。　⑧下：指下车。　⑨趋：快步走。辟（bì）：避，避开。

【译文】

楚国的狂人接舆唱着歌经过孔子身边，他唱道：“凤凰啊凤凰啊！你的品德怎么如此退步？过去的事情不能再劝阻，未来的事情还可以赶上。你算了吧！算了吧！现在从事政治的人很危险啊！”孔子下了车，想和他交谈，他快步跑走了，孔子没有能和他说上话。

【解读】

孔子周游列国，目的是推行自己的政治主张。接舆显然对孔子颇为了解，比为凤凰，说明他认可孔子了不起，但他认为孔子到处求仕是品德退步的表现，警告孔子：从政是一条危险之路，不可执迷不悟。

对孔子提出这类批评的人，往往是一些自认为看穿了世俗的"世外高人"，孔子能够理解他们的观点，对他们的批评并不反感，希望能和他们沟通。不过这些人自视甚高，不可能接受孔子的观点。接舆不肯和孔子对话，就有点"道不同不相为谋"的意思。

孔子的思想深处也有浓重的隐士情结，理解隐士们的价值取向，向往他们超然物外的安闲，也有过遁离政治而寻求世外桃源的念头，但又认为当隐士是对社会不负责任，他知道自己的努力像精卫填海，但还是要继续填下去。

18.6 长沮①、桀溺耦而耕②，孔子过之，使子路问津③焉。长沮曰："夫执舆者为④谁？"子路曰："为孔丘。"曰："是鲁孔丘与⑤？"曰："是也。"曰："是知津矣。"问于桀溺，桀溺曰："子为谁？"曰："为仲由。"曰："是鲁孔丘之徒与？"对曰："然。"曰："滔滔者天下皆是⑥也，而谁以易⑦之？且而与其从辟人之士⑧也，岂若从辟世之士⑨哉？"耰而不辍⑩。子路行以⑪告，夫子怃然⑫曰："鸟兽不可与同群，吾非斯人之徒与而谁与⑬？天下有道，丘不与⑭易也。”

【注释】

①长沮：一位隐士。 ②桀（jié）溺：一位隐士。耦（ǒu）：偶，结伴，合作。耕：种田。 ③津：渡口。 ④夫：那。执舆：照料着车。舆：指车。为：是。 ⑤与（yú）：助词，表示疑问语气。 ⑥滔滔：用河水做比喻，表示不可阻挡。是：这样。 ⑦以：能。易：改变。 ⑧且：况且。而：你。与其：连词，比较两件事而决定取舍时，“与其”用在被放弃的一面。从：跟随。辟人之士：躲避坏人的人。辟（bì）：避，躲避。 ⑨辟世之士：躲避黑暗社会的人，指隐士。 ⑩耰（yōu）：一种农具，用来整平田土，以覆盖下到地里的种子。用耰整土盖种的劳动也叫“耰”。辍（chuò）：停止。 ⑪以：把……。 ⑫夫子：指孔子。怃（wǔ）然：心情不高兴的样子。 ⑬斯人之徒与：与斯人之徒，和人们在一起。与：和……在一起；斯：这；人之徒：人们。谁与：与谁，和谁在一起。 ⑭丘：孔子自称其名。与：和……。

【译文】

长沮和桀溺在结伴种地，孔子经过他们跟前，让子路去打听过河的渡口。长沮说：“那个管着车的人是谁？”子路说：“是孔丘。”长沮说：“是鲁国的孔丘吗？”子路说：“是的。”长沮说：“他应该知道渡口在哪里。”子路去问桀溺，桀溺说：“你是谁？”子路说：“是仲由。”桀溺说：“是鲁国孔丘的学生吗？”子路说：“是的。”桀溺说：“无道的现象像滔滔的洪水，普天下都是这样，谁能改变它？况且你与其跟着一个躲避坏人的人，哪能比得上跟着躲避黑暗社会的隐士呢？”他用农具覆盖着下到地里的种子，不停下来。子路回去把他们说的话告诉了孔子，孔子心情惆怅地说：“人不能和鸟兽为伍，我不和世上的人们在一起而和谁在一起呢？如果天下政治清明的话，我就不用和你们去改变它了。”

【解读】

长沮和桀溺也是隐士，他们对孔子这样汲汲仕进的行为十分鄙薄，认为像孔子这样有学识的人是不应该如此看不清时势的。他们认为无道的现状像洪水泛滥一样布满天下，有识之士应该像他们一样当“避世之士”，而孔子却当的是“避人之士”，谁无道就离开谁，但天下乌鸦一般黑，哪里还能找到有道的君主呢？两个人连渡口都不肯告诉子路，谈话中直呼孔子的名字，表示了对他们师徒的极度轻蔑。长沮说“是知津矣”，其中的“津”字意带双关（一指具体的渡口，一指人生的道路）：孔子是知道自己该走的路的。桀溺将孔子称为“避人之士”，点出了孔子多年奔波在外的实质。这都是对孔子的嘲弄挖苦。

对于人家说的社会现实，以及对自己“避人之士”的评价，孔子显然认同，很感无奈。当了“避世之士”，与世事隔绝，那就等于是和鸟兽为伍了。不管世道人情坏到什么地步，还是得和人打交道。正因为天下无道，自己才要和学生们去改变现实，抗争总比放弃要有积极意义。明知不可而为之，所以他的心情只能处于“怃然”的状态。

18.7　子路从而后[1]，遇丈人[2]，以杖荷蓧[3]，子路问曰："子见夫子乎？"丈人曰："四体不勤[4]，五谷不分[5]，孰为夫子[6]？"植其杖而芸[7]。子路拱[8]而立。止子路宿[9]，杀鸡为黍而食[10]之，见[11]其二子焉。明日[12]，子路行，以[13]告，子曰："隐者也。"使子路反[14]见之。至，则行矣。子路曰[15]："不仕无义。长幼之节不可废也[16]，君臣之义如之何其[17]废之？欲洁其身而乱大伦[18]。君子之仕也，行其义也。道之不行，已知之矣。"

【注释】

①从：跟随，指跟着孔子。后：落在后边。　②丈人：老年男人。　③以：用。杖：手杖。荷：担着。蓧（diào）：一种除草的农具。　④四体：四肢。勤：劳动。　⑤五谷：指粮食作物。分：种植。　⑥孰：怎么。为：当。夫子：老师。　⑦植：插在地上。芸（yún）：耘，除草。　⑧拱：两手合抱，表示敬意。　⑨止：留下。宿：住宿。　⑩为：做。黍：发黏的黄米饭。食（sì）：拿东西给人吃。　⑪见（xiàn）：使……拜见。　⑫明日：第二天。　⑬以：把……。　⑭反：返回。　⑮子路曰：疑当作"子曰"，传抄中多出了"路"。　⑯节：礼节。废：废弃，不要。　⑰如之何：怎么。其：可以。　⑱洁：使……洁净。伦：伦理。

【译文】

子路跟随孔子出行而落在后面，遇到一位老者，用手杖担着除草的蓧，子路问他说："您见到我的老师了吗？"老人说："四肢不劳动，五谷不种植，怎么配给人当老师？"他将手杖插在地里，除起草来。子路拱着手恭敬地站着。老人留子路住在他家，杀了鸡，做了软黄米饭给子路吃，还让两个儿子拜见子路。第二天，子路追上了孔子，把遇到的事情告诉了孔子，孔子说："他是位隐士。"让子路返回去再见一下老者，子路到了他家时，他却出去了。孔子说："不出来当官是不道义的。长幼之间的礼节尚且不可以不讲，君臣之间的道义怎么可以废弃呢？想使自身干净，却破坏了大的伦理。君子出来做官，是为了履行自己的责任。合理的主张不能推行，我早已知道了。"

【解读】

子路遇见的这位老者也是隐士，他张嘴就贬斥孔子，可见他不但见到了孔子，而且早就知道孔子的有关情况。他认为在黑暗的现实面前，应该拒绝出仕，像他一样种地而自食其力，才是士人正确的选择。孔子四处求仕，被他认为见识不高，不配当老师。

隐士们和孔子的处世态度有尖锐的分歧，但他们对孔门师徒做人层次的评价并不低，接舆将孔子比作凤凰，长沮说孔子"知津"，荷蓧丈人厚待子路，都体现了他们对孔子等人素质的肯定。孔门师徒对隐士们的素质同样持认可和理解的态度，孔子想和接舆交谈，因长沮和桀溺的批评而"怃然"，让子路返回去向荷蓧丈人做解释，显然认为这些人是值得交往的。子路对荷蓧丈人的贬斥不置一词，还对着他"拱而立"，也表示了敬佩。

这里的"子路曰"似当作"子曰"。下文所讲的道理应该是孔子的思想，子路并没有达到这种认识。如果他事先已有这种认识的话，在丈人批评孔子和使两个儿子来拜见他时，就应该对丈人讲这番话了。孔子派他去再见丈人，显然也是为了让他传达这番话。

孔子认为臣民应该承担起对君主的责任，对社会负责。君臣之间的"义"仅次于父子之间"孝"的讲究，君子出来做官就是履行这种责任。因为社会黑暗就拒绝做官，就是放弃了这种责任。隐士们洁身自好，是顾自己而不顾社会，不能算是正确的选择。在这里，孔子对隐士们的嘲讽予以了回应，也对他们提出了尖锐的反批评，论证了自己行为的合理性。

18.8　逸民①：伯夷②、叔齐③、虞仲④、夷逸⑤、朱张⑥、柳下惠⑦、少连⑧。子曰："不降⑨其志，不辱⑩其身，伯夷、叔齐与⑪！"谓柳下惠、少连："降志辱身矣，言中伦⑫，行中虑⑬，其斯而已矣⑭。"谓虞仲、夷逸："隐居放言⑮，身中清⑯，废中权⑰。我则异于是，无可⑱无不可。"

【注释】

①逸民：品行高尚的人。　②伯夷：商朝末年孤竹国国君的儿子，父亲死后，他和弟弟叔齐互相推让，谁也不肯继承君位，先后逃了出来。他们认为周武王伐纣不符合君臣之义，劝阻而没有成功，隐居到了首阳山，最后饿死在那里。　③叔齐：伯夷的弟弟。　④虞仲：事迹不可考。　⑤夷

逸：一位隐士。《尸子》："夷逸者，夷诡诸之裔。或劝其仕，曰：'吾譬则牛也，宁服轭以耕于野，不忍被绣入庙而为牲。'" ⑥朱张：事迹不可考。 ⑦柳下惠：姓姬，名获，字禽，又字季，死后谥为"惠"；"柳下"可能是他的封地名，鲁国大夫。 ⑧少连：《礼记·杂记》："少连、大连善居丧，三日不怠，三月不解，期悲哀，三年忧。东夷之子也。"其他事迹不可考。 ⑨降：降低。 ⑩辱：使……受侮辱。 ⑪与（yú）：助词，表示商询语气。 ⑫中（zhòng）：符合。伦：正确的道理。 ⑬虑：合理的思考。 ⑭斯：这样。而已矣：助词，表示限止语气。 ⑮放言：直言。 ⑯清：廉洁。 ⑰废：被舍弃的东西。权：合理的权衡。 ⑱可：认同。

【译文】

品行高尚的人：伯夷、叔齐、虞仲、夷逸、朱张、柳下惠、少连。孔子说："不降低自己的志向，不使自身受侮辱，伯夷、叔齐就是这样的人吧！"他评论柳下惠和少连说："他们降低了志向，使自身受到侮辱了，可是他们的言谈符合正确的道理，行为经过合理的思考，也就是做到了这样而已。"他评论虞仲和夷逸说："隐居起来，想说什么就说什么，自身符合品行清白的尺度，取舍经过了合理的权衡。我却和他们不同，没有什么非要认可的，也没有什么不能认可的。"

【解读】

逸民是品行高尚超群的人，主要指廉洁正直而言。这里列举了七个人，只有伯夷、叔齐和柳下惠的事迹流传较多一些。

这七个人中，品格最高的是伯夷、叔齐，肯将国君地位让出来，说明不贪禄位。宁肯饿死也不吃周朝的粮食，说明正直而坚守节操。

柳下惠的表现比伯夷和叔齐要低一个层次，他能够“直道而事人”，言谈符合正理，品行没有瑕疵。不足之处是肯食污君之禄，多次被降职或罢免，是不避自身被侮辱。不肯弃官而去，是降低了自己的追求目标。

虞仲和夷逸被放在最后，“放言”的表现不如“言中伦”更好，看来孔子认为他们的层级比柳下惠更低一点。但毕竟品行廉洁，为人的取舍有合理的权衡，还是常人所不及的。

这些人被称为逸民，是因为他们在黑暗的社会现实面前与常人不同，恪守着洁身自好而不合作的准则。孔子认为他们的表现都有积极意义，但他自己却不愿意效仿其中的任何一种人。孔子周游列国，也都是立于污君之朝，但目的是“行其义”，要付出自己改变现实的努力。“无不可”是对逸民有条件的认可，“无可”是说不愿采取他们中的任何一种行为。

子张第十九

临危而致命，见得则思仁。
祭祀能虔敬，居丧实恸亲。

秉德难坚定，信仁不笃深。
有无皆可忽，不入士之林。

尊贤而纳众，嘉善悯无能。
君子谈何拒？凡人即我朋。

小道虽微细，其中有可观。
沉迷妨致远，君子不深钻。

日知其所缺，月记己之能。
学习恒如此，方称好晋升。

志坚能致远，学博可多知。
切问消其惑，近思可得宜。

百工居市肆，操作事皆成。
君子辛勤学，终欣致道荣。

小人如有过，则必饰文之。
不肯担其责，托推失所宜。

仲尼貌俨然，接近则温绵。
闻语知严厉，熏陶质自迁。

得诚能谏上，获信可劳民。
反之为谤厉，上下尽难亲。

衡人循尺度，大德不逾闲。
其小宜宽宥，能容美玉斑。

所学无先后，犹如草木区。
言游分本末，子夏则兼修。

仕而优则学，君子渐多能。
学若优而仕，先为习翅鹰。

持丧须有度，其限致乎哀。
孝子行从礼，不可动根荄。

子张优秀士，境界颇难能。
持礼追求过，称仁则未登。

子张求尽善，难与并为仁。
一副堂堂貌，凛然不可亲。

为人多所忌，表达自矜持。
必作嚎啕状，亲丧痛悼时。

不易当时政，未更父世臣。
难能庄子孝，其德近于仁。

上久离于道，民心散似沙。
哀矜而勿喜，得罪不须夸。

下流诸恶汇，纣罪或夸张。
君子恒居上，免为污浊仓。

变更人共赞，有过众皆知。
日月时生食，犹如贵势疵。

皆存文武道，大小各知之。
恰似蜂寻蜜，人人是我师。

仲尼墙数仞，宗庙百官缭。
不得其门入，难观美富饶。

子贡诚雄杰，人言过仲尼。
品题分上下，纲目不难知。

仲尼如日月，无得以逾之。
非毁当时圣，其愚自可知。

言是衡人度，凭之显智愚。
施评当谨慎，莫使笑卢胡。

仲尼难企及，犹以级升天。
其死人哀恸，生时已圣贤。

制礼皆能立，导民尽可行。
绥安来百姓，调动颂声盈。

子张第十九

19.3　子夏之门人问交①于子张，子张曰："子夏云②何？"对曰："子夏曰：'可者与③之，其不可者拒之。'"子张曰："异乎吾所闻④。君子尊贤而容⑤众，嘉善而矜不能⑥。我之大贤与⑦，于人何所⑧不容？我之不贤与，人将拒我，如之何其⑨拒人也？"

【注释】

①交：指人际交往。　②云：说。　③可：好，合适。与：和……交往。　④异：不同。乎：于。所闻：指从孔子那里听到的。　⑤尊：尊崇。容：容忍，宽容。　⑥嘉：赞许。矜：同情。不能：不足，有缺点的人。　⑦与（yú）：助词，表示轻微的商询语气。　⑧于：对于。何所：什么。　⑨如之何：怎么。其：可以。

【译文】

子夏的学生向子张请教和人打交道的问题，子张说："子夏说什么了？"学生回答说："子夏说：'对于好人，就和他交往；对于不好的人，就拒绝他。'"子张说："这和我从孔子那里听到的教导不一样。君子尊崇贤人而对普通人宽容，赞许做得好的人而同情有缺点的人。我如果是大贤人呢，对别人有什么不能宽容的？我如果不是贤人呢，别人将会拒绝我，我怎么可以拒绝别人呢？”

【解读】

孔子主张“泛爱众而亲仁”（1.6），也就是子张这里说的“尊贤而容众”的意思。

19.4 子夏曰：“虽小道①，必有可观②者焉，致远恐泥③，是以君子不为④也。”

【注释】

①虽：即使。小道：指儒家以外的各种学说。 ②可观：有价值。 ③致远：达到远大的目标。泥（nì）：障碍，受阻。 ④是以：以是，因此。为：从事。

【译文】

子夏说：“即使是那些不正统的学说，也总有可取之处，但要达到远大的目标，却怕受到它们的妨碍，因此君子不去学习和研究它们。”

【解读】

《论语·为政》：“攻乎异端，斯害也已。”（2.16）所谓“小道”，就是孔子说的“异端”。孔子认为下大功夫研究这些学说是有害的，子夏认为学习和研究它们会妨碍“致远”，他们的意见是一致的，可以参看那里的分析。

19.6　子夏曰：“博学而笃[①]志，切问而近[②]思，仁在其中矣。”

【注释】

①博：广博。笃：程度深。　②切：切近。近：指身边的，眼前的。

【译文】

子夏说：“广博地学习知识，牢固地建立志向，请教和自己有关的问题，思考身边的具体事情，就能进入仁的境界了。”

【解读】

“仁”是做人的最高境界，士人要向这一目标迈进。仁德和仁道就在日常的生活中，获取的途径就是学习，知识学得越多，知道的道理越多，做人的层次也就越高。学习的过程是艰苦的，实践仁的道理需要舍弃私利，这就需要有坚定的志向。如果立志不笃，就会吃不下苦，舍不得利，因此半途而废。学习时遇到不会的东西，就要向人请教。所谓“切问”，是优先向人请教和自己有关的问题。学习要和思考相结合，才能提高效率，学到真正的知识。所谓“近思”，指的是对能接触到的问题进行思考，由近及远地将问题搞懂。

仁的大厦是靠知识建造起来的，知识是靠学习、请教和思考而得来的，思考和请教也属于学习的范畴，要想将学习坚持到底，则需要树立坚定的志向。

19.11 子夏曰："大德不逾闲①，小德出入②可也。"

【注释】

①闲：本义是栅栏，引申为法度，规范。 ②出入：不符合，不一致。

【译文】

子夏说："重大的节操方面不得逾越规范，小节方面达不到要求是可以的。"

【解读】

仁义、忠信、孝悌等关系到人的本质评断，属于大德。性格修养、行为习惯等方面的缺点不影响对人的本质评断，属于小德。人们不可能将所有事情都做得花好月圆，所以要优先注意大德不能有缺陷。对于自己而言，大德和小德都要重视，不可以心存"小德出入可也"的念头。对于他人而言，就要看重人家的大德，不可以因为小德而以偏概全。儒家主张待人宽，责己严，要能够理解和容忍别人在小德方面有出入。

19.12 子游曰："子夏之门人，小子当洒扫应对进退[1]则可矣，抑末[2]也，本[3]之则无，如之何？”子夏闻之曰：“噫！言游过[4]矣。君子之道，孰先传[5]焉？孰后倦[6]焉？譬诸[7]草木，区以别[8]矣。君子之道焉可诬[9]也？有始有卒[10]者，其惟[11]圣人乎！”

【注释】

①小子：指年幼的学生。当：担当。洒扫：洒水扫地，指简单的劳作服务。应对：指接待客人时的对答。进退：指接待客人时的周旋礼仪。②抑：但是。末：最为次要的。③本：根本，这里用为动词，指考查根本的东西。④言游：言偃，字子游。过：错。⑤道：学问、技能、规范等。孰：什么。传：传授。⑥倦：厌倦，厌烦，指不愿意传授。⑦譬：打比方。诸：于。⑧区：分类。别：区别。⑨焉：怎么。诬：歪曲，乱讲。⑩始：指最初传授的内容。卒：指最后传授的内容。⑪其：应当，表示肯定性的推测。惟：只有。

【译文】

子游说：“子夏的学生们，让幼小的担当一般勤务和接待客人就行了，但那都是些最次要的技能，考查他们根本的东西，却都没有学习，为什么是这样的呢？”子夏听到这话以后说：“唉！言游错了。君子的学问、技能、规范等，哪些应该先传授？哪些可以不传授？就像草木一样，应该分类而予以区别。君子的学问、技能、规范等怎么可以歪曲乱讲呢？将学习的内容区别出传授的秩序，应当只有圣人才能做到吧！”

【解读】

在子游看来，一个人所要学习的知识、技能和道理等可以分为不同的层级，有的是根本，有的是枝叶。教师要重视传授根本性的内容，不可以过度讲究枝叶性的东西。他认为子夏教学生的方法有缺点，对所有的学生都强调种种琐碎勤务和礼仪的训练，却不传授给学生根本性的大学问、大技能和大道理。子游认为对幼小的学生可以进行这些全面而细致的勤务与礼仪训练，如果学生年岁很大，就不必了。

子夏认为教学内容不存在重要和不重要的区别，教师不可以根据自己的认识而重视所谓的“本”和忽略厌烦所谓的“末”。学生不论大小，基本的勤务和礼仪的讲究都是应该做好的。知识、技能和道理就像草木，可以分类而区别，却没有轻重主次之分。子游将君子之道视为一棵树，有根本有枝叶，子夏则视为可以分类区别的草木，不存在先后或轻重的关系。无论是大德还是小德，都得要求学生学习。子夏认为子游曲解了君子之道，将教学内容区分出传授的先后顺序，恐怕只有圣人才能做到，一般人只能是看到学生需要什么就教什么，即使是成年人，也不能忽略对他们的基本要求。

19.13　子夏曰：“仕而优①则学，学而优则仕。”

【注释】

①仕：当官，任职。优：宽裕，指时间和精力有剩余。

【译文】

子夏说："担任着公家的职务，如果时间和精力宽裕，就从事学习提高。当着学生，如果时间和精力宽裕，就去担任公家的职务。"

【解读】

已经出任公职的人，如果公务不忙，就应该将剩余的时间和精力用于学习，不可以虚耗生命。当学生的人，有时老师安排的学习任务不多，就可以到公家谋求个职位，进行实践锻炼。古人学习就是为了当官，所以当了官的人坚持学习，可以更胜任工作，人的学习应该是永不停止的终身行为。

19.18　曾子曰："吾闻诸夫子①：孟庄子②之孝也，其他可能③也，其不改父之臣与父之政④，是难能也。"

【注释】

①诸：于。夫子：指孔子。　②孟庄子：姓姬，名速，氏为孟，死后谥为"庄"，鲁国大夫。　③他：别的。能：及，达到。　④政：政治措施。

【译文】

曾子说："我听老师说过：孟庄子的孝顺，他的其他表现，别人都能做到，他不改变父亲的家臣和父亲的政治措施，却是别人难以做到的。"

【解读】

大夫有世袭的领地，有家政，有家臣，相当于是国中之国。父亲有安排好的一套家臣班子，有管理家政的一套措施，他去世了，儿子往往要按照自己的意愿重新安排家臣，和“一朝天子一朝臣”同理。儿子也会施行一些新的政治措施，和“新官上任三把火”同理。

“一朝天子一朝臣”，新臣未必就比旧臣强。“新官上任三把火”，新政未必就比旧政强。换人有时是为了照顾自己的亲友，革政有时是急于显示自己的高明。凡此种种，都是源于利己的考虑。孟庄子不变动家臣和家政，说明他能尊重父亲的意愿，克制自己的私欲，既证明了父亲的英明，也证明了自己的孝顺。一个刚上任的新贵，不起用一个新人，不施行一件新政，确实很不容易。

19.19　孟氏使阳肤为士师①，问于曾子，曾子曰：“上失②其道，民散③久矣。如得其情④，则哀矜⑤而勿喜。”

【注释】

①孟氏：指孟敬子，姓姬，名捷，氏为孟，死后谥为“敬”，是孟武伯的儿子。阳肤：曾子的学生。士师：掌管司法的官员。　②上：指执政者。失：不符合……。　③散（sàn）：人心离散，涣散。　④得：获得。情：指案件的真实情况。　⑤哀矜：怜悯同情。

【译文】

孟敬子让阳肤当士师，阳肤来问曾子，曾子说："贵族们违反道义，百姓人心涣散已经很久了。你查获了他们违法乱纪的情况，应该同情怜悯而不要高兴。"

【解读】

法官破获了案件，一般人会觉得高兴。但是由于统治者无道，社会变得黑暗，民众对统治者不再信任拥护，也都不遵纪守法，治安状况就会恶化。百姓犯罪，源于统治者贪婪腐败，毒化了社会空气，甚至是因为他们横征暴敛而逼得百姓走上了犯罪道路。在这种情况下，法官破获了案件，要对百姓施以刑罚，曾子认为这不值得高兴，还应该同情怜悯，因为百姓走到这一步，其实都是被统治者害的。

19.20　子贡曰："纣之不善不如是之甚①也，是以君子恶居下流②，天下之恶皆归③焉。"

【注释】

①纣（zhòu）：商代的最后一个君主，名叫辛，被周武王推翻而自杀，被谥为"纣"。是：这样。甚：厉害，程度重。　②恶（wù）：不愿意。居：处于。下流：河流的下游，指人品低下的行列。　③恶：坏名声，坏行为。归：归向，集中到……。

【译文】

子贡说："商纣的恶劣不像人们说的那样厉害，因此君子不愿意处于人品低下者的行列中，普天下的恶名声都会堆到头上来。"

【解读】

古书上记载了纣的许多恶劣行为，没有说他一句好话，他是最坏的君主的典型。

子贡认为纣的表现其实没有那么坏，并不是他发现了别人没见过的历史资料，而是在推测，其根据是：处在"下流"中的人，"天下之恶皆归焉"。

好人不可能终生不犯错误，坏人也不至于终生不做一件好事。但许多历史人物的表现被描述得十分单一，尧、舜只有功绩而没有瑕疵，桀、纣只有罪恶而没有善行。这种现象说明，社会上存在着普遍的"造神"或"造鬼"心理，在有意和无意地将公众人物进行典型化、艺术化、单一化的加工。经过这种社会和历史的处理，名人们的舆论形象便会失真，关羽成了红脸，曹操成了白脸。大家喜欢谁，他的优点就会被"发酵"，缺点会被忽视。大家讨厌谁，他的缺点就会被"发酵"，优点会被忽视。

子贡认为纣不会坏到那个地步，就是认为纣的形象只是社会舆论"造鬼"行为的产品而已。他的话可以有一种翻版："尧之善不如是之甚也，是以君子力争上游，天下之美皆归焉。"子贡的认识说明了一个道理：在道德方面力争上游会大胜于天下，居于下游则会大败于天下。政治斗争领域也像商业竞争一样，存在着品牌效应。牌子一旦倒了，就成为社会的垃圾桶了。要求社会在这类问题上做到实事求是，是很不容易的。人一旦犯过严重的错误，在公众中的形象就很难修复，即使明知道他受了冤枉，有的人也会幸灾乐祸地说："活该！"所以君子恶居下流，免得落入被动的境地。

19.22　卫公孙朝①问于子贡曰："仲尼焉②学？"子贡曰："文③、武之道未坠④于地，在人。贤者识⑤其大者，不贤者识其小者，莫⑥不有文、武之道焉。夫子焉不学？而亦何常师之有⑦？"

【注释】

①卫：卫国。公孙朝：卫国大夫。　②焉：从哪里。　③文：指周文王。　④武：指周武王。坠：坠落，指被人遗弃。　⑤识（zhì）：记着。⑥莫：没有人。　⑦亦：又。何：哪里。常师之有：有常师。常：恒常，固定的。

【译文】

卫国的公孙朝问子贡说："仲尼从哪里学习？"子贡说："文王和武王的主张和理论没有被人扔到地上，都在人们的心里。高层级的人记着它的主干，低层级的人记着枝叶，人人都知道文王和武王的主张和理论。我的老师从哪里不学习？又哪有固定的老师呢？”

【解读】

“文、武之道”就是尧、舜以来的先王之道，都是人类社会共同创造的精神财富，其基本原理是一脉相承的。这些主张和理论永远伴随着人类社会而存在，只会被人们不实行，但不会消失。

孔子主张克己复礼，就是恢复周初的礼制秩序。在孔子的时代，可能文献保存已经不全，各国礼制实行的情况也在不断改变，无论从文献记载还是从现实的执行情况来看，周初的礼制面貌已经不能完整而真实地让人看到了。孔子在做古礼的考证复原工作。礼制的细目有些已经失传，礼学的精神却是古今一致的，其大体框架的历代沿革也比较清楚。所谓“礼失而求诸野”，文献不足，孔子就从活着的人们身上下功夫。高层级者承袭了古人合理思想的主干，低层级者保存了古人合理思想的枝叶，下一番集腋成裘的功夫，就可以将“文、武之道”的体系拟构出来。孔子是见花就落的蜜蜂，他的学说就是这样博采众长而形成的。无论是贤者还是不贤者，都是为孔子提供思想素材的标本，也都算是孔子的老师。

孔子已经成为层级最高的哲人，任何人都不能当他的“常师”了，他后来的老师就是众人，就是社会。愚者千虑必有一得，愚人也是可以给智者当老师的。子贡的这一叙述非常重要，强调了人们要转益多师而不耻下问的道理。

19.23　叔孙武叔语大夫于朝①曰："子贡贤于仲尼。"子服景伯以②告子贡，子贡曰："譬之宫③墙，赐之墙也及④肩，窥见室家⑤之好。夫子之墙数仞⑥，不得其门而入，不见宗庙⑦之美、百官之富⑧。得其门者或⑨寡矣，夫子之云不亦宜⑩乎？"

【注释】

①叔孙武叔：姓姬，名州仇，氏为叔孙，死后谥为"武"，鲁国大夫。语（yù）：对……说。朝：朝廷。　②子服景伯：姓姬，名何，氏为子服，死后谥为"景"，伯是他的排行，鲁国大夫。以：把……。　③譬：打比方。宫：建筑群的围墙。　④赐：子贡自称其名。及：达到。　⑤室家：房屋。　⑥夫子：指孔子。数：几。仞：上下之间七尺的距离为一仞。　⑦宗庙：指国君的祖庙，其建筑规格很高。　⑧百：表示众多的数量。官：馆，房屋。富：多。　⑨得：找到。或：或许。　⑩夫子：指叔孙武叔。云：话语。亦：很。宜：合乎情理。

【译文】

叔孙武叔在朝廷中对大夫们说："子贡比仲尼强。"子服景伯把这话告诉了子贡，子贡说："用建筑群的围墙做比喻，我的围墙能达到人的肩膀，站在外面就能窥见里面的房屋很好。我的老师的围墙有几仞高，不找到它的大门而进去，看不到里面宗庙的壮美和房舍的众多。能找到它的大门的人也许不多，叔孙大夫说出这样的话，不很合乎情理吗？"

【解读】

叔孙武叔认为子贡比孔子强，子贡将自己比作普通民户家的院落，将孔子比作帝王诸侯家的宫廷，认为武叔对孔子太不了解，连孔子的门都没有摸着。

孔子是老师，孔门的队伍是他带出来的，儒学的框架也是他构建的。子贡固然出色，但孔子对他有培养之功，他当然不能认为自己比老师强，不过他的比喻也确实很夸张，他和孔子的差距没有大到如此地步。

叔孙武叔这样讲，可能是想贬低孔子，但他的看法也不是完全没有道理。子贡是孔门的高才生，在儒学的建树方面也有不少精辟见解。他经商而成了大富豪，后来从政，在当时的诸侯国之间名重一时。孔子晚年闲居在家，正是子贡在政治舞台上活跃的时候，他极力地宣传孔子，给孔子戴上了圣人的桂冠。儒家和孔子能有后来的地位，子贡是花了钱也出了力的。他和孔子是相得益彰的关系，至于说谁重谁轻，可能受看问题的角度和价值观不同的影响。若就办事能力而言，说子贡超过孔子是有根据的。

19.24　叔孙武叔毁①仲尼，子贡曰："无以为②也，仲尼不可毁也。他人之贤者，丘陵也，犹可逾③也。仲尼，日月也，无④得而逾焉。人虽欲自绝⑤，其何伤⑥于日月乎？多见其不知量⑦也。"

【注释】

①毁：诋毁。②无以：不可以。为：这样做。③犹：还，尚且。逾：逾越。④无：没有人。⑤绝：断绝与……的关系。⑥何：什么。伤：伤害。⑦见（xiàn）：表现出。量（liàng，也读liáng）：衡量。

【译文】

叔孙武叔诋毁仲尼，子贡说："不可以这样做，仲尼是不应该被诋毁的。其他贤者像丘陵，还可以逾越。仲尼像太阳和月亮，没有人能够逾越。人们虽然要自己断绝和他的关系，但他们这样做对太阳和月亮能有什么妨害呢？只会更多地表现出他们不懂得衡量人物而已。"

【解读】

子贡认为孔子像太阳和月亮一样高居于天上，没有人能超越，是出于对孔子的崇拜和维护，孔子的成就也确实是一般人所不能达到的。

孔子很了不起，但他不会没有任何缺点。尽管叔孙武叔的评价出于恶意，也不会是无根据的谩骂，总得列举相应的理由。上一章中叔孙武叔说孔子不如子贡，这里又说他诋毁孔子，都没有说他列举的事实。《论语》是孔门自家人写的，不愿意披露这些内容，人们就有理由怀疑是不是有说到点子上的地方。

尽管孔子是圣人，对于他的不足之处，谁都有权利评说。无论孔子多么出类拔萃，人们也有权利拒绝接受他。不能因为他是太阳和月亮，就获得了免除批评的特权。虽然孔子很有修养，大度宽容，泛爱大众，出于不同的政见、价值观、利益，当时还是有人骂他。子贡只说孔子伟大，却没有直面叔孙武叔诋毁的具体内容，其说服力显得薄弱。

19.25　陈子禽[①]谓子贡曰："子为恭[②]也，仲尼岂贤于子乎？"子贡曰："君子一言以为知[③]，一言以为不知，言不可不慎也。夫子之不可及也，犹天之不可阶而升[④]也。夫子之得邦家者[⑤]，所谓立之斯[⑥]立，道之斯行[⑦]，绥之[⑧]斯来，动之斯和[⑨]。其生也荣[⑩]，其死也哀[⑪]，如之何其[⑫]可及也？"

【注释】

①陈子禽：陈亢（gāng），字子禽。　②子：对人的敬称。为：为了。恭：恭顺。　③一言以：以一言，凭着一句话。以：凭着。为：算是。知（zhì）：智，聪明。　④阶：台阶。升：登上去。　⑤邦：国，是诸侯的领地。家：大夫的领地。者：……的话。　⑥所谓：所说的。立：建立。之：指政治制度、教化等。斯：就。　⑦道（dǎo）：导，引导。之：指民众。行：推行开来。　⑧绥（suí）：安抚。之：指远方的人们。⑨动：调动。之：指下属。和（hè）：响应，拥护。　⑩也：助词，舒缓语势。荣：荣耀。　⑪哀：使人们哀伤。　⑫如之何：怎么。其：会。

【译文】

陈子禽对子贡说："你是为了对老师恭敬，仲尼难道比你强吗？"子贡说："君子凭一句话说得好就算是聪明，凭一句话说得不好就算是不聪明，说话不可以不慎重。我的老师的高度人们不能达到，就像天不能够用台阶登上去。老师如果得到诸侯国或大夫家的执政权柄，就像人们所说的，想要建立什么制度和教化，就能够建立起来。他指导民众，其主张就能够推行开来。他安抚远方的人们，人们就会来投靠。他调动下属，下属就会拥护。他活着时荣耀，死后让人们哀伤，别人怎么能达到他的高度呢？"

【解读】

陈亢也认为子贡比孔子强，看来当时持这种看法的人不在少数。认为子贡比孔子强，显然根据的是他在政治舞台上相当活跃、有非常突出的业绩，而孔子一生奔波，却没有什么可称道的政治成就。子贡认为这是因为孔子没有能获得权柄，如果孔子大权在握，他完全有能力实现自己的政治设计，比谁都会做得好。即便如此，孔子还是做到了生荣死哀，别人根本做不到这一点。

子贡对老师及老师的主张的理解、维护、敬仰是常人做不到的。在这方面，他确实是个身体力行的君子。

尧曰第二十

历数在于躬，允持政事中。
神州如困窘，天禄则长终。

罪人无敢赦，不蔽帝之臣。
一切遵王道，天心简朕身。

朕躬如有罪，罚勿及多方。
四海违仁义，吾其受帝殃。

善人宜富贵，周室大分封。
戚属虽亲近，贤仁实率从。

百姓如生过，根源在朕身。
上天其罚罪，不可及他人。

严谨司权量，精微法度明。
废官宜整顿，天下政通行。

灭国能恢复，逸民得举亲。
朝廷延绝世，百姓尽归仁。

邦以民为本，人将食作天。
持丧关孝道，虔祭社能延。

宽宏人拥戴，诚信众听从。
勤奋能成事，持公属下容。

因民之所利，施惠与其人。
于国无支费，归仁四海亲。

谨慎劳民事，择其可使之。
辛勤而不怨，利己自心知。

君子承天命，行为本欲仁。
贪财宜所戒，父母自亲民。

待人无众寡，小大亦休论。
不敢骄而慢，恒呈泰适神。

君子衣冠正，神情望视尊。
俨然人敬畏，不猛却威存。

教民知法律，故犯乃杀之。
否则称为虐，其非政所宜。

戒人知役事，指导作成之。
否则称为暴，其非上所宜。

施令常无敬，完成则限期。
如斯当谓贼，为上自非宜。

官仓如逆旅，终必与人财。
出纳仍然吝，有司实鄙哉。

立身须守礼，识语可知人。
君子能通命，圣贤可比伦。

20.1　尧曰："咨[1]！尔舜！天之历数在尔躬[2]，允执其中[3]。四海困穷[4]，天禄永终[5]。"舜亦以命[6]禹。

【注释】

①咨：叹词，表示赞赏意味。　②历数：指帝王继承的次序。躬：身。　③允：诚实。执：秉持，奉行。中：指合理的政策。　④四海：指普天下。困穷：艰难。　⑤天禄：天赐予的地位福禄。永：永远。终：结束。　⑥亦：也。以：用……。命：命令，告诫。

【译文】

尧说："啊！你舜！天任命帝王的次序轮到你的身上，你要诚实地奉行合理的政策。如果你将天下带领到艰难的地步，天赐给你的福禄就永远终止了。"舜也用这话告诫禹。

【解读】

这是尧将帝位让给舜时的告诫，希望他执行好的政策，管理好天下。如果他没将天下管理好，天就不会再给他福禄。

古人相信天神，认为帝王是由天任命的；如果帝王不能忠实地执行天的旨意，天就会将他撤换。这些观点在当时起到了对君权的制约作用。

曰[1]：“予小子履敢用玄牡[2]，敢昭告于皇皇后帝[3]：有罪不敢赦，帝臣不蔽[4]，简在[5]帝心。朕躬[6]有罪，无以万方[7]。万方有罪，罪在[8]朕躬。”

【注释】

①曰：这以下是商代君主汤祭祀时对天说的话。 ②小子：对自己的谦称。履：汤自称其名。敢：大胆地。用：杀牲祭祀。玄：黑色。牡：公牛。 ③昭：明白地，坦诚地。皇皇：伟大。后帝：指天。后：君主；帝：天帝。 ④帝臣：天帝的臣仆。蔽：埋没别人的功绩。 ⑤简：核实。在：于。 ⑥朕：我。躬：自身。 ⑦无：不要。以：及，连累到。万方：指天下人。 ⑧罪：处罚。在：于。

【译文】

汤对天说：“我小子履大胆地敬献黑色的公牛，大胆地坦诚禀告伟大的天帝：对有罪的人我不敢擅自赦免，对天帝给我安排的臣仆的功绩我不埋没，请天帝检验我的行为。我自身有罪，希望天帝处罚时不要连累到任何人。天下的人们有罪，请天帝处罚我。”

【解读】

商汤也是位圣明的君主。古人认为，君主有过错，天就会降下灾害，以示警告或惩罚。据说当时遭遇大旱，汤就向天祷告，愿意承担一切责任，希望天只惩罚自己。天下的人们有罪过，是因为君主没有尽到领导责任。

这段文字体现了汤的两种美德：一是他管理天下能出以公心，赏罚分明；二是他能以天下为己任，对人有普遍的爱心，将天下的不理想现象都视为自己领导不力的后果。

周有大赉①，善人是富②。“虽有周亲③，不如仁人。百姓有过，在予一人④。”

【注释】

①周：周朝。赉（lài）：赏赐，指分封诸侯。 ②善人是富：富善人，使善人富贵起来。是：结构助词，连接提前的宾语和动词。 ③周亲：周天子的亲属，指姬姓诸侯。 ④予一人：天子对自己的谦称。

【译文】

周朝有大的赏赐，让善人富贵起来。天子说：“虽然有周朝自己的亲属辅佐，但比不上外姓的仁人对国家的贡献大。百姓有罪过，责任在我自己。”

【解读】

前人认为这段文字说的是周武王建立周朝后分封诸侯的事情，体现了两种积极的思想：第一，当时是宗法制社会，主要依靠同姓亲属管理天下，但天子能有“虽有周亲，不如仁人”的认识，强调了任人唯贤的主张；第二，“百姓有过，在予一人”，继承了先代“朕躬有罪，无以万方。万方有罪，罪在朕躬”的思想，可以参看上一章的分析。

谨权量①，审法度②，修废官③，四方之政行④焉。兴灭国⑤，继绝世⑥，举逸民⑦，天下之民归心⑧焉。

【注释】

①谨：严格管理。权：秤一类的衡器，用来确定轻重。量（liàng）：斗斛等容器，用来确定体积。 ②审：精确审定。法度：标准的丈量工具。法：法定的。 ③修：整顿完善。废官：有事务却没有对应的机构和人员，有机构和人员却不能承担起对应的职责，都叫作废官。废：荒废，兴办得不好。 ④四方：各地，全国。政：政治事务。行：推行得好。 ⑤兴：复兴。灭国：被兼并的诸侯国。 ⑥继：恢复。绝世：已经中断的世袭权益。 ⑦举：起用，重用。逸民：品行高尚的人。 ⑧归心：诚心归附。

【译文】

严格管理、精确审定国家的度、量、衡标准，整顿完善政府的职能机构，使事事有人管，人人有事做，国家的政事就能办好。复兴被兼并的诸侯国，恢复中断了的世袭权益，重用品行高尚的人，天下的民众就诚心归附了。

【解读】

人们往往会在度、量、衡等计量工具上做手脚，比如付出时用低于标准的小斗，收入时用高于标准的大斗。为了保障国家经济秩序的合理运行，打击投机取巧，所以要对度、量、衡等计量工具进行严格的审定管理。

国家要对政府部门的薄弱机构进行整顿，使政务都能落实到有关的机构，消除有事没人管和有人不管事的局面，使行政秩序正常合理。

春秋时期，不少国家遭到兼并，许多人成了心怀义愤的亡国奴。有功的大臣家享有世袭的权益，这是对其功绩的报酬。但政坛风云多变，功臣子孙的世袭权益被无端剥夺，形成了“绝世”，这些人也对政治不满。在黑暗的社会中，往往是坏人得志，君子受到迫害。社会上积累的怨愤之气越浓重，危机也就越广泛。为了疏导积怨，博得拥护，采取“兴灭国，继绝世，举逸民”的措施，就能实现“天下之民归心”的效果。

所重①：民、食②、丧③、祭④。

【注释】

①重：重视。 ②食：粮食征收。 ③丧（sāng）：丧事。 ④祭：对鬼神的祭祀。

【译文】

国家应该重视的事情有：百姓事务、粮食征收、丧事、祭祀。

【解读】

百姓富足，安居乐业，国家就会强盛而安定，所以执政者要重视与百姓利益攸关的事务。民以食为天，国家在粮食征收方面不能随意加码，与民争利。百行孝为先，统治者在为父母办丧事时应该尽哀尽礼，为民众做出榜样。当时的观念，鬼神是能左右政治的，所以对鬼神的祭祀便很重视。

宽①则得众，信则民任②焉，敏③则有功，公则说④。

【注释】

①宽：宽容大度。 ②信：诚实，守信用。任：被役使。 ③敏：勤奋。 ④公：公正。说（yuè）：喜欢。

【译文】

为人宽厚就能受到拥护，待人诚实就能役使民众，工作勤奋就能做出成绩，处世公正就能使人高兴。

【解读】

《论语·阳货》：“恭则不侮，宽则得众，信则人任焉，敏则有功，惠则足以使人。”（17.6）可以参看那里的分析。办事公正能使人们心服口服，没有埋怨，这是很自然的道理。

20.2 子张问于孔子曰：“何如斯可以从政①矣？”子曰：“尊五美②，屏四恶③，斯可以从政矣。”子张曰：“何谓五美？”子曰：“君子惠而不费④，劳⑤而不怨，欲而不贪⑥，泰而不骄⑦，威而不猛⑧。”子张曰：

“何谓惠而不费？”子曰：“因民之所利而利之[9]，斯[10]不亦惠而不费乎？择[11]可劳而劳之，又谁怨？欲仁而得仁，又焉[12]贪？君子无[13]众寡，无小大，无敢慢[14]，斯不亦泰而不骄乎？君子正其衣冠[15]，尊其瞻视[16]，俨然[17]人望而畏之，斯不亦威而不猛乎？”子张曰：“何谓四恶？”子曰：“不教而杀谓之虐[18]，不戒视成谓之暴[19]，慢令致期谓之贼[20]，犹之与[21]人也，出纳之吝谓之有司[22]。”

【注释】

①斯：就。从政：管理政事。 ②尊：崇尚，重视。美：好的表现。③屏（bǐng）：摒弃，消除。恶：坏的表现。 ④惠：给别人财物方面的好处。费：耗费，破费。 ⑤劳：使别人劳累。 ⑥欲：有欲望。贪：贪婪。 ⑦泰：安详庄重。骄：傲慢，骄横。 ⑧威：有威严。猛：严厉，凶狠。 ⑨因：顺应。所利：所追求的利益。利之：给他们利益。 ⑩斯：这。 ⑪择：选择。可：应该。 ⑫焉：哪里，何必。 ⑬无：不论。⑭慢：怠慢。 ⑮正：端正，整齐。衣冠：服饰。 ⑯尊：使……有尊严。瞻视：指神态表情。 ⑰俨（yǎn）然：庄重严肃的样子。然：……的样子。 ⑱教：教化。谓之：叫作。虐：暴虐。 ⑲戒：告诫。视：督察，追求。成：成绩。暴：凶暴。 ⑳慢：不认真，对……掉以轻心。令：命令。致：下达。期：期限。贼：害人。 ㉑犹之：同样。与：给予。 ㉒出纳：付出财物。吝：吝啬。有司：负责专门事务的机构或人员。

【译文】

子张问孔子说：“怎么样就可以管理政事了呢？”孔子

说："崇尚五种好的表现，摒弃四种坏的表现，就可以管理政事了。"子张说："什么是五种好的表现？"孔子说："执政者施与他人财物而自己却不破费，使他人劳累而他人却不埋怨，有欲望却不贪婪，安详庄重而不骄横，有威严却不严厉。"子张说："怎样就叫施与他人财物却不破费？"孔子说："顺应百姓想要得到的利益而给他们利益，这不就是施与他人财物而却不破费吗？选择应该劳累的事情而让他们劳累，他们又有谁会埋怨？想实行仁道而看到了仁道被实行，又怎么会贪婪？执政者不论人多人少，不论地位高低，都不敢怠慢，这不就是安详庄重而不骄横吗？执政者使自己衣冠整齐，神态表情有尊严，一副庄重严肃的样子，人们看到他便很敬畏，这不就是有威严却不严厉吗？"子张说："什么是四种坏的表现？"孔子说："不事先教化百姓，百姓有了罪就杀戮，这叫作暴虐；不告诫下属该怎么做，只管要求做出成绩，这叫作凶暴；不认真发布政令，却规定完成的期限，这叫作祸害人；同样要将财物给别人，却出手吝啬，这是官府里一分一厘都分清你我的管账者。"

【解读】

执政者顺应百姓的利益要求，推行惠民政策，让他们自己努力获得财利，这便是"惠而不费"的做法。所谓"因民之所利而利之"，就是为百姓广开财路，帮助他们致富。百姓富起来了，国家也就强盛了。

执政者管理国家，就必须役使百姓。一些为官府服的劳役，百姓会有怨气。例如秦始皇修长城、阿房宫、骊山陵等，就搞得怨声载道。如果官府发动的劳役是为百姓谋福利的，例如修道路、水利等公益事务，百姓就乐于服役，不会对统治者有怨气。

执政者要有理想，有远大的治国目标，推行仁政。这些追求也都算欲，但这种欲建立在仁的基础上，自己不会贪婪财利。不贪私利而推行仁政的执政者，会很受欢迎。

君子应该有博大的胸怀和良好的修养，待人接物要得体，对任何人都礼貌尊重，平时仪态安详庄重，不骄横放纵，不怠慢任何人，以建立良好的人际交往界面。

君子要庄重严肃，不随便苟且，人际之间保持适当的距离，一言一行都有板有眼。尽管他待人很温和善良，不凶暴，却给人以很有威严的感觉，让人敬畏。做到这一点，才能使人不敢怠慢，令行禁止，有利于实现施政目标。

教化可以提高民众的道德水准，因而自觉地遵纪守法，百姓犯罪是由于执政者教化不力。只用杀戮来惩罚犯罪，却不靠教化来消减犯罪，就是一种暴虐行为。

让下属完成工作任务时，应该将各种要求和有关情况交代清楚。只是简单地发布命令，没有指导和督察，到时候事情没做好，往往不能怪下属，应该怪执政者没有尽到告知责任。这时候责难下属，既不友善也不公平，所以叫作“暴”。

政令的设计要有科学性，其实施方案要有可行性。如果草率从事，只是定个目标，规定完成期限，就是极不负责的，是对政务的祸害，也是对执行任务的下属的祸害。

政治的目的是惠民，政府的财利应该是取之于民而用之于民的。既然财利终究要用在百姓身上，执政者就不应该在施惠时吝啬，出手小气。慷慨解囊的人能使朋友信任，慷慨施惠的政府也能使民众拥护。官府中掌管财物的人员，由于工作性质和制度的因素，凡是涉及公事的钱财往来，一分一厘都要算清。统治者在施惠时也这样苛细，就让人瞧不起了。

20.3 孔子曰："不知命①，无以为②君子也；不知礼，无以立③也；不知言④，无以知⑤人也。"

【注释】

①知：懂得。命：天命，天道。 ②无以：不能。为：成为。 ③立：立身，在社会上树立起形象和地位。 ④知：分析理解。言：言语，言论。 ⑤知：了解，理解。

【译文】

孔子说："不懂天命，不能成为君子；不懂礼义、礼制、礼仪，不能在社会上立身；不会分析理解他人的言语，不能了解他人。"

【解读】

《论语·为政》："三十而立，四十而不惑，五十而知天命，六十而耳顺。"（2.4）可以参看那里的分析，以理解"不知命，无以为君子”的含义。

《论语·泰伯》：“兴于《诗》，立于礼，成于乐。”（8.8）可以参看那里的分析，以理解“不知礼，无以立”的含义。

言语是人的思想、知识、修养等情况的反映，体现着人所达到的层级。言语有质量的高下之分，刘禹锡讲“谈笑有鸿儒”，《红楼梦》中讲“座上珠玑昭日月”，常言说“与君一席话，胜读十年书”，都是对高质量言语的赞许。对不同层级的言语都有较强的理解能力，就是对不同层级的人有较强的了解能力。别人的言语层级很高，你不能理解，就成了对牛弹琴；别人的言语层级很低，你却觉得耳目一新，说明你做人的层级也很低。要达到“知言”的境界，就得努力体察事理人情，还得努力学习语言。孔子讲“不学《诗》，无以言”（16.13），多读古书，对于提高自己对语言的宏观把握能力和微观解析能力，有很重要的作用。君子的责任是管理社会，修身的目的是为了治人。要想治人，当然得有“知人”的能力。

附录：在头脑中安装“见识软件”

我这个人，其实是个有“语文癖”的人，自己潜心于学语文，也希望别人能下功夫学语文。

学好语文，是为了更好地读书，更好地说和写。读书是为了明理，说写是为了传理。明理是修己，从而提高自己的质量。传理其实就是治人，是对环境施加影响。自己的质量越高，对环境施加的影响才越有效，才能取得更大的成功。

语文是个工具，涉及两个范畴的内容：一是语文技能，二是见识水平。所谓明理，就是获得正确的见识。所谓传理，就是传播正确的见识。文章千古事，生命力强大的文章，当然是因为它有强大的见识做内核的。如果文章表达的见识是平庸的，甚至是错误的，那就不值得提了。即使因一些其他的原因而鼓噪一时，最终也会成为尴尬事，甚至成为耻辱的记录。不是千古正事，而是千古罪证了。

才出生的婴儿是没有见识的，随着成长，逐渐地增长见识。面对同样的事情，不同的人有不同的价值评判，从而形成了价值观的序列。

人活在世上，“利己”是其本性。由于见识达到的层次不同，带来了对利己方式选择的不同。古往今来，人们所秉持的行为准则，无非三种：第一，用损人的方式利己，这是一种低端价值观；第二，在不损人的原则下利己，这是一种普通价值观；第三，用利人的方式利己，这是一种高端价值观。

人生一世，有什么意义呢？站在局外看，人生是没有意义的。就像地上有一窝蚂蚁，它们也是一个社会，它们是在正常地运转着，还是被雨水冲得消失了，对于“非它们”而言，便没有任何意义。但是，人都是社会的局内人，人生对于具体的个人而言，不能说是无意义的，这样过和那样过，自己的感觉和对环境的影响，毕竟不一样。从这个角度看，人生又是有意义的，必须认真对待，妥善安排，做好每一件事。

认识到这一事实也很重要，能够使人学习上进，明理向道，遵守社会规则，积极处世，打好手里的这把牌，尤其要努力把烂牌打好。当然，牌局结束了，打赢了无所谓，打输了也无所谓，人生的境界，讲究的就是这样一个器局。

打赢了无所谓，打输了也无所谓，重在参与的这个过程，不是人人都能有这样的见识和做法的。见识低劣的人经常会损人而利己，大部分人往往是在不损人的原则下利己，极少有人懂得用利人的方式利己。高端的价值观，不能想有就有，必须通过学习而开悟，通过融会贯通而建立。

我经常思考这些问题，向人讲过一个“理想”的人的模型：具有道家的灵魂、儒家的形象、百家的长技。这三者不是割裂的，而是要融为一体。

这一追求还可以这样表述：具有高端的见识、渊博的知识、高尚的品格、宽广的胸怀、文明的形象、练达的处世艺术。这些也不是割裂的，而是要融为一体。

要在这一生中把手里的这副牌打好，赢了固然不论，输了也虽败犹荣，做一个优质的人，就得学习。作为一个中国人，有些书，认真读过和压根没有读过，情形是大不相同的。例如《老子》《论语》《孟子》等，这些书叫作源头典籍，就像电脑中要安装各种软件一样，人们也应该将它们安装进自己的头脑中。

儒家和道家，是古代文人精神思想的两大来源。用利人的方式利己，这是一种高端价值观。儒家思想就是这种高端价值观的代表，它反对低端价值观，兼容普通价值观，提倡用利人的方式利己的高端价值观。追求做高层次的人，自然就认同和积极践行这种价值观。本书讲解《论语》，所以这里先谈谈关于儒家价值观的问题。

儒学的内容庞大纷繁，但可以概括为两个方面：它是维系社会秩序的普遍通则，是完善个体人格的普遍通则。《论语·阳货》："子曰：'君子义以为上。'"道义，是维系社会秩序和完善个体人格的最高准则，这是儒学建立的一个根本的基础。符合道义者倡而行之，违背道义者斥而去之。简言之，在任何场合，儒家的理念都是道义的化身。

儒学从哪里来的，这也是需要说清楚的问题。过去总见有人说，儒学是孔子创立的，这一说法并不成立。孔子曾经说过自己"述而不作"，所谓"述"，就是转述或阐述；"作"，就是创造。孔子认为，自己只是一个思想的传承者，并无任何创造。儒家一贯宣称，自己秉持的是"先王之道"，也就是尧、舜、禹、汤、周文、周武等先代英明君主执行的"道"，儒道就是"先王之道"。那么，"先王之道"是先王们创立的吗？显然也不是，先王们只是在奉行已有的“道”而已。“先王之道”其实是人类精神财富的结晶，属于社会的集体创造。任何个人，作为社会的分子，对于“道”，只能是“述”，不会是“作”。“道”只能在社会中自然产生，个人是不能创造它的。迄今为止，历史上的儒家学者灿若群星，组成儒家思想这个庞大体系的任何一个元素，都不能说它是被某个学者创造出来的。

对于思想范畴的东西，人们曾经有过简单化的对待态度：凡是来源于古代的东西，便被贴上封建主义的标签；凡是来源于现代西方的东西，便被贴上资本主义的标签。总之是都不可用，这当然是不可取的。儒家思想来源于远古，但它“义以为上”，是人类精神财富的结晶，故其精神具有普遍的真理性，是适用于古今中外的。古人的道义与今人的道义无别，中国人的道义与外国人的道义无别。今天的许多中国人，没有读过儒家的书，但其行为如果不符合道义，也就是不符合儒家思想，自然会受到公义的否定。同理，今天的许多外国人，更是没有读过儒家的书，但其行为如果不符合道义，也就是不符合儒家思想，自然也会受到公义的否定。

儒家思想从远古走来，具有普遍的真理性，具体而言，它的以下六个特点应该被强调：

第一，代表弱势群体的利益诉求。儒家是社会利益的维护者，首先是民众利益的代表。《孟子·尽心下》：“民为贵，社稷次之，君为轻。是故得乎丘民而为天子，得乎天子为诸侯，得乎诸侯为大夫。”这是儒家民本思想的典型论述。

第二，倡导“爱人”的高尚价值观。《论语·颜渊》：“樊迟问仁，子曰：‘爱人。’问知，子曰：‘知人。’”所谓“爱人”，是爱一切人，不但爱好人，也要从爱护的立场对待坏人。儒家是没有“敌人”的观念的，坚持人本理念。即使是作恶的罪犯，儒家也要求执政者反思：他们走上了犯罪之路，自己也应承担相应的责任，例如，没能为他们提供生活的保障，使他们为生计而犯罪；没能对他们进行良好的教育，使他们的价值观得不到矫正，因而犯罪；没能严密预防，从而消减他们犯罪的可能。国民犯罪率高，自己应承担管理失职的责任。对罪犯进行惩罚，是出于不得已。《韩非子·五蠹》：“司寇行刑，君为之不举乐。闻死刑之报，君为流涕。”

第三，塑造社会欢迎的理想人格。儒家要求人们都自觉地当“君子”。“君子”是迈向“圣人”的起点，也是任何人都无法企及的终点。“君子”的内容非常具体而丰富，这个概念承担了人们对一切合理的行为和思想的期许，完美的“君子”只是一个理想人格的极限，是一种理论上的存在。人们只要用“君子”的标准律己，其做人的层次就至少会在中人之上。

第四，追求合理的社会秩序。《论语·颜渊》：“颜渊问仁，子曰：‘克己复礼为仁。一日克己复礼，天下归仁焉。’”所谓“克己复礼”，就是要求每个人都约束自己的行为，整个社会恢复礼义原则下的礼制秩序。社会的恶质化，都体现在“礼”的颓坏。建立合理正常的社会秩序，这是人类生活永恒的追求。

第五，追求合理的处世规则——中庸。什么是中庸？当今社会，能真正准确理解其含义的人还真是不多，根据其错误的理解写文章搞大批判的反而不少。这里暂不展开议论这个问题，只是说结论：中庸，就是要求按照合理的规则办事。“中”，是“合理的规则”的意思；“庸”，是“行事”的意思。“中庸”的结构关系，类同于“法治”。“法治”是“依法而治”，“中庸”是“据理而行”。按照合理的规则办事，这是人类社会永恒的准则。

第六，兼容性强，副作用小。儒学是中国社会有史以来的主流价值观，但它不是具有强烈排他性的宗教。《论语·雍也》：“樊迟问知，子曰：‘务民之义，敬鬼神而远之，可谓知矣。’”儒家虽然也是有神论者，但他们将所尊奉的神正义化了，所谓天理，就是人理，就是社会公理，这就避免了因有神论而可能导致的副作用。

对于“小道”“异端”，儒家采取了理性而文明的对待态度。《论语·子张》：“虽小道，必有可观者焉，致远恐泥，是以君子不为也。”《论语·卫灵公》：“道不同，不相为谋。”儒家的这些应对是合理的，所以儒学在中国社会，能与其他价值观体系兼容并存，未发生过激烈的破坏性斗争。

儒家毕竟是有神论者，因此而对社会产生一定的副作用，例如迷信祭祀，会虚耗财物，但比起其他宗教类价值观体系来，其副作用已经降到了最低。有的宗教的副作用，咱心知肚明，但不敢批评。佛家大度能容，就说说佛教吧：当了和尚，每天修行，用度靠人布施，如果人人都是佛徒，谁来生产？不结婚生子，如果人人都是佛徒，人类会立即灭绝，这是合理的选择吗？我觉得这就是它的副作用。

综上所述，儒家思想是我们人人都必须安装的“见识软件”。被动地适应它，和主动地践行它，其结果是大不一样的。

延伸阅读

汉代以来，研究《论语》的著作很多，清代的刘宝楠作《论语正义》，是当时的集成之作，多所发明。民国时程树德作《论语集释》，汇集材料也十分宏富。2008年上海古籍出版社出版了黄怀信、周海生、孔德立编撰的《论语汇校集释》，则比程树德之作更上一层楼。这些都是《论语》研究者必须优先关注的重要著作。

新中国成立后尤其是改革开放以来，讲解《论语》的读物出版得很多，杨伯峻先生作《论语译注》，出版的时间最早（1958），影响也颇为深广。笔者作过《论语详解》，在操作时，参考了许多当时的同类著作，例如李零的《丧家狗——我读〈论语〉》、马恒君的《论语正宗》、李泽厚的《论语今读》、傅佩荣的《解读论语》等。

作为《论语详解》的副产品，我随后又出版了《杨伯峻〈论语译注〉商榷》，对所发现的杨氏书中的问题，不论巨细，一律指出，供读者参考。其实，所见到的其他诸公著作的质量，比起杨氏的书来，非但不能做到后出转精，反而是后来居下，许多错误也实在是太离谱了，姑置不论。

所以为了读者进一步更全面地理解《论语》，我推荐书目如下：

白平：《论语详解》，外语教学与研究出版社2010年版。

杨伯峻：《论语译注》，中华书局2009年版。

白平：《杨伯峻〈论语译注〉商榷》，北岳文艺出版社2012年版。

〔清〕刘宝楠撰，高流水点校：《论语正义》，中华书局1990年版。

程树德撰：《论语集释》，中华书局1990年版。

黄怀信主撰，周海生、孔德立参撰：《论语汇校集释》，上海古籍出版社2008年版。

唐明贵：《论语学史》，中国社会科学出版社2009年版。